国家自然科学基金项目"并购公司管理层业绩预告研究：披露动机、行为特征、经济后果和治理机制"（项目批准号：71602170）

并购公司管理层业绩预告研究

滕明慧　著

中国财经出版传媒集团

经济科学出版社
Economic Science Press

图书在版编目（CIP）数据

并购公司管理层业绩预告研究/滕明慧著 . —北京：
经济科学出版社，2020.1
ISBN 978 – 7 – 5218 – 1209 – 1

Ⅰ. ①并… Ⅱ. ①滕… Ⅲ. ①企业兼并 – 研究 – 中国
Ⅳ. ①F279. 21

中国版本图书馆 CIP 数据核字（2020）第 008388 号

责任编辑：程辛宁
责任校对：杨　海
责任印制：邱　天

并购公司管理层业绩预告研究

滕明慧　著

经济科学出版社出版、发行　新华书店经销
社址：北京市海淀区阜成路甲 28 号　邮编：100142
总编部电话：010 – 88191217　发行部电话：010 – 88191522
网址：www. esp. com. cn
电子邮箱：esp@ esp. com. cn
天猫网店：经济科学出版社旗舰店
网址：http://jjkxcbs. tmall. com
固安华明印业有限公司印装
710×1000　16 开　18.5 印张　320000 字
2020 年 1 月第 1 版　2020 年 1 月第 1 次印刷
ISBN 978 – 7 – 5218 – 1209 – 1　定价：98.00 元
（图书出现印装问题，本社负责调换。电话：010 – 88191510）
（版权所有　侵权必究　打击盗版　举报热线：010 – 88191661
QQ：2242791300　营销中心电话：010 – 88191537
电子邮箱：dbts@ esp. com. cn）

前　言

　　兼并重组是企业加强资源整合、实现快速发展和提高竞争力的有效措施，是化解产能严重过剩矛盾、调整优化产业结构、提高发展质量效益的重要途径。中共十九大报告指出，我国经济已由高速增长阶段转向高质量发展阶段，正处在转变发展方式、优化经济结构、转换增长动力的攻关期。在此背景下，优化资源配置，促进产业结构和经济转型升级迫在眉睫。在中国转型经济背景下，企业并购尤为凸显，成为中国经济与技术发展的主要动力，这从近年来中国企业诸多并购案例可以窥见一斑。上市公司对外披露的财务会计信息是否为投资者等信息使用者的投资决策所用，是否有助于投资者对未来现金流量的数量、时点和不确定进行评估，是会计界人士最关心并且必须回答的基本问题。投资决策制定是基于对公司未来前景的预测，而管理层业绩预告提供了面向未来的公司盈余预期的信息，这种前瞻性信息在某种程度上迎合了信息使用者的决策需要，对投资决策尤为重要。

　　管理层业绩预告是管理层与外部投资者进行前瞻性信息交流的重要渠道，而并购行为是公司进行投资活动的重要形式。管理层业绩预告和并购行为是管理层需要承担的两项不同任务，但这两项任务有个共同特征，就是都将依赖管理层的预测能力，管理层都可能施加选择性行为，存在信息操纵空间和可能性。由于管理层业绩预告存在选择空间，并购公司管理层在不同并购情境下，可能借由业绩预告选择性披露来推动并购决策得以完成。那么，与非并购公司相比，并购公司管理层业绩预告披露行为是否存在选择性？不同并购特征下，并购公司管理层业绩预告披露行为是否存在差异性？并购公司管理层业绩预告披露行为对并购活动会产生怎样的经济后果？以及探讨并购公司管理层业绩预告披露的内外部公司治理机制，这是本书将予以研究的四个基础问题。

围绕本书研究的四个基础问题，本书共分十章。其中，第四章阐述了第一个基础问题，即"与非并购公司相比，并购公司管理层业绩预告是否存在选择性？"第五章至第七章分析了"支付方式、关联属性、同属管辖、竞争属性和监管程度"五个并购特征对管理层业绩预告在披露意愿、披露精确度和披露准确性三个方面的影响，阐述了第二个基础问题，即"不同并购特征下，并购公司管理层业绩预告披露行为是否存在差异性？"第八章阐述了第三个基础问题，即"并购公司管理层业绩预告披露行为对并购活动会产生怎样的经济后果？"。第九章探讨了第四个基础问题"并购公司管理层业绩预告披露的内外部治理机制"。本书各章具体内容阐述如下。

第一章为绪论。主要阐述研究背景与研究问题、研究思路与研究内容、研究贡献和研究创新。

第二章为理论基础和文献综述。首先对本书研究所依据的理论基础进行回顾分析，为后续研究阐明理论主张。在此基础上，对涉及管理层业绩预告以及并购交易的相关文献分别进行了回顾总结，主要涉及管理层业绩预告披露动机各种假说及并购特征分析。

第三章为制度背景和现状分析。介绍了管理层业绩预告的制度演变过程和并购交易相关制度，统计分析了业绩预告和并购交易的发展现状。首先，对中国上市公司业绩预告披露总体情况进行了统计分析。其次，从披露意愿、披露类型、消息属性、精确度、准确性和及时性等方面对管理层业绩预告进行统计分析。最后，从并购的行业分布、支付方式、并购规模、关联属性、竞争属性和监管属性等方面对并购现状进行了统计分析。

第四章为并购公司管理层业绩预告披露行为。首先，以 ROA、行业和规模为标准对并购公司与非并购公司进行样本匹配；然后，检验了与非并购公司相比，并购公司管理层在并购前其业绩预告披露行为的差异性特征，重点比较了业绩预告的披露意愿、披露精确度和披露准确性等三个方面的差异性。

第五章为并购特征与管理层业绩预告披露意愿。本章以管理层业绩预告的披露意愿为研究对象，考察了并购前后业绩预告披露行为与并购特征之间的关系。具体地，分别检验了管理层业绩预告披露意愿是否会受到"支付方式、关联属性、同属管辖、竞争属性和监管程度"五个方面的影响。

第六章为并购特征与管理层业绩预告披露精确度。本章以业绩预告披露精确度为研究对象，考察了并购前后业绩预告披露行为与并购特征之间的关系。具体地，分别检验了管理层业绩预告披露精确度是否会受到"支付方式、关联属性、同属管辖、竞争属性和监管程度"五个方面的影响。

第七章为并购特征与管理层业绩预告披露准确性。本章以业绩预告披露准确性为研究对象，考察了并购前后业绩预告披露行为与并购特征之间的关系。具体地，分别检验了管理层业绩预告披露准确性是否会受到"支付方式、关联属性、同属管辖、竞争属性和监管程度"五个方面的影响。

第八章为管理层业绩预告的经济后果研究。本章从并购的"公告效应、完成可能性和完成时间"三个方面，研究了并购公司管理层业绩预告披露的经济后果。分别考察了业绩预告的披露意愿、精确度和准确性是否提高并购公告效应、是否增加并购完成可能性和是否缩短并购完成时间。

第九章为并购公司管理层业绩预告披露的内外部治理机制。本章从内部控制与外部监督（媒体监督和分析师监督）的双重视角出发，将内部控制和外部监督这两种内、外部公司治理机制纳入统一的分析框架来探讨其对并购公司业绩预告质量的影响，并考察了外部监督（媒体监督和分所师监督）作为外部治理对于改善内部治理的积极作用。

第十章为研究结论与展望。包括本书研究结论、研究意义、未来研究方向和研究结论对于投资者和监管层的启示意义等。

本书的重要研究意义在于：第一，首次对中国企业并购情境下管理层业绩预告的披露行为、经济后果和治理机制及其内在关联性展开了系统性分析，有助于增进该领域的研究。第二，基于公司并购的独特情景，系统检验了业绩预告理论，拓展和丰富并购、业绩预告和公司治理等领域的研究文献，有利于更好地识别管理层业绩预告披露动机和增进对业绩预告披露行为的理解，更好地认识管理层业绩预告的经济后果和采取合适的治理机制来应对业绩预告操纵行为。第三，有利于促进投资者对并购情境下管理层业绩预告披露行为的认识，提高投资效率；有利于提高监管部门对并购情境下管理层业绩预告披露行为的认识，从而更好地制定并购情境下管理层业绩预告披露制度，提高监管水平。

目　　录

第一章

绪　论

　　管理层业绩预告是管理层与外部投资者进行前瞻性信息交流的重要渠道，而并购行为是公司进行投资活动的重要形式。管理层业绩预告和并购行为是管理层需要承担的两项不同任务，但这两项任务有个共同特征，就是都将依赖管理层的预测能力，管理层都可能施加选择性行为，存在信息操纵空间和可能性。由于管理层业绩预告存在选择空间，并购公司管理层在不同并购情境下，可能借由业绩预告选择性披露来推动并购决策得以完成。那么，与非并购公司相比，并购公司管理层业绩预告披露行为是否存在选择性？不同并购特征下，并购公司管理层业绩预告披露行为是否存在差异性？并购公司管理层业绩预告披露行为对并购活动产生什么样的经济后果？以及针对并购公司管理层在并购前对业绩预告的选择性披露行为，如何治理？这是本书拟研究的四个基础问题。

　　本章首先分析了研究背景，提出了研究问题；其次阐述了研究思路、主要内容和框架结构；最后阐述了本书的主要研究贡献和创新之处。

第一节　研究背景与研究问题

　　中共十九大报告指出，我国经济已由高速增长阶段转向高质量发展阶段，正处在转变发展方式、优化经济结构、转换增长动力的攻关期。近年来，中国经济的发展进入新常态，传统产业面临着产能过剩，产业结构升级面临着技术创新不足，消费结构也面临着传统产业低端化的供给侧约束。在此背景下，优化资源配置，促进产业结构和经济转型升级迫在眉睫。企业并购是投资方式的一种，正好是减少过剩产能，淘汰落后产能，推动社会资源优化配置的有效途径。企业并购既是产业结构的市场化调整手段，也是存量资源有效配置的手段。2015年底，中央经济工作会议也明确指出："积极稳妥化解产能过剩。资本市场要配合企业兼并重组。要尽可能多兼并重组，少破产清算。"兼并重组是企业加强资源整合、实现快速发展、提高竞争力的有效措施，是化解产能严重过剩矛盾、调整优化产业结构、提高发展质量效益的重要途径。① 企业并购可以充分发挥微观市场的资源配置功能，集中优质资产，整合有效市场资源，从而激发市场活力，迅速提升产业行业集中度，提高产能利用效率，进而提升企业经营管理效率和核心竞争力，并快速实现技术进步和产业转型升级的战略目标。美国著名经济学家、诺贝尔经济学奖获得者乔治·斯蒂格勒在《通向垄断和寡占之路——兼并》的论文开篇中说到，"一个企业通过兼并其竞争对手的途径成为巨型企业是现代经济史上一个突出现象。没有一个美国大公司不是通过某种程度、某种方式的兼并而成长起来的，几乎没有一家大公司主要靠内部扩张方式发展起来的。"② 这些足以表明企业并购对于中国经济发展的重要意义。根据本书对2007~2018年国内并购交易的统计③，2007年中国并购市场完成并购交易964起，涉及交易金额为3939.56亿元；到2015年并购交易数量达到峰值，发生了2037起并购交易，涉及交易金额约为16954.245亿元。随后并购交易数量有所下滑，2018年并购交易数量降至1660起，涉及交易金额约为13452.40亿元。但与2007年相比较，交易数量增长了72.20%，交易金额增长了241.47%。这表明中国企业并购活动增长迅速，并购市场活跃。以上这些国家政策、专家观点和统计数据，足以表明研究中国企业并购的重要意义。

从国家政策和产业发展来看，并购是升级产业结构和优化资源配置的有效手段。通过并购活动，产业中的弱势企业出售、转型或者转行，过剩产能被吸收了；产业中的强势企业得以整合资源和能力，提高核心竞争力，在行业中获得了中坚地位。为了促进企业通过并购进行产业结构调整和提高资源

---

① 国务院印发的《国务院关于进一步优化企业兼并重组市场环境的意见》（2014年）。

② 乔治·J. 斯蒂格勒（George J. Stigler）. 通向垄断和寡占之路——兼并 [M]//产业组织和政府管制. 上海：上海三联书店、上海人民出版社，1996：66.

③ 根据CSMAR兼并重组数据库资料整理。

配置效率，2010 年国务院印发了《国务院关于促进企业兼并重组的意见》，强调了通过兼并重组方式深化经济机制改革，加快国有经济布局和产业结构的战略性调整，鼓励支持民营企业参与竞争，促进中小企业发展。2011 年的"十二五"规划也指出，要坚持市场化运作，发挥企业主体作用，推动优势企业强强联合，跨地区兼并重组，提高产业集中度。2013 年工信部联合其他部委下发了《关于加快推进重点行业企业兼并重组的指导意见》，明确了汽车、钢铁、水泥、船舶、电解铝、稀土、电子信息、医药等行业的兼并重组目标和任务。2014 年国务院印发的《关于进一步优化企业兼并重组市场环境的意见》对简化企业并购审批制度、改善金融服务、完善财税政策、健全体制机制等方面都提出了明确的要求和政策支持。上述这些指导意见和规划表明了企业并购在中国经济发展中的重要作用，也指出了并购中存在的各种问题和政府需要加强的监管措施。

企业是兼并收购的市场主体。国务院和相关部委出台的各项政策规定和指导意见，都强调了企业在兼并重组中的主导作用，强调要充分尊重企业意愿，坚持市场化运作，引导和激励企业自愿自主开展兼并重组。并购公司需要从企业长远发展战略出发，来制定兼并收购策略。就控制权市场而言，公司股东虽然无法直接控制管理层，但可以通过并购市场来更换无效率管理层和改变公司经营状况。股权分置改革前，由于控制权市场的市场化水平低，并购所具有的外部治理作用并没有充分发挥。2005 年执行的股权分置改革消除了公司股票转让的制度障碍，增强了股票流动性，促进了控制权市场的发展。2006 年颁布的《上市公司收购管理办法》将强制性全面要约收购方式调整为由收购人选择的要约收购方式，并简化了审核程序，强化了对中介机构的要求，充分发挥了市场机制的约束作用。2008 年中国证监会发布了《上市公司重大资产重组管理办法》，完善了交易决策和批准程序、增加了股份支付等必要的并购工具、强化了中介机构作用和责任等，并鼓励与支持并购重组创新。随后 2011 年、2014 年、2016 年和 2019 年中国证监会对《上市公司重大资产重组管理办法》进行了修订，该管理办法的修订始终以"宽管制，严监管"为指引，一方面，严格规范并购重组上市行为，强调信息披露，打击恶意炒壳、内幕交易、操纵市场等违法违规行为，遏制"忽悠式"重组、盲目跨界并购等乱象。另一方面，也鼓励引导民间资本，积极推进市场化并购。例如，简化重组上市认定标准，取消"净利润指标"，并允许符合国家战略的高新技术产业和战略性新兴产业相关资产在创业板重组上市，同时，放宽了并购支付方式和融资方式的限制。股权互换、债转股、资产置换、期权等多种形式和组合的支付方式频繁出现在并购交易中。融资途径除了自有资金、贷款、增发等常见形式，可转债、私募可交换债、"上市公司 + PE"等多层次的融资结构出现在并购活动中。这些举措激活了中国的控制权市场，使控制权市场优化配置资源和对无效率管理层的惩戒作用得以发挥。越来越多的公司通过并购活动来调整产业结构，实现战略转型和产能调整，提高产业集中度，增强企业竞争力。

兼并收购应该遵守市场化运作。兼任中国钢铁工业协会会长的宝钢集团董事长徐乐江在"中国钢铁技术经济高端论坛"（2014 年）① 上表示，他要再次呼吁政府部门按照中共十八届三中全会制定的大方向进行改革，即让市场在资源配置中发挥决定性作用。徐乐江提出警告称，若没有形成市场化的环境，今天钢铁企业谁去兼并重组谁就垮得快、死得早。这凸显了市场化环境对于兼并收购的重要意义。与此同时，国务院和各部委出台的政策意见，要求"积极探索跨地区企业兼并重组地区间利益共享机制"，强调要做好管理服务，要求"各地区有关部门要督促企业严格执行兼并重组的有关法律法规和国家产业政策，规范操作程序，加强信息披露，防控内幕交易，防范道德风险"。这些指导意见凸显了信息披露监管的重要性。基于此，本书拟从信息披露角度出发，研究并购情境下并购公司管理层业绩预告披露行为及其经济后果。

定期财务报告和管理层业绩预告是管理层向外部投资者和监管层披露公司业绩状况的重要途径（Healy and Palepu，2001）。上市公司对外披露的财务会计信息是否为投资者等信息使用者的投资决策所用，是否有助于投资者对未来现金流量的数量、时点和不确定性进行评估，是会计界人士最关心并且必须回答的基本问题（赵宇龙，1998）。定期财务报告提供了被审计公司业绩的历史信息，缓解了管理层与股东之间的代理问题，但在提供未来公司业绩信息方面作用有限（Ball et al.，2012）。拜尔等（Beyer et al.，2010）研究发现，盈余公告对季度股票波动仅提供了 8% 的会计信息，而管理层业绩预告提供了 55.23% 的会计信息。管理层业绩预告作为关键的前瞻性信息

---

① 徐乐江：若无市场化环境　谁去兼并重组谁死得早［J］. 不锈：市场与信息，2014（19）：2.

来源，是公司传递私有信息和影响市场预期的重要方式（Beyer et al.，2010；Huang et al.，2018）。它是由具有信息优势的管理层通过对公司未来经营成果、财务状况与现金流量的预期估计而提供给信息使用者的公司未来业绩预期的信息。它在一定程度上反映了公司未来的盈利能力，而公司未来的盈利能力是公司价值的重要体现。因此管理层业绩预告既会影响股票价格，也会影响投资者的投资决策（Nagar et al.，2003）。管理层业绩预告有助于投资者进行投资决策制定。投资决策制定是基于对公司未来前景的预测，而管理层业绩预告提供了面向未来的公司盈余预期信息，这种前瞻性信息在某种程度上迎合了信息使用者的决策需要，对投资决策尤为重要。

为了做出正确投资决策，信息使用者不仅关心公司现有经营成果和财务状况，更关心公司未来发展状况。拜尔等（Beyer et al.，2010）研究认为，会计信息有助于投资者对潜在投资机会的收益进行评估，即会计信息具有估值作用。投资决策前，投资项目未来投资收益预期是投资者关注焦点，未来投资收益预期取决于对公司未来成长性和产品需求的预期，而公司未来盈余预期又是公司未来成长性预期的基础（McNichols and Stubben，2008）。投资决策后，被投资公司实际经营业绩与管理层业绩预告之间的差异表现，反映出管理层进行业绩预告的意愿、能力和态度，以及可能存在的信息操纵程度。

中国证监会为了有效降低信息不对称程度，提前释放经营风险，保护投资者利益，自1998年起建立了业绩预告披露制度。经过多年来的反复实践，业绩预告披露制度不断完善。根据2018年《上海证券交易所股票上市规则》和2018年《深圳证券交易所股票上市规则》的规定，上市公司预计年度经营业绩将出现下列情形之一的，应当在会计年度结束后一个月内进行业绩预告：第一，净利润为负值；第二，实现盈利，且净利润与上年同期相比上升或者下降50%以上；第三，实现扭亏为盈。尽管上海证券交易所和深圳证券交易所在规范上市公司业绩预告披露方面存在一些差异，但上述对年度业绩预告披露的规定是两所上市公司都必须遵守的。从两所对业绩预告披露的规范上来看，中国上市公司的业绩预告披露具有半强制性，仅对业绩预告披露的意愿在一定条件下作了强制性披露要求，对业绩预告披露的具体方式、具体时间，以及准确性等并未有具体明确的强制规定，从而使管理层在业绩预告披露时拥有较大的自由裁量权。

从业绩预告披露实践来看，2009~2018年间中国上市公司发布业绩预告比例为47.97%，其中24.52%的管理层业绩预告属于强制性披露，23.45%的管理层业绩预告属于自愿性披露；且有4.69%的公司虽然达到强制披露要求本应进行业绩预告，但实际上并未进行业绩预告。[①] 此外，管理层业绩预告的修正和"变脸"频繁发生，2009～2018年间有13.30%的公司对同一会计期进行了至少两次的业绩预告，其中业绩预告"变脸"占业绩预告修正的36.84%。[②] 此外，业绩预告"变脸"的幅度也是惊人的。例如，方正电机（002196）在2018年10月26日发布的2018年三季度报告中，预计全年实现净利润6614.80万～9260.72万元，同比下降30%～50%。而2019年1月14日，方正电机发布2018年度业绩预告修正公告，预计去年净利润亏损3.3亿～4.1亿元，同比下降349%～410%。宋云玲等（2011）通过对2002～2008年间年报业绩预告进行检验发现，监管部门违规处罚对降低后续业绩预告违规概率没有起到应有的作用。由此可见，监管部门对业绩预告披露的监管效果不理想，管理层对业绩预告的披露具有很大随意性，甚至存在操纵行为。为此，本书将研究定位于并购情境下管理层业绩预告披露行为及其对于并购完成效果的影响作用，以期有助于认识中国企业并购情境下管理层业绩预告披露行为，从而有助于完善管理层业绩预告披露制度。

具体而言，与非并购公司相比，并购公司管理层业绩预告披露行为是否存在选择性？这是本书拟研究的第一个基础问题。李常青和滕明慧（2013）对中国沪深两市A股上市公司2007～2011年并购前管理层业绩预告的披露行为进行研究。研究发现，并购前管理层会选择性地发布好消息业绩预告、高精度业绩预告和乐观业绩预告；并购前强制性披露公司与自愿性披露公司在管理层业绩预告披露行为上存在差异，自愿性披露较强制性披露发布更多好消息，但是披露精度较低，并且倾向于披露悲观业绩预告。该研究结论有利于投资者理性评估管理层业绩预告，有利于证券市场监管者完善管理层业绩预告制度。但是，该研究没有对并购公司和非并购公司在管理层业绩预告披露行为问题上是否存在差异进行分析，本书弥补了该研究不足。王俊秋等（2013）研究发现，在不同情绪期，管理层选择了不同的业绩预告策略。与情绪高涨期相比，当投资者情绪低落时，管理层自愿发布业绩预告的动机更

---

① 根据 Wind 数据库的业绩预告数据统计分析所得。
② 根据 Wind 数据库的业绩预告数据统计分析所得。

强，而且业绩预告精确性更高；为了修正投资者对未来业绩的悲观预期，管理层业绩预告更为乐观。此外，管理层对坏消息更可能持乐观态度，尤其在市场情绪低落期，这种乐观倾向更加显著。纳加尔等（Nagar et al.，2003）的研究发现，在业绩预告披露频率方面，股权激励较高的公司会更频繁地发布盈利预测信息；张馨艺等（2012）的研究发现，中国 A 股公司管理层存在择时披露业绩预告的行为；程等（Cheng et al.，2013）的研究发现，管理层买入股票前较多披露开区间预测的业绩预告，而卖出股票前较多披露点预测、闭区间预测的业绩预告。在业绩预告披露的准确性方面，管理层也会基于自利或是管理预期为目的而策略选择业绩预告披露的准确性（董南雁等，2017；张娆等，2017）。以上研究表明，管理层对业绩预告披露存在选择性行为，本书拟对并购情境下并购公司管理层业绩预告披露行为选择性进行深入研究。

为了研究这一基础问题，我们需要回顾管理层业绩预告相关研究文献，系统分析管理层业绩预告相关研究议题，例如，披露意愿、披露精度和披露准确性等特征，以及管理层业绩预告披露的意义和作用等。管理层业绩预告是盈余预测信息的重要来源，是盈余公告信息的有益补充。它作为一种重要的自愿性信息披露机制受到了学术界的高度关注。学者们分别从管理层业绩预告披露的背景、动机、特征，以及经济后果等进行了大量研究（Healy and Palepu，2001；Hirst et al.，2008；Beyer et al.，2010；Han，2013）。管理层通过业绩预告降低了管理层与投资者之间的信息不对称程度（Ajinkya and Gift，1984；Ajinkya et al.，2005；Karamanou and Vafeas，2005；Lennox and Park，2006），减少了法律诉讼成本（Skinner，1994；Kasznik and Lev，1995；Skinner，1997；Field et al.，2005；Rogers and Van Buskirk，2009），管理盈余预期（Matsumoto，2002）和股票期权等（Noe，1999；Aboody and Kasznik，2000；Cheng and Lo，2006）。但管理层业绩预告披露也是有成本的，管理层会权衡业绩预告披露的收益与成本，选择利己的披露方式（Verrecchia，1983；Bamber and Cheon，1998；Rogers and Stocken，2005；Wang，2007）。陈等（Chan et al.，2011）考察了企业终止业绩预告行为是否会对其业绩产生影响，研究发现，与保持业绩预告的企业相比，终止业绩预告企业的经营业绩较差，将会面临更加不确定的运营环境。

管理层业绩预告对投资者具有决策有用性，但相比较定期财务报告，管理层业绩预告具有不确定性和主观性。如果业绩预告与实际业绩较一致，信息使用者可以很好利用它来评估公司未来现金流量状况和经营状况，从而做出合理的投资决策。相比较其他信息提供者，管理层所掌握预测资料最为丰富和全面；若其能基于相对客观和真实的预测基础进行预测，所得到预测结果也会相对可靠。此外，管理层业绩预告与财务报告相互补充，高质量财务报告系统为业绩预告提供了高质量验证机制，从而提高了业绩预告可靠性（Beyer et al.，2010；Ball et al.，2012）。另外，由于管理层业绩预测能力有限，以及预测环境复杂性和多变性，管理层业绩预告与实际业绩之间可能存在差异，这种差异在管理层操纵信息情境下将更为显著。如果业绩预告与实际业绩相差较大，业绩预告不仅不能使信息使用者掌握公司发展趋势，反而会误导信息使用者做出错误决策。因此，管理层业绩预告被投资者广泛关注，在一定程度上影响了投资者对公司未来投资前景的预期。这就凸显了深入研究管理层业绩预告披露差异的重要意义。

在回答了"与非并购公司相比，并购公司管理层业绩预告披露行为是否存在选择性？"这一基础问题之后，接下来的问题是"不同并购特征下，并购公司管理层业绩预告披露行为是否存在差异性？"这是本书拟研究的第二个基础问题。已有文献对管理层业绩预告的前因、特征及后果等进行了大量研究（Healy and Palepu，2001；Baginski and Hassell，1997；Rogers and Stocken，2005；张翼和林小驰，2005；杨德明，2005；杨德明和林斌，2006；张然和张鹏，2011；王会娟等，2012），但较少研究盈余预测的特征选择（Hirst et al.，2008），对管理层采取策略性盈余预测研究不足（Baginski et al.，2004）。潘宏（2012）考察了投资者有限关注与业绩预告市场反应和管理层业绩预告择机之间关系。研究发现，投资者有限关注对中国上市公司业绩预告市场反应造成影响。管理层基于对此种影响机理的认识，其业绩预告行为存在择机偏好。公司管理层倾向于在投资者关注比较低的时候公布利好预测，吸引投资者关注，扩大利好业绩影响。徐洪波和于礼（2014）同样基于投资者有限关注视角，对管理层业绩预告信息披露择机行为进行考察。他们以中国上市公司2005～2012年业绩预告信息为样本，研究发现上市公司业绩预告信息披露存在择机行为，相比业绩预告信息少日和每周的其他日期，管理层更倾向于在信息多日和周五、周六发布坏消息业绩预告。这有助于分散投资者注意力，从而减少坏消息导致的股价波动。

已有研究大多是基于常规经营环境的研究，对特定重要战略决策事件背景下的业绩预告披露行为研究甚少，本书试图弥补该研究不足。中国的控制权市场虽然在经历了股权分置改革后，向市场化方向发展迈进了一大步，但是其发展仍然存在一些制度约束。股权分置改革后，大股东与小股东利益取向具有共同基础，大股东财富受到证券价格影响，大股东有动机进行创造价值的战略性并购。但是，大股东通过关联并购掏空上市公司的行为仍然存在。产权是控制权转让的基础，缺乏明晰的产权可能会导致内部人为了满足私人收益，通过控制权转让掏空上市公司，这时控制权市场成为少数人攫取私利的工具；同时缺乏对产权保护，会导致强势企业对弱势企业的侵占。产权保护是控制权合理、公平转让的重要基础条件，在市场化的并购中，标的的获取需要支付公允对价，不会存在无偿划拨、显失公允的并购交易。因此，合理的产权保护为所有者享有占有权、支配权以及收益索取权提供了基本保障，并有利于控制权向着资源利用效率更高的方向转移，进而提高了控制权市场配置资源的功能。由于中国的控制权市场发展的不成熟，并购活动存在市场化行为和非市场化行为。本书结合并购特征，深入研究管理层业绩预告披露的意愿选择、精确度选择以及准确性选择的影响因素，从而回答"不同并购特征下，并购公司管理层业绩预告披露行为是否存在差异性？"这一基础问题。为了研究这一基础问题，我们需要考察业绩预告披露行为是如何在不同披露情境下而表现出异质性的。基于管理层业绩预告对投资者决策有用性和业绩预告披露的可选择性，管理层业绩预告披露行为在不同的激励机制和约束机制下会呈现出不同特征。已有研究学者关注到该问题，并围绕特定事件对管理层业绩预告行为进行了研究。例如，郎和伦德霍姆（Lang and Lundholm，2000）在研究增发新股前管理层信息披露行为时发现，管理层为了提高股价，在增发新股前六个月增加了业绩预告披露，并且偏向发布好消息业绩预告。阿布迪和卡兹尼克（Aboody and Kasznik，2000）研究了股票期权行权前管理层业绩预告的披露行为，发现管理层为了在将来以较低的价格购买股票，会在股票期权行权前发布坏消息业绩预告。布罗克曼等（Brockman et al.，2010）进一步检验了管理层股票期权执行前业绩预告的机会主义披露行为，研究发现，管理层在股票期权购买前（出售前）坏消息（好消息）业绩预告显著增加，并且这种机会主义披露行为与股票期权的价值正相关，《萨班斯－奥克斯利法案》在一定程度上抑制了这种机会主义披露行为，但并没有消除。程和罗（Cheng and Lo，2006）围绕内部交易研究了管理层业绩预告披露行为，发现管理层在买进股票前会发布坏消息业绩预告，而在卖出股票前并没有发布好消息业绩预告。布罗克曼等（Brockman et al.，2008）通过研究股票回购前后管理层业绩预告披露行为，发现管理层为了以较低价格回购股票，在股票回购前发布了更多坏消息业绩预告，并且偏向悲观预告，而在股票回购后披露了更多好消息业绩预告，并且偏向乐观预告。埃特里奇等（Ettredge et al.，2013）检验了财务重述对后续管理层业绩预告披露的影响，研究发现，管理层在财务重述后并没有通过增加和改善业绩预告来恢复其声誉损失，而是采取了风险规避型的业绩预告披露行为，即是减少业绩预告的披露，降低业绩预告披露的精确度和乐观程度。高敬忠等（2011）以管理层业绩预告为例，考察了机构投资者持股对信息披露的治理作用。高敬忠和王英允（2013）基于投资者保护视角，提出了一个由激励约束机制、管理层业绩预告方式选择及其对投资者决策影响构成的系统分析框架，并提出了相应的优化对策，该项研究为监管机构监管业绩预告披露、管理层发布业绩预告以及投资者利用业绩预告信息提供了理论参考和分析思路。这些研究表明，在不同激励机制下管理层会对业绩预告进行选择性披露，以此来达到管理层特定目的。这些基于融资、股票期权行权、内部交易以及股票回购的特定事件对管理层业绩预告披露行为的研究，都只研究业绩预告披露意愿和业绩预告消息属性，而对于管理层业绩预告的其他特征没有检验。本书拟弥补此类研究不足。

相比外部投资者，管理层对公司的经营状况和未来经营业绩的预期拥有更多信息优势。一方面管理层会利用这种优势来谋取个人的私利，另一方面管理层会出于监管机构、行业竞争和公司治理等的考虑而对披露的经营状况和业绩预期进行权衡，从而采取选择性披露。管理层业绩预告披露行为是一种权衡和选择的结果。基于特定事件研究管理层业绩预告披露行为，能更好地研究管理层业绩预告披露行为动机以及具体激励对业绩预告披露特征选择的影响，但是对管理层激励如何影响业绩预告披露特征选择的研究较少（Hirst et al.，2008）。基于此，本书试图检验，与非并购公司相比，并购公司管理层业绩预告是否存在选择性、不同并购情境下管理层业绩预告披露是否存在差异性，以及这种披露行为会具有什么样的经济后果。

在回答了"不同并购特征下，并购公司管理层业绩预告披露行为是否存在差异性？"这一基础问题之后，我们不禁要问本书研究的直接实践意义何在？也就是，"并购公司管理层业绩预告披露行为对并购活动产生什么样的经济后果?"这是本书拟研究的第三个基础问题。管理层业绩预告受到投资者关注,不仅是因为其给投资者提供了未来盈余的预期信息,而且还因为其揭示了管理层对公司未来经济环境变化的认知以及预测公司未来发展前景的能力(Trueman,1986)。特鲁曼(Trueman,1986)研究表明,管理层业绩预告包含了管理层预测能力的有用信息。预测能力强的管理层比预测能力弱的管理层更愿意发布业绩预告,并且发布的业绩预告更准确(Baik et al.,2011)。古德曼等(Goodman et al.,2014)研究发现,盈余预测质量与并购和资本支出决策的质量具有正相关关系,这表明外部的预测质量能被运用于推断资本预算决策的质量。德默尔阶等(Demerjian et al.,2013)研究发现,盈余预测质量与管理者能力正相关,管理者能力越强,业绩报告重述频率越低。管理层预测能力不仅提高了管理层业绩预告可靠性,而且在公司内部投资决策中也起了重要作用。因为在投资方案评估中,管理层是基于对投资项目未来现金流预测来评价投资方案优劣。虽然这些预测是成功投资的关键因素,但是外部投资者不能直接观测到,外部投资者所能获得的预测信息就只是一些定性的前瞻性信息和管理层业绩预告。尽管管理层业绩预告和投资决策是管理层面对的两项不同的任务,但是它们有一个共同特征,就是都需要依赖管理层的预测能力,都需要管理层不仅预测公司内部运营情况,而且需要预测外部环境变化,包括行业趋势、竞争情况以及产品需求等方面的变化情况。由于管理层和投资者之间存在信息不对称问题,投资者不能直接获得到管理层投资决策的预测信息,管理层业绩预告会影响投资者对公司投资决策的态度,进而影响投资完成效率。在公司并购情境下,由于管理层业绩预告具有前瞻性信息导向功能,并购公司管理层可能借助业绩预告影响投资者对并购行为支持力度,从而影响并购完成效率。

最后,本书针对并购公司管理层在并购前对业绩预告的可能存在的选择性披露行为,试图探讨相应的治理机制来约束管理层的这种机会主义行为。内部控制、外部监督(媒体和分析师监督)作为重要的内、外部公司治理机制,都将对公司业绩预告质量产生影响。已有研究认为,有效的内部控制有助于降低公司代理成本,约束管理者或控股股东谋取私利的行为,合理保证财务报告的可靠性,抑制其披露虚假会计信息或盈余管理(Ashbaugh-Skaife et al.,2008;张龙平等,2010;Goh and Li,2010;Altamuro and Beatty,2010;董望和陈汉文,2011)。业绩预告作为减少企业与外部投资者信息不对称的一种前瞻性信息，其相关财务信息的产出离不开企业的内部控制制度。童丽静和姜佳（2016）的研究认为，上市公司的内部控制水平越高，业绩预告信息的可靠性越高。

除了内部控制之外，在中国外部治理机制（媒体监督和分析师监督）是否也会影响并购公司的业绩预告质量并发挥公司治理效应？近年来，大众媒体在中国经济生活的各个领域的影响力与日俱增，媒体监督也被看作是新兴资本市场上对司法保护不足有效替代的一项重要的制度安排（贺建刚等，2008），媒体的监督职能已受到普遍认可。与此同时，中国的证券分析师市场也不断发展成熟和完善。分析师作为信息中介，对上市公司的信息进行深度加工和解读，并向投资者提供新信息。不仅上市公司的管理层会影响分析师的盈余预测，而且分析师的盈余预测也会对管理层的业绩预告披露决策产生影响。本书同时选择分析师和媒体作为研究对象的原因在于：一方面，是媒体和分析师监督在中国经济生活中发挥了越来越重要的作用，受到理论和实务界的广泛关注（Dyck and Zingales，2004；Miller，2006；Joe，2009）；另一方面，媒体和分析师在资本市场中同为信息中介，并同上市公司一起都是信息发布者，存在竞争与制约的双重关系，这也使得媒体和分析师监督成为一种重要外部治理机制。本书从内部控制与外部监督的双重视角出发，将内部控制和外部监督这两种内外部公司治理机制纳入统一的分析框架来探讨其对并购公司业绩预告质量的影响，并考察了外部监督（媒体监督和分析师监督）作为外部治理对于改善内部治理的积极作用。

第二节　研究思路与研究内容

一、研究思路

本书遵从"动机—行为—后果—治理"的研究路径对并购公司管理层业绩预告披露行为进行了深入的研究。

首先，管理层业绩预告披露动机。并购交易是一项重大投资活动，是公司外延式扩张的重要途径。并购交易与研发投入和资本支出一样，对公司成长具有同等重要作用（Celikyurt et al.，2010）。并购交易不仅受到外部市场环境的影响，而且也受到内部管理水平的制约。有句西方管理名言，其内容是"好想法和差管理将带来失败，差想法和好管理将带来成功"[①]，其深刻内涵不言而喻。管理层不仅对公司外部市场环境更具充分信息，而且对内部管理水平也更具充分信息。管理层因其重要人力资本而在并购决策中发挥着重要作用。并购交易受到多种不确定性因素影响，这些都需要管理层进行专业性的预测和判断，导致管理层在并购中具有较大自由决策权。这就使得管理层凭借自由决策权来谋取私利具有了潜在可能性，并购交易强化了管理层与股东之间的利益冲突。已有研究表明，协同收益（Bradley et al.，1988；Rohdes-Kropf et al.，2005）和管理层私利（Jensen，1986；Lang et al.，1991；Morck et al.，1990）是管理层进行并购的两大动机。无论是发挥协同收益还是谋取管理层私利，管理层都有动机来促成并购交易得以完成。并购交易导致公司规模扩大，规模扩大不仅引致管理层薪酬增加，而且还可以为管理层增加可控资源，加强职业安全，提高声誉和社会地位等。因此，管理层有激励促使并购交易得以完成。那么，管理层是如何促使并购交易得以完成呢？

并购交易是公司一项重大战略决策，股东大会和董事会在其中起到很重要作用，获得股东支持是管理层达成并购交易的首要条件。郎等（Lang et al.，1989）以1968～1986年间成功的要约收购为研究样本，检验了托宾 q 差异对并购收益的影响。他们发现，具有高托宾 q 的收购公司股东比低托宾 q 的收购公司股东获得了更多并购收益；并且发现，管理绩效较好的公司收购管理绩效较差的公司，能获得更高的收购方、目标方和总体并购收益。对股东而言，公司未来发展前景和管理层能力是其是否支持并购交易的两个重要考察因素，而管理层业绩预告正好迎合了股东的这种信息需求。为了促成并购交易得以完成，并购公司管理层会利用其信息优势而对业绩预告采取选择性披露行为。这表明，管理层存在借助业绩预告来实现其促成并购的动机。

其次，管理层业绩预告披露行为。管理层是如何借助于业绩预告来促成并购交易？这就涉及管理层业绩预告披露行为问题。具体而言，与非并购交

---

① 原文如下：You can have a good idea and poor management and lose every time. You can have a poor idea and good management and win every time。参见：David Gladstone，Laura Gladstone. Venture Capital Handbook［M］. Prentice Hall，NJ.，2002：91－92.

易情景对比，并购交易情境下，并购公司管理层业绩预告披露行为是否存在异质性？这是本书拟研究的第一个基础问题。由于中国控制权市场发展的不成熟，存在非市场化和市场化的并购交易行为，这两种交易行为具有不同并购特征，而不同的并购特征意味着不同的并购情景，那么在不同并购情境下管理层业绩预告是否存在差异？这是本书拟研究的第二个基础问题。

接着，管理层业绩预告披露后果。在回答并购公司管理层如何借助于业绩预告来促成并购交易得以完成之后，我们有必要考察管理层这种行为的经济后果，也就是并购公司管理层业绩预告披露行为是否真的促成了并购交易得以完成？这是本书拟研究的第三个基础问题。

最后，针对并购公司管理层在并购前对业绩预告的选择性披露行为，本书试图探讨相应的治理机制来约束管理层的这种机会主义行为。内部控制、外部监督（媒体和分析师监督）作为重要的内、外部公司治理机制，是否对并购公司业绩预告质量产生治理作用？以及内外部治理机制对提升并购公司并购前业绩预告质量的相互作用如何？这是本书拟研究的第四个基础问题。

为此，本书按五个步骤进行研究。第一，在对国内外业绩预告披露理论和文献进行综述的基础上，从中国制度背景分析入手，阐述管理层业绩预告制度背景和并购交易制度背景；在此基础上对中国上市公司管理层业绩预告披露行为和并购交易的现状进行了统计分析，总结了上市公司管理层业绩预告披露行为与并购交易的主要特点和发展趋势。第二，检验了与非并购公司相比，并购公司管理层业绩预告披露行为是否存在选择性。第三，进一步从并购的"支付方式、关联属性、同属管辖、竞价方式和监管程度"五个方面，研究了不同并购特征下并购公司管理层业绩预告披露行为是否存在差异。第四，从"是否增加并购的公告效应、是否提高并购完成可能性和是否缩短并购完成时间"三个方面，研究了管理层业绩预告披露行为对并购活动产生什么样的经济后果。第五，从内部控制和外部监管（媒体和分析师监督）双重治理视角出发，探讨并购公司管理层业绩预告披露的内外部治理机制。

基于研究情景的复杂性和本书篇幅的有限性，本书侧重于对并购公司管理层业绩预告披露行为，经济后果及其治理机制进行研究，而不考察被并购公司管理层业绩预告披露情况。未来研究将在本书研究基础上，综合考察并购公司与被并购公司管理层业绩预告披露行为，从而更为系统地展示并购情境下管理层业绩预告披露行为及其经济后果。本书研究思路如图 1 - 1 所示。

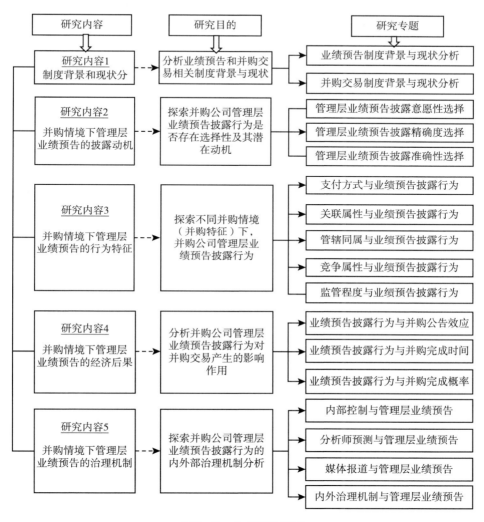

图 1-1 本书研究思路

二、研究内容

围绕上述四个基础问题,本书共分十章。其中,第四章阐述了第一个基础问题,即"与非并购公司相比,并购公司管理层业绩预告是否存在选择性行为?"第五章至第七章分析了"支付方式、关联属性、同属管辖、竞价方式和监管程度"五个并购特征对管理层业绩预告的披露意愿、披露精确度和披露准确性三个方面的影响，阐述了第二个基础问题，即"不同并购特征下，并购公司管理层业绩预告披露行为是否存在差异性？"第八章阐述了第三个基础问题，即"并购情境下管理层业绩预告披露行为对并购活动产生什么样的经济后果？"。第九章探讨了第四个基础问题"并购公司管理层业绩预告披露的内外部治理机制"。本书各章具体内容阐述如下。

第一章为绪论。主要阐述研究背景与研究问题、研究思路与论文框架、研究贡献和研究创新。

第二章为理论基础和文献综述。首先对本书研究所依据的理论基础进行回顾分析，为后续研究阐明理论主张。在此基础上，对涉及管理层业绩预告以及并购交易的相关文献分别进行了回顾总结，主要涉及管理层业绩预告披露动机各种假说、披露特征和经济后果，以及短期并购绩效和影响并购绩效的并购特征方面的研究成果。

第三章为制度背景和现状分析。介绍了管理层业绩预告的制度演变过程和并购交易相关制度，统计分析了业绩预告的发展现状和并购的发展现状。首先，对中国上市公司业绩预告披露总体情况进行了统计分析。其次，从披露意愿、披露类型、消息属性、精确度、准确性和及时性等方面对管理层业绩预告进行统计分析。最后，从并购的行业分布、支付方式、并购规模、关联属性、竞争属性和监管属性等方面对并购现状进行了统计分析。

第四章为并购公司管理层业绩预告披露行为。首先，根据 ROA、行业和规模为基础对并购公司与非并购公司进行样本匹配；然后，检验了与非并购公司相比，并购公司管理层在并购前其业绩预告披露行为的差异，重点比较了业绩预告的披露意愿、披露精确度和披露准确性三个方面的差异性。

第五章为并购特征与管理层业绩预告披露意愿。本章以管理层业绩预告的披露意愿研究对象，考察了并购前后业绩预告披露行为与并购特征之间的关系。具体地，分别检验了管理层业绩预告披露意愿是否会受到"支付方式、关联属性、同属管辖、竞价方式和监管程度"五个方面的影响。

第六章为并购特征与管理层业绩预告披露精确度。本章以业绩预告披露精确度为研究对象，考察了并购前后业绩预告披露行为与并购特征之间的关系。具体地，分别检验了管理层业绩预告披露的精确度是否会受到"支付方式、关联属性、同属管辖、竞价方式和监管程度"五个方面的影响。

第七章为并购特征与管理层业绩预告披露准确性。本章以业绩预告披露准确性为研究对象，考察了并购前后业绩预告披露行为与并购特征之间的关系。具体地，分别检验了管理层业绩预告的准确性是否会受到"支付方式、关联属性、同属管辖、竞价方式和监管程度"五个方面的影响。

第八章为管理层业绩预告的经济后果研究。本章从并购的"公告效应、完成概率和完成时间"三个方面，研究了并购公司管理层业绩预告披露的经济后果。具体地，分别考察了业绩预告的披露意愿、精确度和准确性是否提高并购公告效应、是否增加并购完成概率和是否缩短并购完成时间。

第九章为并购公司管理层业绩预告披露的内外部治理机制。本章从内部控制与外部监督（媒体监督和分析师监督）的双重视角出发，将内部控制和外部监督这两种内、外部公司治理机制纳入统一的分析框架来探讨其对并购公司业绩预告质量的影响，并考察了外部监督（媒体监督和分析师监督）作为外部治理对于改善内部治理的积极作用。

第十章为研究结论与展望。包括本书研究结论、研究意义、未来研究方向和研究结论对于投资者、上市公司和监管层等的启示意义。

第三节　研究贡献和研究创新

本书基于信息不对称理论、代理理论、信号传递理论、印象管理理论和企业家能力理论等，结合中国制度背景特征，基于公司并购这一重大投资活动事件，考察了并购公司管理层业绩预告披露行为及其经济后果。

相比国内外已有研究，本书可能的研究贡献和创新之处如下。

1. 研究情景。由于管理层业绩预告披露动机的复杂性和业绩预告的可选择性，本书将管理层业绩预告披露的研究置于公司并购这一特定情境，有利于更好地识别管理层业绩预告披露动机和增进对业绩预告披露行为的理解。一些研究基于并购事件研究了收购公司如何最大化股票价格。例如，股票并购前的盈余管理行为（Erickson and Wang，1999；Louis，2004），并购公告时同时举行电话会议与投资者进行双向交流（Kimbrough and Louis，2011）。本书基于并购事件研究了管理层如何利用管理层业绩预告披露这一机制来提高并购完成效率。这丰富了对业绩预告披露行为的理论研究，增进了对业绩预告披露的前因和后果的认识，同时也增进了对并购公司并购期间业绩预告披露行为的认识。这将有助于投资者更加理性地评判并购公司管理层业绩预告，也有助于增进市场监管层对并购公司管理层业绩预告披露行为的认识，从而完善市场监管制度，提高资本市场有效性。

本书选择并购交易这一特定情境来研究业绩预告，原因如下。

（1）并购市场环境方面。并购活动是一项十分突出的市场行为，研究并购交易有助于考察市场有效性和政府干预性程度及其后果。基于并购交易的特殊性，国家和相关部委出台了多项专门法规条例来规范公司兼并收购。随着国家完善市场机制各项政策的制定和落实，企业并购行为日趋市场化，中国企业并购正处于从传统的政府治理型向市场治理型转变过程。在此背景下，从信息披露角度研究并购公司管理层业绩预告披露行为，有助于检验当前中国并购市场有效性和认识政府干预行为及其影响后果。

（2）并购战略意义方面。在中国制度背景下，无论从国家层面还是公司层面来说，并购都是一项重大事件，对经济发展和企业成长都具有重要意义。并购有助于企业重组从而促进行业改造升级，满足国家对产业发展的战略规划；有助于促进资本流动从而推动资本市场完善与发展，这从国务院和中国证监会颁布的各项有关公司并购重组的政策文件可以窥见一斑。公司并购也有助于企业借此实现行业转型或者改造升级，扩大企业市场选择空间和产业选择空间，实现资源优化配置，提高公司市场竞争力。因此，投资者对于公司并购极其关注。

（3）并购决策过程方面。并购事件参与者之间的各种关系在并购情境下更为凸显，这些关系包括并购公司和被并购公司之间、两类公司管理层与投资者之间、两类公司与市场监管层之间等各种关系。并购情境下，信息不对称问题、代理问题、信号传递问题和印象管理问题等更为凸显。这就为管理层业绩预告披露行为研究提供了良好的研究情景。管理层业绩预告是管理层与投资者进行沟通的重要途径。管理层业绩预告不仅给投资者提供未来盈余预期的信息，而且也揭示了管理层对公司经济环境的认知和对未来发展前景的预测能力，管理层业绩预告在一定程度上影响投资者对并购行为的预期，进而影响并购完成概率。并且，管理层业绩预告与真实业绩之间的差异性程度，反映了管理层信息操纵的潜在可能，投资者将据此来采信管理层未来信息披露可靠性。

（4）并购经济后果方面。管理层业绩预告在公司并购期间彰显出更为重要的作用。与常规情境相比，并购情境下管理层业绩预告具有更大的经济后果。常规环境下，误导性业绩预告即使被市场接受，所带来的后果仅仅是投资组合短期扭曲和资本成本增加，随后的定期公告将纠正这一偏差。并购情境下，误导性业绩预告将会影响到公司存亡，甚至会影响到产业结构调整。并购公司管理层在并购前对业绩预告进行的选择性披露所产生的最为直接的经济后果，是提高了价值毁损型并购的成功概率，扭曲了并购真正目的，影响了资源有效配置，从长远看将影响到产业发展。

2. 检验了与非并购公司相比，并购公司管理层业绩预告披露行为是否存在选择性行为。前人基于特定事件对管理层业绩预告披露的选择性行为进行了研究，例如，内部交易（Cheng and Lo，2006）、股票期权行权（Aboody and Kasznik，2000；Brockman et al.，2010）、融资（Lang and Lundholm，2000）、股票回购（Brockman et al.，2008）。这些研究主要就管理层业绩预告的消息属性的择时披露进行了研究。本书不仅研究了管理层业绩预告消息属性的择时披露，也对管理层业绩预告披露的精确度和准确性的选择性披露行为进行了研究。这将为管理层在并购前选择性披露业绩预告提供经验证据，为管理层业绩预告披露的选择性行为的研究文献提供了有益补充。本书的研究有助于并购活动参与者（包括并购公司和被并购公司、两家公司投资者以及市场监管者等）对并购情境下管理层业绩预告披露行为的认识。

3. 检验了不同并购特征下并购公司管理层业绩预告披露行为的差异性。尚未有文献基于不同并购特征对管理层业绩预告披露行为进行系统的研究。本书全面考察了中国不成熟的控制权市场的市场化和非市场化并购行为的不同并购特征对管理层业绩预告披露行为的影响。不同的并购特征实质上代表了不同的激励机制和约束机制。这样在不同激励和约束机制下，管理层业绩预告披露行为会存在差异。不同并购特征彰显出不同并购情景（包括企业治理水平、市场化程度和政府干预水平），从而影响到业绩预告披露行为。例如，支付方式揭示的是股价与业绩预告的关系，关联属性揭示的是公司治理与业绩预告的关系，同属管辖揭示的是政企关系与业绩预告的关系，竞价方式揭示的是资本市场市场化程度与业绩预告的关系，监管程度揭示的是政府监管与业绩预告的关系。

4. 检验了并购情境下管理层业绩预告披露行为的经济后果。前人对管理层业绩预告披露经济后果的研究主要从业绩预告的市场反应（Patell，1976；Penman，1980；Waymire，1984；Ng et al.，2013；薛爽，2001；罗玫和宋云玲，2012），以及业绩预告对资本成本（Diamond and Verrecchia，1991；Coller and Yohn，1997；Zhang，2001；Botosan and Plumlee，2002；王艳艳，2013）、盈余管理（Hayn，1995；Kasznik，1999；Call et al.，2014；杨德明，2005；郭娜和祁怀锦，2010）和分析师预测行为（Waymire，1986；Williams，1996；Libby and Tan，1999；Cotter et al.，2006；白晓宇，2009；王玉涛和王彦超，2012）的影响方面进行研究。本书从对并购的"公告效应、完成概率和完成时间"三个方面，研究了并购公司管理层业绩预告披露的经济后果。具体地，分别考察了业绩预告的披露意愿、精确度和准确性是否提高并购的公告效应，是否增加并购完成概率和是否缩短并购完成时间，这对于充分、客观、全面认识管理层业绩预告披露行为的经济后果，具有重要的实践指导意义。本书研究丰富了管理层业绩预告披露经济后果的研究文献。

5. 现有文献对于上市公司业绩预告治理机制的研究范围较为局限。大多仅考察某一类公司治理机制的治理效应，或者虽然已考虑了内外部公司治理机制但却割裂了这些治理机制之间可能存在的有机联系。基于此，本书从内部控制与外部监督的双重视角出发，将内部控制和外部监督这两种内外部公司治理机制纳入统一的分析框架来探讨其对并购公司业绩预告质量的影响，并考察了外部监督（媒体监督和分析师监督）作为外部治理对于改善内部治理的积极作用。本书的研究不仅有助于加深对不同公司治理机制治理效率的理解，也丰富了业绩预告治理机制的相关文献。

本书研究的重要意义在于：第一，研究方面，增进了管理层业绩预告披露行为和中国制度背景下并购交易行为研究，特别是检验了管理层业绩预告理论在中国特定制度背景下并购交易事件中的运用。第二，投资方面，促进了投资者对并购情境下管理层业绩预告披露行为的认识，提高其投资活动有效性，从而提高资本市场有效性。第三，监管方面，提高了监管部门对并购情境下管理层业绩预告披露行为的认识，从而可以更好地制定并购情境下管理层业绩预告披露制度，提高监管有效性。第四，实践方面，阐明了业绩预告的经济后果，从而提高了利益相关方对并购交易中业绩预告作用的认识。

第二章

理论基础和文献综述

本章阐述了相关基础性理论，包括信息不对称理论、代理理论、信号传递理论、印象管理理论和企业家能力理论等。文献综述部分主要从动机、特征和经济后果三个方面，对业绩预告披露研究进行回顾，涉及管理层业绩预告的各种理论假说，以及从并购特征和并购短期绩效两个方面，对并购行为研究进行了回顾。

本章结构安排如下。第一节为管理层业绩预告披露行为的理论基础；第二节为管理层业绩预告披露行为的文献综述；第三节为并购短期绩效和并购特征的文献综述。

第一节　管理层业绩预告披露行为的理论基础

本节对信息不对称理论、代理理论、信号传递理论、印象管理理论和企业家能力理论进行了简要梳理分析，为后续研究假设的提出和分析阐明了理论基础。

一、信息不对称理论

信息不对称是指在经济业务中，一方经济当事人相对于另一方经济当事人拥有信息优势，即交易双方所具有的信息并不完全相同。通常信息优势方会做出"败德行为"，而信息劣势方会进行"逆向选择"。阿克洛夫（Akerlof, 1970）在对旧车市场的分析中，首次对信息不对称问题进行了研究。信息披露能在一定程度上缓解信息不对称问题（Healy and Palepu, 2001）。减少管理层和外部投资者之间的信息不对称，是管理层进行业绩预告的动机之一，业绩预告的需求和供给在很大程度上是出于公司股票价格的考虑（Ajinkya and Gift, 1984）。降低管理层与外部投资者之间信息不对称程度，有利于提高股票市场流动性（Diamond and Verrecchia, 1991）和减少资本成本（Leuz and Verrecchia, 2000）。科勒和约恩（Coller and Yohn, 1997）研究发现，在管理层业绩预告发布前，相比不发布业绩预告的公司，进行业绩预告公司信息不对称程度更加严重；而当业绩预告发布后，公司信息不对称程度降低了。这表明，管理层业绩预告能够缓解信息不对称问题。

在信息不对称情境下，掌握充分、精确、可靠和及时的有价值信息，是投资者进行合理投资决策的关键所在。投资者获得有价值信息越多，其投资决策就越可能合理和准确。在资本市场上，同样存在着信息不对称现象。大多数情况下，交易一方相对于另一方会拥有更多信息，这样使得不同价值证券可能按照相同价格出售。由于投资者没有参与公司经营管理，对公司经营状况和未来前景的有价值信息相对缺乏，无法识别公司真正价值。但是，投资者也是理性的，会意识到管理层会拥有更多内部信息，意识到自己可能处于信息劣势地位。此时，就不可避免地会产生"逆向选择"问题，投资者会降低对股票的支付价格。这样就会发生类似旧车市场情况，高价值股票被低估，而低价值股票被高估。高价值公司往往因为投资者支付价格太低而无法筹资，而低价值公司却能融到更多资金，资本市场在资源配置上变得无效率。此时，充分、精确、可靠和及时的管理层业绩预告，能够缓解资本市场信息不对称问题。基于管理层业绩预告所具有的信号传递功能，经营状况好或股票价格被低估的上市公司会更倾向于进行业绩预告，向市场传递有关公司未来盈余预期和未来发展前景的价值信息，以彰显公司发展潜力，证明公司股价是被低估的。业绩预告披露有助于投资者对公司发展前景作出正确判断，使投资者愿意为公司股票支付较高价格，从而提高了公司市场价值，表现在股票价格提高上。而那些经营状况不好或股价被高估的公司虽然缺乏动力进行业绩预告，但是在有效资本市场上，不进行业绩预告会被认为是公司隐瞒了坏消息。为了避免投资者对公司业绩进行的猜疑和不信任，经营状况一般的公司也有可能进行业绩预告，来显示其与业绩最差公司的区别。这样，在有效资本市场上，信号传递有助于区分不同质量公司，增强了上市公司自愿进行业绩预告披露动机。因此，在有效资本市场环境下，从投资者决策角度来讲，上市公司倾向于发布业绩预告。但是，管理层业绩预告披露行为具有选择空间，因此管理层在不同披露情境下如何进行行业绩预告披露，尚需进一步分析。

另外，由于市场监督的存在，降低信息不对称程度将导致管理层受到更多监督（Shleifer and Vishny，1989），管理层并不总是乐意减少信息不对称。由于管理层直接参加经营管理，相比较投资者拥有信息优势和职位优势；而业绩预告是管理层披露的，管理层不会进行自我监督，而是会利用其信息优势操纵业绩预告披露为自身谋私利，从而发生败德行为。因此，从管理层监督角度来讲，管理层倾向于发布虚假业绩预告，以在表面上迎合市场监督需求而实际上满足信息操纵目的。业绩预告在缓解"逆向选择"问题方面发挥作用，但无法杜绝"败德行为"问题发生。真实的业绩预告有助于缓解管理层与投资者之间信息不对称，但是业绩预告操纵行为加深了信息不对称，业绩预告违规披露就证实了这一点。

为了减少管理层和投资者之间信息不对称，保护中小投资者利益，中国出台了业绩预告相关制度，要求管理层及时地将未来业绩信息传递给市场。业绩预告信息是管理层对公司未来业绩形成的预期，具有一定的可靠性和前瞻性，可以弥补定期财务报告在反映盈余信息时存在的历史性和时滞性的缺陷。业绩预告披露在一定程度上避免了市场中关于业绩虚假信息和小道消息的传播现象，有助于投资者及时了解公司未来业绩情况，提高投资者获取业绩信息的公正性和知情权。但是，业绩预告信息质量不仅受经济环境不确定性和管理层预测能力高低的影响，而且更有可能受公司管理层自利动机所影响。当公司管理层目标与股东目标不一致时，他们会利用其职位优势和信息优势，操纵业绩预告披露以达到自利目的。例如，管理层在股票期权行权前发布坏消息业绩预告，以此来获得较低股票购买价格（Aboody and Kasznik，2000）。此时，业绩预告披露不仅没有降低管理层与投资者之间的信息不对称程度，反而加剧了信息不对称程度，误导了投资者。中国资本市场作为新兴市场，尚处于不断完善与发展中，监管体制和法律体制也在逐步建设完善中，管理层自愿性业绩预告披露政策可能产生市场失灵。在这种情况下，如何加强管理层业绩预告披露制度建设，杜绝业绩预告操纵行为，提高管理层业绩预告的诚信水平，借此提高资本市场有效性，是监管层需要重点考虑的问题。基于信息不对称理论分析并购情境下管理层业绩预告披露行为及其经济后果，对于并购公司管理层、市场投资者和资本市场监管层，都具有重要实践意义。因此，信息不对称理论是本书的重要理论基础。

二、代理理论

所有权和经营权相互分离是现代公司制度建立的基础，所有者不直接参与公司生产经营活动，而是通过雇用管理层来代理其管理公司经营活动。所有者通过契约方式将公司经营权交给管理层，管理层在所有者授权范围内对公司财产具有控制、支配和处置的权利，而所有者享有剩余索取权和最终控制权。詹森和麦克林（Jensen and Meckling，1976）将这种委托—代理关系定义为一种契约。基于这种契约，一个或多个委托人雇用代理人代表他们行驶经营权和决策权。如果委托人和代理人都追求自身效用最大化，那么事实上代理人并不总是会以委托人效用最大化来行事。特别地，管理层直接参与公司生产经营活动，对公司经营状况拥有更多信息；当其目标与公司目标不一致时，就存在利用信息优势来谋取私利的潜在可能性。为了减少这种代理冲突，一方面，所有者会采取股权激励方法最大限度地统一双方利益，将利益冲突最小化；另一方面，所有者会加强对管理层进行监督。然而，监督成本不仅会降低投资者报酬，也会降低管理层报酬。真实的业绩预告可以缓解信息不对称，促进委托人与代理人相互沟通，从而在一定程度上降低代理成本。

对管理层进行股权激励不仅减小了代理冲突，还影响了管理层业绩预告行为。股权激励对管理层业绩预告的影响具有两面性。

一方面，股权激励对管理层业绩预告具有正向激励作用。希普和帕勒普（Healp and PalePu，2001）通过回顾以往研究得出，采用股票期权激励的上市公司更倾向于发布业绩预告来减少公司股票价值被低估的风险，因为业绩预告披露降低了代理成本也保护了自身股权利益。纳加尔等（Nagar et al.，2003）研究也认为，对管理层的股票期权激励越大，管理层越倾向于发布业绩预告来避免由于股票误定价而导致其财富损失；股权激励不仅增进了利好消息披露，也促进了利空消息披露，因为不披露会带来负面理解。高敬忠和周晓苏（2013）以中国 A 股上市公司业绩预告数据为例，通过检验业绩预告披露方式自愿性选择的影响因素，来研究管理层持股对解决自愿性信息披露中代理问题的激励作用。研究发现，随着管理层持股比例和持股价值的提高，其自愿性选择披露方式的精确性和及时性也随之提高，并更趋于稳健。这表明，管理层持股在一定程度上能够减轻自愿性披露中的代理问题。

另一方面，股权激励会导致管理层采取选择性业绩预告披露行为。阿布迪和卡兹尼克（Aboody and Kasznik，2000）研究发现，管理层倾向于在股票期权行权前发布更多坏消息业绩预告来压低股价，而在行权后发布更多好消息业绩预告来提高股价，以此来达到最大化自身股权收益。这种选择性业绩预告披露行为，反而加深了代理问题。因此，如何加强管理层业绩预告披露行为的监管水平，提高披露诚实性，借此缓解代理问题，是资本市场监管层所面临的重要问题。在并购情境下，股权变更将会深刻影响代理问题，从而深刻影响管理层业绩预告披露行为。有必要基于代理理论，深入研究不同并购情境下管理层业绩预告披露行为的经济后果。因此，代理理论是本书的重要理论基础。

三、信号传递理论

信号传递理论认为，在证券市场上，经营业绩高于市场平均水平的公司会自愿性地向市场披露业绩信息，以获得高于平均市场估值的股价表现，而经营业绩低于市场平均水平的公司会抑制信息披露。经营业绩好的公司有动机通过信号传递与其他经营业绩不如自己的公司区别开来。而不进行信息披露的公司可能是没有信息的公司，也可能是具有坏消息的公司。在这种情况下，投资者难以识别出这两类公司，往往就认为不披露的公司就是拥有坏消息。此时信息匮乏公司为了避免投资者逆向选择，也会尽可能披露信息来传递信号，以与拥有坏消息公司区分开来。依照同样原理，拥有坏消息公司也会互相区分而进行信息披露，最后剩下的便是拥有最坏消息公司。罗斯（Ross，1978）基于信息披露信号传递理论，认为在完善资本市场上，不需要法律来强制规定披露信息，管理层有内在激励披露信息。业绩预告披露是公司进行信号传递的方式之一。具有较好业绩表现的公司更倾向于披露业绩预告，而业绩最差公司缺乏动力自愿披露业绩预告。当管理层发现自己预期与分析师预测存在较大偏差时，管理层会通过发布业绩预告来修正市场预期

（Ajinkya and Gift，1984）。

特鲁曼（Trueman，1986）基于理论模型研究认为，管理层发布业绩预告是为了向市场传递其预测公司未来经营环境变化和据此调整生产计划能力的信号。因为投资者无法直接观测到管理层的这种能力，当公司未来经营环境发生变化，管理层有激励去更新业绩预告披露。特鲁曼（Trueman，1986）研究认为，无论是好消息业绩预告还是坏消息业绩预告，发布业绩预告都对公司价值具有正的信号效应。列夫和佩因曼（Lev and Penman，1990）通过研究公司管理层业绩预告自愿披露，检验了信号传递理论，研究结果部分支持了上述理论。具体表现在，业绩较好公司会主动披露业绩预告，而业绩较差公司会抑制业绩预告披露。为了提升公司股价表现，避免投资者逆向选择，好业绩公司有动力通过披露业绩预告来传递信号，以与业绩较差公司相区别。信号传递理论表明，管理层通过业绩预告可以避免因为信息不对称引起的"逆向选择"问题，可以调整市场预期。那么，基于信号传递理论，并购情境下，并购公司管理层将会如何通过选择性业绩预告披露，借此向市场传递某种信号，以推动并购早日完成？因此，信号传递理论是本书的重要理论基础。

四、印象管理理论

印象管理是一个心理学概念，指人们运用一定方式控制其他人对自己形成印象的过程（Leary and Kowalski，1990）。在信息披露研究中，印象管理主要指管理层根据语言信息的特点，操纵语言信息披露的内容和形式，从而影响投资者对公司的印象，进而影响其投资决策。业绩预告是信息披露的一种重要形式，中国证监会虽然对特定条件公司业绩预告披露进行了强制性规定，但只是针对披露意愿进行了强制规定，而对披露内容和披露形式等并没有强制性规定。因此，管理层在进行业绩预告披露时，存在印象管理空间。例如，在业绩预告披露精确度方面，披露坏消息时管理层选择精确度最低的定性方式进行披露，以此来淡化坏消息的负面影响。在披露情绪上，管理层对于坏消息往往会进行乐观披露，降低披露准确性来模糊坏消息对投资者的印象。而对好消息业绩预告，管理层可能会在形式上尽可能精确、在内容上乐观披露，以此来强化好消息对投资者的印象。

此外，在业绩预告中，管理层业绩自利归因也体现了印象管理。管理层往往将利好消息归因为内部管理和运营效率的改善，而将利空消息归因为宏观经济变化、会计政策变化以及其他不可抗力因素的影响。由此可见，印象管理在一定程度上会降低业绩预告信息可靠性。并购情境下，管理层可能通过印象管理来操纵业绩预告披露，形成事实上的业绩预告选择性披露行为。因此，印象管理理论是本书的重要理论基础。

五、企业家能力理论

早期的经济学家将企业理论局限于产商理论。科斯（Coase，1937）发表了《企业的性质》一文，解开了企业边界之谜，将企业理论研究视角从企业整体"黑箱"渗透到企业内部制度，由此引发出新制度经济学等研究分支。企业家理论是企业成长研究的重要理论基础。企业家是企业发生的逻辑起点，是最初的"中心签约人"（杨其静，2003）。郑江淮（2003）考察了万向集团董事局主席鲁冠球的企业家禀性对于企业把握发展机遇、实现可持续发展的关键作用。贺小刚和李新春（2005）基于国内 277 家企业调查数据，研究认为企业家能力发挥将受到经济结构和企业家背景因素影响，企业家主要功能在于培育组织能力。吕福新（2007）阐述了"浙商"从企业主到企业家的转型，阐明了企业家能力的极其重要性。以上分析表明，从企业家能力角度考察企业发展和战略行为，具有重要意义。而张维迎（2013）进一步从信任机制角度，考察了企业家与职业经理人之间信任机制问题，认为职业化管理团队形成关键在于企业家与职业经理人之间的相互信任，表明从能力和信任角度来分析管理层具有重要意义。

创新能力在经济发展过程中发挥了积极的推动作用。熊彼特（Schumpeter，1934）在其著名的"创造性毁灭"理论中阐述了创新的重要性。他认为，资本主义本质特征就是不断创新，创新是"企业家对生产要素的重新组合"，是一个"创造性毁灭"（creative destruction）的过程；认为实质性的市场竞争不是价格竞争，而是创新竞争，后者较之前者，"其效力之区别就像大炮狂轰与徒手推门之间相比"。战略管理理论中对于企业家的忽视，限制了其理论的发展；考察企业家能力、组织能力与企业绩效，将对战略管理研究产生重大推动意义（贺小刚，2006）。公司并购情境下，企业家或者经理人所具有的创新能力、预测能力和整合能力等，对并购绩效和企业发展将会产生深远影响。与此同时，业绩预告的披露质量有赖于管理层对于经营环境的信息收集和战略预判。因此，从管理层能力角度来分析其业绩预告披露行为及其经济后果，对于我们拓展信息披露理论视野，具有重要作用。因此，企业家能力理论将成为本书研究的重要理论基础。

第二节　管理层业绩预告披露行为的文献综述

管理层业绩预告是管理层对外进行信息披露的一种重要机制，也是管理层与投资者和监管层等进行沟通交流的一条重要渠道。投资前管理层对投资机会估值比投资者拥有更多信息，并且有激励对投资者夸大投资价值，因此投资者将面临"信息问题"；投资后管理层有激励占用投资者资金，这时投资者又将面临"代理问题"。信息披露是解决两类问题的有效手段（Healy and Palepu，2001）。

管理层业绩预告在资本市场上的作用主要表现在两个方面。一是事前估值，是指在投资前管理层业绩预告给投资者提供了评估公司未来投资项目是否可行的信息；二是事后监督，是指在投资后管理层业绩预告给投资者提供了监督公司预期投资效果是否达成的信息。在并购决策时，由于管理层与投资者存在目标差异，两者目标冲突会加剧管理层与投资者之间的信息不对称问题。国内外涌现了许多对业绩预告披露的研究，这些研究主要关注业绩预告披露的动机、特征、影响因素及经济后果等。由于本书主要研究主题是并购前管理层业绩预告披露行为及其经济后果，本节主要从业绩预告披露的动机、特征和经济后果三个方面，对管理层业绩预告披露文献进行综述。

一、业绩预告披露的动机

管理层业绩预告披露动机研究主要回答的是"公司为什么进行业绩预告"这一基础问题。前人通过研究业绩预告的收益和成本后，主要形成了业绩预告披露动机的六大假说，分别是资本市场交易假说、公司控制权竞争假说、股票报酬假说、诉讼成本假说、私有成本假说和管理层能力信号传递假说（Healy and Palepu，2001）。张然和张鹏（2011）考察了中国上市公司自愿业绩预告动机，通过借鉴西方自愿信息披露理论，并结合中国制度背景，提出了我国上市公司自愿业绩预告的三类动机，分别是资本市场交易动机、管理层股票收益动机和管理层能力信号传递动机；通过对2001～2008年中国上市公司业绩预告数据研究样本进行检验，发现融资需求高、管理者利益协同程度高、会计业绩好的上市公司更有动机自愿披露业绩预告。不同研究假说不仅能够用于解释并购情境下管理层业绩预告披露行为，它们与并购特征相结合，能够进一步深入解释不同并购情境下管理层业绩预告披露行为。也就是说，业绩预告假说在不同并购特征下，对于管理层业绩预告披露行为有着更加深刻的解释能力。

（一）资本市场交易假说

由于管理层较外部投资者具有信息优势，为了降低交易成本，具有融资需求管理层有激励通过业绩预告来降低信息不对称程度，进而降低融资成本（Myer and Majluf，1984；Verrecchia，2001）。融资需求越高，因融资失败而错失投资机会的机会成本就越大，因而高融资需求公司更倾向于进行业绩预告。该假说得到弗兰克尔等（Frankle et al.，1995）的研究支持。弗兰克尔等（Frankle et al.，1995）认为，具有融资需求的上市公司更愿意自愿披露业绩预告，并且业绩预告披露次数与融资频率成正相关。具有融资需求的上市公司通过业绩预告来增强投资者对公司前景的信心，从而影响投资决策，并最终达到成功融资目的。郎和伦德霍姆（Lang and Lundholm，2000）研究发现，在增发新股前六个月管理层会发布更多的业绩预告信息。鲁兰等（Ruland et al.，1990）、马夸特和威德曼（Marquardt and Wiedman，1998）的研究也得出了类似结论。因此，有必要考察并购情境下，管理层是否会借由业绩预告来提高投资者关注度，降低交易成本，改善并购交易的经济后果。

（二）公司控制权竞争假说

董事会和投资者都认为管理层应该对公司股票业绩负责，股票业绩欠佳不仅可能导致CEO变更（Warner et al.，1988；Weisbach，1988），而且可能增加公司被敌意收购的可能性，进而引发CEO更替（Palepu，1986；Morck et al.，1990）。迪安基洛（De Angelo，1988）研究发现，管理层在控制权争夺中，会因为股票业绩表现差而被发起控制权争夺的股东提议撤换。基于职业安全考虑，管理层会通过业绩预告来减少股价被低估风险，并对业绩欠佳原因给予详尽解释。该假说得到布伦南（Brennan，1999）的研究支持。布伦南（Brennan，1999）研究发现，在竞争性并购中，目标公司管理层更可能进行业绩预告披露，业绩预告发布既有利于抵制并购，也有利于提高收购价格。并购情境下，公司控制权问题显得尤为重要。因此，有必要考察并购情境下，并购公司管理层是否会采取选择性业绩预告披露行为，借此来影响公司股价，强化其对公司实际控制权。由于中国资本市场特殊性，公司控制权问题较为突出，因此有必要从公司控制权理论角度来分析并购公司管理层业绩预告披露行为及其经济后果。

（三）股票报酬假说

管理层股权激励减轻了信息披露代理问题，因为股权激励直接将管理层薪酬与信息披露行为联系起来，管理层可以直接受益于信息披露引起的股票价格上升和资本成本下降的好处。此外，当公司股价被市场低估时，管理层也会直接遭受损失。因此，管理层就会有更强意愿进行信息披露。纳加尔等（Nagar et al.，2003）研究发现，管理层业绩预告频率与 CEO 股票薪酬比例以及 CEO 持股价值具有正相关关系。此外，股权激励会导致管理层进行选择性业绩预告披露。在内部交易和股票期权行权时，管理层有激励进行选择性业绩预告披露。诺亚（Noe，1999）研究发现，相比坏消息业绩预告披露后的行为表现，管理层会在好消息发布后卖出更多股票；而相比好消息业绩预告发布后的行为表现，管理层会在坏消息发布后买进更多股票。程和罗（Cheng and Lo，2006）也得出类似结论，发现管理层在买股票前会发布更多坏消息业绩预告，以此获得以较低股票购买价格。阿布迪和卡兹尼克（Aboody and Kasznik，2000）研究发现，在股票期权行权前，管理层会倾向于发布坏消息来降低股价，从而获得以较低股价购买股票；而在行权后倾向于发布好消息来提升股价。一般情况下，资本市场难以察觉出这种选择性披露行为，尤其在低诉讼风险情况下，这种选择披露行为会更严重（Rogers and Stocken，2005）。因此，有必要考察并购情境下，并购公司管理层是否会采取选择性业绩预告披露行为，借此来影响公司股价和投资者决策行为，并最终影响并购完成效率。

（四）诉讼成本假说

在成熟和完善的法律体系中，管理层虚假披露或不及时披露可能导致法律诉讼，尤其是坏消息披露更容易引致法律诉讼。为了降低诉讼风险，管理层会更愿意进行信息披露。弗兰克尔等（Frankel et al.，1995）研究表明，当股票价格下降或大幅度波动时，投资者更可能对公司发起诉讼。"盈余惊奇"（earning surprise）常会导致较高的法律诉讼风险，管理层往往会提前发布坏消息业绩预告来降低这种诉讼风险（Skinner，1994）。斯金纳（Skinner，1997）进一步研究发现，管理层进行及时业绩预告能减少赔偿金额。菲尔德等（Field et al.，2005）研究发现，提前发布坏消息业绩预告能阻止某些类型诉讼，提前发布业绩预告不会引发诉讼。

然而，米尔和皮奥特洛斯基（Mill and Piotroski，2000）研究发现，相比低风险行业，在高风险行业经历转型后的公司管理层更倾向于发布好消息业绩预告，这表明法律诉讼成本也激励了好消息发布。布朗等（Brown et al.，2005）研究发现，诉讼风险与好消息和坏消息业绩预告披露正相关。因为法律诉讼难以区分管理层是故意进行虚假业绩预告披露还是由于预测误差而引起的业绩预告不真实，法律诉讼风险也会影响公司披露真实业绩预告的积极性。罗格斯和范布斯柯克（Rogers and Van Buskirk，2009）研究认为，诉讼程序会降低管理层进行信息披露的意愿。在此情况下，资本市场监管措施就开始发挥其作用。在资本市场不成熟和不完善的情况下，资本市场监管层有必要通过强制性业绩预告和违规惩戒措施，提高管理层业绩预告披露意愿、精确性和准确性，杜绝和遏制发生业绩预告违规行为。市场监管的必要性在并购情境下显得尤为重要，并购涉及公司战略，对于公司具有全局性的影响作用。在业绩预告问题上，管理层更有动机采取选择性披露行为，因此需要更加完善的市场监管措施。这表明，诉讼成本假说将能够被用于并购情境下管理层业绩预告披露行为研究。

（五）私有成本假说

虽然管理层披露业绩预告会带来一些好处，但是业绩预告披露也具有成本。经济理论表明，私有成本是进行充分披露的重要影响因素，管理层业绩预告也不例外。公司在向市场披露私有信息的同时，竞争者也获得了该信息，这会引致其采取不利于公司的竞争行为，从而产生业绩预告披露的私有成本（Verrecchia，1983）。因此，私有成本低的企业更有动机进行信息披露。王（Wang，2007）研究发现，私有成本负向地影响了管理层业绩预告对外披露动机。此外，私有成本还会影响业绩预告披露情绪。班贝尔和金（Bamber and Cheon，1998）研究发现，在低竞争行业，管理层更少发布业绩预告；当市场难以发现披露偏差时，私有成本高的公司更倾向于发布悲观业绩预告（Rogers and Stocken，2005）。并购情境下，公司间竞争关系尤为敏感，竞争属性尤为凸显，业绩预告披露具有更大私有成本。管理层在业绩预告披露问题上将更加谨慎行事，在披露行为问题上将更加考究。

（六）管理者能力信号传递假说

与企业家能力理论相一致，特鲁曼（Trueman，1986）基于理论模型研究认为，管理层自愿进行业绩预告是为了向市场传递其能力信号，即他具有预测公司未来经营环境变化和据此调整生产计划的能力。因此，无论好消息业绩预告还是坏消息业绩预告，能力强的管理层都会自愿披露，业绩预告披露是一种能力体现。鲍伊克等（Baik et al.，2011）研究发现，CEO 能力越强，就越会披露业绩预告。李等（Lee et al.，2012）研究认为，管理层业绩预告彰显出管理层能力，董事会将据此选择和更换管理层。研究发现，管理层业绩预告误差与管理层更换正相关。并购情境下，管理层将面临更为复杂和难以预测的经营环境。管理层为了展示其经营能力，在业绩预告披露方面也将更加谨慎行事，在披露行为问题上也将更加考究。

此外，调整市场预期也是管理层进行业绩预告的一个重要动机。阿金卡和吉特（Ajinkya and Gift，1984）的预期调整假说认为，由于信息不对称的存在，当市场预期与管理层预期之间存在较大偏差时，管理层会通过披露业绩预告来调整市场预期。并且管理层有动机披露好消息和坏消息业绩预告，因为业绩预告的披露能降低管理层与投资者之间的信息不对称程度，从而降低交易成本。哈森和詹宁斯（Hassen and Jennings，1986）研究发现，管理层业绩预告比同期的分析师预测更准确，但随后分析师更新发布的预测信息比先前的管理层业绩预告的信息更准确。这从分析师预测角度验证了预期调整假说。

总之，由于管理层业绩预告本身的主观性和可选择性，管理层业绩预告动机相对比较复杂，在经验证据方面难以获得一致结论。有学者认为，不能获得一致结论的原因与假设检验的样本选择有关。研究样本不同，表明预测情境发生变化，从而对研究结论产生影响。在纷繁复杂的预测环境中，管理层业绩预告披露可能是多种动机共同作用的结果。特别是在并购情境下，不同并购其交易特征存在差异，决定了并购公司管理层借助业绩预告披露实现并购动机的选择空间存在不同。因此，有必要从并购特征角度分析并购公司管理层业绩预告的披露行为及其经济后果。这也将有助于检验不同研究假说在并购情境下是否仍然有效，以及检验各种假说在中国资本市场上的有效性。

二、业绩预告披露的特征

管理层一旦决定披露业绩预告后，就需要考虑业绩预告披露特征，包括业绩预告的精确度和准确性等属性。

（一）业绩预告披露的精确度

管理层披露业绩预告时，可以选择定性披露，也可以选择定量披露。定量披露的表现形式有：点预测、闭区间预测、上下限预测。预测信息的具体表现形式直接反映了业绩预告的精确度水平，点预测精确度最高，其次是闭区间预测，接着是上下限预测，最后是定性预测。一些学者认为，相比精确度高的业绩预告，不精确的业绩预告更不可信，因为它反映了管理层对公司未来业绩的不确定性估计（Hassell et al., 1988；King et al., 1990）。经验研究支持了这一论断，发现投资者认为精确的业绩预告比不精确的业绩预告更可信。赫斯特等（Hirst et al., 1999）的实验研究发现，面对不同的管理层预测精确度，投资者对点预测比对闭区间预测更有信心。这一观点得到巴金斯基等（Baginski et al., 1993）的研究支持。巴金斯基等（Baginski et al., 1993）研究发现，点预测比其他形式的业绩预告有更多的信息含量。然而，鲍威尔等（Powall et al., 1993）和阿提亚斯等（Atiase et al., 2005）的研究却发现，业绩预告精确度程度不影响股价反应。这表明，管理层业绩预告精确度的影响因素还值得进一步探索。

影响管理层业绩预告披露精确度的因素主要有两类。一类是正向影响因素，包括好的公司治理（Ajinkya et al., 2005）、分析师跟随（Baginski and

Hassell，1997）和管理层过度自信（Hribar and Yang，2006）等。阿金卡等（Ajinkya et al.，2005）研究了外部董事比例和机构投资者比例与管理层业绩预告之间的关系，发现外部董事比例和机构投资者持股比例越高，管理层越倾向发布业绩预告，并且发布的业绩预告的精确度和准确性越高，越小可能会发布乐观业绩预告。巴金斯基和哈森（Baginski and Hassen，1997）研究发现，分析师跟踪越多，公司管理层会发布精确度较高（点或闭区间）业绩预告信息。另一类是负向影响因素，包括公司规模、盈余波动、私有成本和预测期间长度（Baginski et al.，2002）。崔等（Choi et al.，2010）研究发现，坏消息业绩预告精确度比好消息业绩预告精确度低。埃特里奇等（Ettredge et al.，2013）检验了财务重述对后续业绩预告的影响，发现财务重述后，公司表现为风险规避型业绩预告行为，即更不倾向于发布业绩预告，所发布业绩预告具有更低精确度，更少乐观偏差。此外，巴金斯基等（Baginski et al.，1993）研究发现，1983～1986年预测研究样本中点预测和闭区间预测所占比例不到20%。随后研究显示，1993～1997年预测研究样本中点预测和闭区间预测所占比例大约为50%（Baginski et al.，2004；Hutton et al.，2003）。不考虑样本时间差别，定性预测和上下限预测占较大比例，但是大多数研究只注重点预测和闭区间预测研究。

总之，管理层业绩预告的精确度选择并没有遵循一定政策，而是随预测环境变化而变化。业绩预告精确度反映了管理层对公司未来前景判断的确定性。管理层决定披露业绩预告时，会根据具体预测环境来决定采取何种精确度形式来实现管理层业绩预告意图。并购情境下，管理层业绩预告存在更大操纵可能性，管理层在业绩预告精确度方面可能存在更大的选择性行为。因此，有必要深入分析公司并购情境下，管理层业绩预告精确度是否存在异质性及其影响因素。

（二）业绩预告披露的准确性

业绩预告信息具有不确定性和主观性，信息使用者对其准确性特别关注。业绩预告信息具有合理的准确性是其具有价值相关性的前提（Daily，1971），否则投资者就会对这种信息没有信心。这种价值相关性体现在投资价值信号上。事实上，不准确的业绩预告信息也有一定的价值，作为一种能力信号，它向投资者传递了公司管理层的素质和能力的信息。已有文献通常通过对管理层业绩预告信息与实际盈余信息进行比较来研究管理层业绩预告的准确性，这类检验主要考察管理层业绩预告是否具有预测情绪，即悲观倾向或乐观倾向。

学者们还会将管理层业绩预告信息与市场预期相比较以考察业绩预告是否具有选择偏好。市场预期会影响股票市场表现，管理层披露业绩预告的动机之一就是调整市场预期使之与自身预期相一致。市场预期是管理层进行业绩预告披露的基准值，国外研究文献中通常以分析师预测作为市场预期的代理变量，而国内研究文献则是以上年同期值作为市场预期的代理变量。这类检验主要分析了管理层业绩预告消息属性偏好倾向，即好消息偏好和坏消息偏好。一般认为，超过市场预期的信息是好消息，反之为坏消息。

回顾已有文献发现，对管理层业绩预告披露情绪和披露偏好的研究并未得出一致的检验结果，并且检验结果与样本期间存在关联性。基于 20 世纪 70～80 年代业绩预告样本的研究发现，管理层业绩预告具有乐观倾向和好消息偏好（Waymire，1984）。随后，基于 20 世纪 80～90 年代中期业绩预告样本的研究发现，管理层业绩预告不存在选择偏好，也不存在披露情绪倾向（Hutton et al.，2003）。20 世纪 90 年代中期以后，管理层业绩预告又出现了一定的披露选择偏好和披露情绪倾向。赫顿和斯托克（Hutton and Stocken，2007）对 1996～2003 年 9381 个年度盈余预告样本进行分析发现，好消息预告比例为 37%，中性消息预告比例为 17%，坏消息预告比例为 46%，这表现了一定的坏消息偏好。陈（Chen，2004）基于 1994～2003 年业绩预告样本的研究表明，管理层业绩预告披露悲观倾向在季度业绩预告中逐渐增加。随后研究认为，管理层业绩预告披露情绪倾向与预告期间有关，年度业绩预告具有乐观倾向，而季度业绩预告具有悲观倾向（Choi and Ziebart，2004）。对于管理层业绩预告披露悲观情绪的解释是，管理层有意利用业绩预告向下调整市场盈余预期（Cotter et al.，2006）。管理层故意发布悲观业绩预告，引起市场参与者向下调整预期，虽然这种行为使得管理层发布坏消息业绩预告，但为后来盈余公告信息创建了容易达成的盈余基准。

管理层业绩预告准确性呈现出时间差异特征表明，业绩预告准确性受到了预测环境和管理层业绩预告披露意图的影响。一些文献对业绩预告准确性影响因素进行了研究。当管理层缺乏业绩预测经验并且面临较低会计灵活性和遭受外生冲击时，管理层此时发布的业绩预告准确性较低（Kasznik，1999）。

同时，过度自信管理层倾向于发布乐观偏差业绩预告（Hribar and Yang，2006）。此外，拥有好的公司治理结构的公司管理层会倾向于发布更准确、较少偏差的业绩预告（Ajinkya et al.，2005；Karamanou and Vafeas，2005）。罗格斯和斯托克恩（Rogers and Stockern，2005）研究认为，当业绩预告偏差难以被市场察觉时，管理层会发布误导的业绩预告；为了阻止新进入者进入，行业集中度高的公司比行业集中度低的公司更倾向于发布悲观偏差的业绩预告。在新股发行前，公司为了提高新发行股票的价格会发布乐观偏差的业绩预告（Lang and Lundholm，2000）。此外，波纳尔等（Pownall et al.，1993）通过分别计算点预测、闭区间预测以及上下限预测的管理层业绩预告的准确性，检验了这三类不同精确度业绩预告之间准确性的差异，发现点和闭区间预测的准确性显著低于上下限预测准确性。可见，业绩预告的准确性与披露精确度类型存在一定关系。基于同样缘由，在公司并购这一特殊情境下，管理层业绩预告存在更大的潜在操纵可能性，管理层在业绩预告准确性方面可能存在更大的选择性行为。因此，有必要深入分析公司并购情境下，管理层业绩预告准确性是否存在异质性及其影响因素。

三、业绩预告披露的经济后果

业绩预告披露对投资者、公司和分析师预测会产生一定影响。已有文献对业绩预告披露的经济后果进行了大量研究。例如，宋云玲和罗玫（2010）研究发现，三季报中的业绩预告可以提高股票市场有效性。本书主要从投资者、公司以及分析师预测三个方面对业绩预告披露的经济后果的研究进展进行梳理。首先，是基于投资者视角的研究文献，这类研究检验了业绩预告披露与股票价格之间的关系，考察业绩预告披露是否有助于向投资者传递决策相关信息；其次，是基于公司视角的研究文献，这类文献检验了业绩预告披露与盈余管理和资本成本之间的关系；最后，是业绩预告影响分析师预测的文献综述。

（一）业绩预告对股票价格的影响

公司股票价格表现是投资者关注焦点，业绩预告披露对投资者的影响作用主要体现在对公司股价影响上。管理层并不总是愿意通过业绩预告与投资者分享其私有信息，这就需要采取相应激励来促进其进行业绩预告披露，影响公司股票价格就是管理层进行业绩预告披露的动机之一。早期经验研究利用事件研究法对管理层业绩预告市场反应进行检验，证明管理层业绩预告具有信息含量。帕特尔（Patell，1976）考察了 1963～1967 年 335 个年度业绩预告披露与股票价格之间的关系，发现伴随着业绩预告发布，股票价格显著地调整变化，这表明业绩预告具有显著的信息含量。佩因曼（Penman，1980）研究认为，管理层业绩预告信息与公司价值具有价值相关性，业绩预告对投资者具有决策有用性。贾吉（Jaggi，1978）检验了 1971～1974 年 144 个业绩预告披露的市场反应，研究发现在业绩预告披露当天及前后几天股价有显著的调整与波动。管理层业绩预告具有信息含量，业绩预告发布前后一天的累计超额报酬率与业绩预告偏差存在正向关系（Waymire，1984）。研究表明，业绩预告具有信息含量，管理层通过业绩预告向市场传递某种讯息。

在证实了业绩预告具有信息含量之后，研究者们开始关注披露特征是否会影响业绩预告的信息含量或业绩预告的股价反应。管理层业绩预告的信息属性对业绩预告的市场反应有着不同影响。斯金纳（Skinner，1994）研究发现，好消息和坏消息业绩预告的市场反应具有非对称性，坏消息比好消息有更大的市场反应。赫顿等（Hutton et al.，2003）研究认为，坏消息业绩预告本质上具有信息性，而好消息业绩预告只有在附上了可验证的前瞻性报表时才具有信息性。这不仅表明了前瞻性报表增强了好消息业绩预告的可靠性，还说明了市场参与者认为坏消息比好消息业绩预告更可靠。科塔里等（Kothari et al.，2009）以 1995～2002 年管理层业绩预告为研究样本，检验了管理层业绩预告披露的市场反应。研究发现，坏消息业绩预告对股票价格的负效应大于好消息业绩预告对价格的正效应，但他们对这一结果的解释有所不同。科塔里等（Kothari et al.，2009）认为，业绩预告市场反映的非对称性不是由消息属性可靠性差异所导致，而是因为好消息比坏消息业绩预告泄露得更早，已经部分反映到股票价格中了；而坏消息一直被管理层隐藏，当坏消息业绩预告发布时就会引起较大惊奇，由此产生的市场反应就会更强。

管理层业绩预告精确度对业绩预告市场反应的影响没有达成一致认识。巴金斯基等（Baginski et al.，1993）以 1983～1986 年 868 次年度业绩预告为研究对象，检验了业绩预告不同披露精确度对市场反应的影响作用。研究发现，点预测业绩预告比其他业绩预告具有更大市场反应。然而，波纳尔等

（Pownall et al.，1993）和阿提亚斯等（Atiase et al.，2005）研究认为，业绩预告披露不同精确度对业绩预告市场反应没有产生影响作用。巴金斯基等（Baginski et al.，2007）研究表明，相比精确度低的业绩预告，精确度高的业绩预告会导致更大的股价反应和分析师修正。韩和谭（Han and Tan，2010）拓展了前人研究，考察了业绩预告披露的精确度、消息属性和投资期对业绩预告市场反应的联合影响。他们认为，在考虑了消息属性和投资期长短后，业绩预告披露的精确度会影响业绩预告的市场反应。此外，波纳尔等（Pownall et al.，1993）研究发现，期间业绩预告比年度业绩预告有更大的市场反应。恩格等（Ng et al.，2013）研究认为，管理层业绩预告越可靠，其市场反应也越大。发布更可靠的业绩预告可以降低投资者对业绩预告的反应不足。

国内对业绩预告的研究主要集中于市场反应的研究。研究表明，管理层业绩预告具有信息含量，且业绩预告的股价反应与业绩预告类型相关，坏消息的市场反应大于好消息。薛爽（2001）最早检验了上市公司预亏公告的市场反应，对1998～1999年披露预亏公告的133家A股上市公司进行的实证研究结果发现，预亏公告市场反应显著，在公告前后的3天股价下降了5.98%。程亚琼和宋蔚（2005）通过对2004年1月4日以前发布的预亏公告进行研究，发现预亏公告对股价具有短期的负面影响，且业绩较差的公司对预亏公告的市场反应大于业绩较好的公司。杨朝军等（2002）和何德旭等（2002）分别对中国上市公司2001年披露的中期业绩预警公告的市场反应进行检验，也发现了类似的结论。随后，洪剑峭和皮建屏（2002）以及蒋义宏等（2003）考察了2001年报预警公告的市场反应，也得出了类似的结论。宋璐和陈金贤（2004）通过对上市公司信息披露新规则颁布后上市公司业绩预告的市场反应进行了研究，实证结果表明，上市公司年报业绩预告具有信息含量，并且股价对信息披露存在提前反应现象，年报业绩预告在披露当天及前后均会产生异常收益，持续披露好消息有利于支持股价稳步攀升，而坏消息的披露会造成股价下降，且披露坏消息的市场反应大于好消息。

考察了管理层业绩预告具有信息含量之后，国内学者开始探讨业绩预告的披露特征对市场反应的影响。杨德明和林斌（2006）通过对2001～2003年377家A股上市公司业绩预告的市场反应进行了研究，研究结果显示，年度会计盈余的业绩预告具有明显的市场反应，具体为好消息在窗口期内获得了显著为正的累计超额收益率，坏消息和中性业绩预告的累计超额收益率均为负，并且坏消息的市场反应更为强烈，精确度较高的业绩预告的超额收益率显著高于精确度较低的业绩预告。王振山等（2010）以2004~2008年中国A股上市公司年度业绩预告为研究对象，检验了业绩预告的短期市场反应，研究发现业绩预告当天，市场反应最强烈；坏消息的市场反应大于好消息，并且公司规模和是否被ST都会影响业绩预告的市场反应。张新铭（2010）通过对上证50成分股发布的业绩预告进行了研究，研究发现业绩预告变动方向显著地影响了累计超额收益，但业绩预告变动幅度不影响累计超额收益。宋云玲和罗玫（2010）以2002~2006年上市公司业绩预告为研究对象，检验了业绩预告对应计异象的影响，结果表明业绩预告有助于消除应计异象。杨书怀（2010）考察了《上市公司信息披露管理办法》的实施效果，通过事件研究对比年度业绩预告的市场反应，发现《上市公司信息披露管理办法》实施后，业绩预告的超额收益率波动变小，信息质量提高了，但是仍然没有阻止消息泄露和内幕交易。由此可见，业绩预告具有信息含量，可以引起资本市场上证券价格一定程度的变动，这为管理层实施业绩预告披露行为提供了效用基础。此外，罗玫和宋云玲（2012）考察了业绩预告的修正行为的市场反应，研究结果显示，相比无业绩预告修正历史的公司的业绩预告，具有修正历史的上市公司的业绩预告的市场反应更强，并且在近期三年内对业绩预告修正的次数越多，与最近年度修正业绩预告的时间间隔越短，其业绩预告的市场反应就越不明显。

由于公司并购涉及资产评估和支付方式选择，并购情境下管理层将会可能通过选择性业绩预告来影响公司股价，进而影响到并购完成。因此，有必要考察并购情境下管理业绩预告披露行为的经济后果。

（二）业绩预告对资本成本的影响

前人对信息披露与资本成本关系的研究没有得出一致结论。业绩预告作为信息披露的重要途径，它与资本成本之间的关系存在着争议。有些学者认为，发布业绩预告有助于降低信息不对称程度，从而降低资本成本（Diamond and Verrecchia，1991；Leuz and Verrecchia，2000）。科勒和约恩（Coller and Yohn，1997）直接检验了管理层业绩预告对资本成本的影响作用。他们以1988~1992年278个披露业绩预告的公司为研究样本，同时相应选取未进行业绩预告公司作为控制样本进行比较研究。研究发现，发布业绩预告公司的买卖价差在预告前 12 个月至预告前 9 天这段期间内明显高于未发布业绩预告公司。这表明发布业绩预告公司的信息不对称程度更大，但业绩预告发布后信息不对称问题开始逐渐得到明显改善，直到盈余公告发布前预告与未预告的公司间的买卖价差已无明显差异。这表明，业绩预告发布在一定程度上减少了信息不对称。弗兰克尔等（Frankel et al.，1995）的研究为业绩预告降低资本成本提供了间接证据。他们的研究结果表明，具有融资需求的公司更倾向于自愿披露业绩预告，而且融资频率越高，业绩预告披露次数也越多。这表明，管理层把发布业绩预告作为与投资者进行信息交流的方式，试图以管理层对公司前景的信心来增强投资者对公司的信心，从而影响投资者决策，以期降低资本成本。波托桑和普卢姆利（Botosan and Plumlee，2002）研究发现，管理层业绩预告与资本成本之间呈负相关关系，而业绩预告及时性与资本成本之间呈正相关关系。然而，张（Zhang，2001）研究认为，业绩预告内生于公司本身，业绩预告与资本成本之间的关系不确定，既可以为正，也可以为负。

国内方面，钱争彦和童娜琼（2012）以 2009～2011 年深交所 A 股上市公司为研究对象，检验了业绩预告对资本成本的影响。结果发现，业绩预告频率越高的公司，权益资本成本和平均资本成本越低。该研究将强制性披露的业绩预告纳入研究样本，并以业绩预告发布数量来度量公司自愿性信息披露水平，这一做法值得商榷。王艳艳（2013）以 2001～2009 年 A 股上市公司为研究样本，检验了管理层业绩预告、信息风险与权益资本成本之间的交互影响，该研究在控制了业绩预告的内生性问题后仍然得出结论：管理层业绩预告可以降低权益资本成本，但这种降低效果呈现明显"滞后效应"。并购情境下，资本成本是并购公司重要的考虑问题之一。为了降低资本成本，提高并购成效，管理层存在动机来操纵业绩预告，以达成其并购目的。因此，有必要考察并购情境下并购公司管理层业绩预告披露行为的经济后果。

（三）业绩预告对盈余管理的影响

业绩预告与盈余管理之间关系的研究没有形成一致结论。部分学者认为，业绩预告增加了管理层盈余管理动机，管理层会利用盈余管理来促使业绩预告信息与随后盈余公告信息保持一致。海恩（Hayn，1995）研究认为，当管理层所披露业绩预告信息与实际会计盈余差别较大时，管理层有动机进行盈余管理，因为业绩预告信息与随后盈余信息不一致可能导致管理层面临诉讼风险和声誉损失。卡兹尼克（Kasznik，1999）以1987～1991年499次业绩预告为研究对象，检验了业绩预告与盈余管理的关系。研究发现，当管理层预期实际会计盈余低于业绩预告中的盈余水平时，管理层便会通过盈余管理来向上调整会计盈余以使二者保持一致。他也认为，由于潜在的法律诉讼风险和声誉损失，管理层有激励管理盈余使其与自己的预期相一致。然而，阿金卡和吉特（Ajinkya and Gift，1984）研究发现，管理层发布业绩预告是为了调整市场预期，使之与其自己预期相一致。因而，如果管理层已经通过盈余预测调整市场预期了，那么就很少需要进行盈余管理。随后，杜塔和吉格勒（Dutta and Gigler，2002）关于盈余管理和盈余预测的理论研究认为，业绩预告有助于股东更好地监督管理层随后的定期报告，因此有助于减少盈余管理。程等（Cheng et al.，2005）研究发现，有规律地发布业绩预告的公司其研发支出较少，而研发支出较少的公司管理层可进行盈余管理的空间就较小，即盈余管理程度会较低。乔和金（Jo and Kim，2007）研究发现，在股权再融资（SEO）前管理层发布更多业绩预告的公司更少地进行盈余管理。考尔等（Call et al.，2014）研究也认为，季度业绩预告的发布减少了盈余管理，并且在管理层有特定强烈动机进行盈余管理的情景下，业绩预告对盈余管理或是没有影响，或是减少了盈余管理。

国内学者杨德明（2005）通过委托－代理模型对业绩预告发布与盈余管理关系进行了检验。研究结果显示，业绩预告披露在一定条件下有助于减少管理层盈余管理行为，管理层披露业绩预告能在一定程度上减少管理层与投资者之间信息不对称，并且管理层虚报业绩预测信息会使其承担相应成本。然而，郭娜和祁怀锦（2010）研究发现，发布业绩预告的公司其盈余管理程度显著高于未发布业绩预告的公司，强制披露业绩预告的公司其盈余管理程度显著高于自愿披露业绩预告的公司。这表明，国内学者对业绩预告与盈余管理关系的研究也没有达成一致结论。与常规情境下相比，并购情境下公司业绩波动性更强。管理层业绩预告准确性存在更大风险和挑战，导致管理层更加可能进行盈余管理。

（四）业绩预告对分析师预测的影响

在证券分析行业发展较为成熟的资本市场上，证券分析师在财务预测中具有重地位，投资者对市场的预期不仅会受到管理层业绩预告的影响，而且会受到分析师预测信息的影响。同时，分析师预测也会受到管理层业绩预告的影响。韦米尔（Waymire，1986）研究发现，管理层业绩预告披露在一定程度上有助于分析师预测准确性的提高。詹宁斯（Jennings，1987）研究指出，分析师会根据管理层披露的业绩预告来调整其所做预测。威廉姆斯（Williams，1996）研究也发现，管理层披露业绩预告，有助于减少分析师预测误差，提高预测准确性。利比和谭（Libby and Tan，1999）研究发现，虽然分析师偏好进行业绩预告的公司，但会对发布预警的公司的未来盈利能力给予更悲观预测。佐费尔等（Soffer et al.，2000）研究认为，证券分析师会根据其经验意识到管理层业绩预告可能存在一定偏差而对自身预测做出相应调整，表现为经验丰富的分析师会显著降低对乐观预告公司对其未来盈利能力的预测，而显著提高对悲观预告公司对其未来盈利能力的预测。克莱门特等（Clement et al.，2003）研究发现，中性业绩预告披露有助于减少分析师预测的偏离程度。此外，业绩预告发布越多的公司，分析师跟踪程度也越高（Graham et al.，2005；Wang，2007）。科特尔等（Cotter et al.，2006）研究发现，分析师对业绩预告会迅速反应以更新预测，发布业绩预告的公司比未发布业绩预告的公司其分析师预测分歧更小。

国内方面，有关业绩预告与分析师预测行为关系的研究正在兴起。白晓宇（2009）研究发现，有进行业绩预告披露的公司，分析师跟踪更多，分析师预测准确度较高，分歧更小。白雪莲等（2012）以2004～2012年分析师预测为研究对象，研究发现，分析师预测误差与业绩预告发布的可能性正相关。伍燕然等（2012）研究发现，国内行业分析师盈利预测存在系统性偏差。该研究构造了月度投资者情绪指数，通过非参数和参数的统计方法，证明了情绪是分析师盈利预测偏差的一个重要因素。此外，王玉涛和王彦超（2012）研究发现，分析师更倾向于跟踪定量披露业绩预告的公司，而较少跟踪定性披露业绩预告的公司。该项研究表明，作为重要的信息来源，上市公司业绩预告的形式和质量显著影响了分析师预测行为。然而，瞿旭等（2013）基于沪深两市2006～2009年的管理层业绩预告数据，对管理层业绩预告与管理者过度自信、市场效应之间的关系进行了检验。研究认为，管理者历史业绩预告的准确性并不会对市场造成明显影响，投资者和分析师在当前管理层业绩预告信息发布后所做出的反应与管理层业绩预告历史准确的次数无显著的相关关系。以上研究文献表明，管理层业绩预告披露行为与分析师预测行为之间的关系尚不明确，还有待于深入分析。

四、业绩预告文献评述

通过对国内外业绩预告研究文献进行梳理，不难发现，国外学者对业绩预告披露的背景、动因以及经济后果展开了深入系统的研究，并得出了一些有价值的结论，但是在某些问题上仍然存在争议。例如，在披露动机方面，学者们提出了多种可能动机，但没有一种披露动机能包容其它动机。这一方面是由于业绩预告披露存在主观性与可选择性，另一方面是因为业绩预告披露背景存在差异。因此，在一般环境下研究业绩预告难以较好地检验管理层业绩预告披露动机。一些学者注意到了这一问题，分别针对内部交易（Cheng and Lo，2006）、股票期权行权（Aboody and Kasznik，2000；Brockman et al.，2010）、融资（Lang and Lundholm，2000）、股票回购（Brockman et al.，2008）和财务重述（Ettredge et al.，2013）等具体事件，对管理层业绩预告披露行为展开深入研究。此外，在业绩预告披露消息属性方面，研究发现，在不同发展时期管理层业绩预告表现出不同的披露消息属性偏好。同时，业绩预告的披露情绪也是如此。这些表明，业绩预告的披露背景影响了业绩预告的披露行为。

国内方面，随着业绩预告半强制性披露制度的建立，进行业绩预告披露的上市公司逐年增加，学者们开始关注业绩预告，理论与实践成果日益增多。但是，目前我国业绩预告的相关研究还没有形成统一的理论体系，研究结论多是零散的，相互之间缺乏联系。同时，一些学者在研究业绩预告相关问题时对自愿性与强制性业绩预告样本未加以区分，没有考虑中国半强制业绩预告制度背景。此外，中国半强制业绩预告制度为研究某些业绩预告问题提供了独特制度背景。例如，强制性预告是否改善了信息环境？是否产生了负面效果？在强制性业绩预告背景与自愿性业绩预告背景下，管理层业绩预告行为是否存在差异？这些问题都值得深入研究。

第三节　并购的短期绩效与特征的文献综述

　　并购是公司发展的重要战略途径，是学术研究的重要问题。根据研究需要，本节围绕并购行为的短期绩效和并购特征两个方面进行文献回顾，为后续研究阐明文献基础。之所以要深入研究不同并购特征对管理层业绩预告披露行为的影响作用，原因在于不同并购特征意味着不同并购情景，包括并购动机差异、并购目标实现、并购过程实施和监管等，不同并购情景决定了管理层业绩预告的选择性行为。因此，本书在此重点阐述并购特征的研究文献。

一、并购的短期绩效综述

　　理性的并购活动要求并购后收购方和目标方总的协同收益显著为正，詹森和鲁拜克（Jensen and Ruback，1983）对控制权市场并购收益相关研究的调查和总结发现，收购方和目标方总的超额收益率是显著为正的，其中收购公司股东收益几乎为零，而目标公司股东获得了显著为正的超额收益。随后一些学者的研究也得出了类似的结论（Jarrell et al.，1988；Andrade et al.，2001；Martynova and Renneboog，2009；Betton et al.，2008a）。管理层进行并购其理想目标是实现股东价值最大化，但收购公司在并购公告窗口期是否获得显著为正的超额收益率并没有得出一致的结论。莫克尔等（Morck et al.，1990）以1975~1987年326个美国企业并购事件为研究样本，对并购收益进行了检验，发现收购方在并购公告期的平均累计超额收益率显著为负。并且当收购方在并购前的经营业绩较差时，或是目标公司是多元化或处于高速增长的公司时，此时收购方的公告期收益率会更低。随后的一些研究也得到类似的结论，并且认为，负的并购收益率的两个关键驱动因素分别是收购方的总权益规模（Asquith et al.，1983；Eckbo and Thorburn，2000；Moeller et al.，2005）和目标公司是公众公司还是私营公司（Officer，2007；Bargeron et al.，2007）。而穆勒等（Moeller et al.，2004）对1980~2001年上市公司发生的12023个并购样本进行了检验，研究发现，收购方公告期超额收益率约为1.1%，并且收购方为小企业的公告期收益率约高出收购方为大企业的2%。这表明收购方的公告期收益率存在规模效应。同时，张（Chang，1998）和富勒等（Fuller et al.，2002）的研究发现，当目标公司为非上市公司时，收购公司可以获得显著为正的超额收益率。

国内学者对中国上市公司并购公告期的短期绩效进行了实证检验，并购活动能否给收购公司带来显著为正的公告期收益也没有得出一致的结论。李善民和陈玉罡（2002）检验了1999～2000年中国沪深两市发生的349起并购事件，实证结果表明，并购活动能给收购公司的股东带来显著为正的公告期超额收益率，而对目标公司股东公告期收益的影响不显著。随后，翟进步等（2010）通过对发生在2002～2006年间相对交易规模最大的191起中国上市公司并购事件进行实证检验，研究结果表明，在公告期收购公司获得了显著为正的超额收益率。陈涛和李善（2011）基于股权分置改革后2006～2008年间的并购事件，用事件研究法检验了收购公司在并购公告期间的财富效应，研究发现，收购公司股东获得了正的财富效应。而张新（2003）检验了1993～2002年间沪深两市发生的22个上市公司吸收合并非上市公司并购事件，在（-60，30）的事件窗口期的累积超额收益率，实证结果表明，收购公司股东获得了负的超额收益率-16.76%，而目标公司获得了正的超额收益率29.05%。此外，陈信元和张田余（1997）通过对1997年沪市发生的45起并购事件，在（-10，20）的事件窗口期的累积超额收益率进行检验发现，尽管并购公告日和以后的累计超额收益率具有上升趋势，但是不显著。这说明并购活动对收购公司股东的收益没有影响。

总之，国内外学者对并购活动能否给收购公司股东带来显著为正的超额收益率尚未得到一致的结论。

二、并购特征综述

（一）支付方式

并购交易需要支付相应对价，现金支付和股票支付是两种常见支付方式。有效资本市场环境下，支付方式对并购绩效之所以产生影响，源于税收效应和信号传递效应。在税收效应方面，我国暂无资本利得税，税收效应无法发挥。在信号效应方面，支付方式传递了公司股票被高估或低估的信号，现金支付意味着并购公司股票价值被低估，股票支付则会向市场传递相反信号；支付方式传递了收购公司未来投资机会或现金流量情况信号，传递了外部力量对收购公司的监督效应。

巴拉德瓦和希夫达萨尼（Bharadwaj and Shivdasani，2003）基于并购融资视角研究发现，并购资金如果源于银行贷款，并购事件将会获得较高公告效应，表明银行贷款融资方式向外界传递了监督信号。陈涛和李善民（2011）分别考察了不同支付方式下的市场反应差异，研究结果显示，股票收购公司获得了显著为正的超额收益，且大于现金支付所获得的超额收益。基于税收理论，现金支付并购中目标公司将要求较高支付溢价。但是埃克博（Eckbo，2009）研究认为，支付方式溢价差异与资本利得无关，资本利得税对支付方式选择缺乏解释力。根据信息不对称条件下的融资优序理论，并购中并购公司倾向于在其股票被高估时采用股票支付，而在股票被低估时采用现金支付，股票支付方式向外部投资者传递了收购公司现有价值被高估信号，导致其股价产生负面市场反应。杨志海和赵立彬（2012）研究发现，中国制度背景下现金支付降低了并购绩效，但这种作用在不同融资约束程度下存在差异。

股票支付下，目标公司股东的资本利得无须在账面上确认和记录，其资本利得税和个人所得税是在出售股票时才需要缴纳。西方理论研究认为，税收效应对于目标公司股东提高资金使用效率从而节省资金成本是有利的。现金支付将迫使目标公司股东立即支付资本利得税，目标公司股东税后收益将因此而受损害。当然，在并购公司股票价格被资本市场高估或者股市低迷情况下，目标公司股东可能在某种程度上会偏好于现金支付。另外，从资本运营来看，在资金链角度方面，为了避免资金链断裂，收购公司在不影响实质控制权前提下将偏好于采用股票支付，这种选择在收购公司股票被资本市场高估时尤为明显。例如，施莱弗和维什尼（Shleifer and Vishny，2003）研究认为，当公司股票被高估时，收购方将会倾向于采取股票支付方式，用被股票市场高估股权来支付对价。

信号传递理论认为，支付方式将会向资本市场传递企业未来价值预期高低信号。现金支付向资本市场传递了收购公司股票价值被市场低估信号，投资者认为收购公司股票价值被低估，这将导致并购后收购公司股票价格将上升。股票支付则向市场传递了相反信号（Rau and Vermaelen，1998）。支付方式也传递了收购公司未来投资机会和现金流量状况的信号。现金支付反映其现有资产可以产生较大现金流，表明收购公司有能力充分利用投资机会。股票支付的市场反应恰恰相反，股票支付向市场展示出收购方现金流不足和并购整合信心不强等不良信号。巴拉德瓦和希夫达萨尼（Bharadwaj and Shivdasani，2003）研究发现，如果采用银行贷款来进行现金支付，则在并购交易公告当日前后股票会具有超额投资报酬，表明银行贷款的融资方式向市场传递这样一种信号，即对收购公司形成监督和约束。因此，理论上收购公司采用现金支付的超额收益通常要高于股票支付。特拉弗洛斯（Travlos，1987）实证检验了收购公司收益与支付方式之间关系，研究发现，现金支付与股票支付的选择对公司超额收益率具有显著影响。换股支付并购中，收购公司股东在公告日遭受财富损失；现金支付并购中，收购公司股东在公告期内获得正常收益率。实证结果支持了信号传递假设，即股票支付向市场传递了公司价值被高估信号。弗兰克等（Frank et al.，1991）通过对样本按并购双方相对规模和支付方式进行分类，具体检验了并购后股价长期表现。研究结果显示，相比现金支付方式，股票并购双方超额收益较小。实证结果也支持了信号传递假说。然而，法乔和斯托林（Faccio and Stolin，2006）却指出，支付方式不影响并购绩效，而与目标公司的类型有关，即是否为上市公司相关。

在完善资本市场环境下，收购公司获得超额收益现象难以得到有效解释。施莱弗和维什尼（Shieifer and Vishny，2003）基于行为金融视角展开研究，认为市场并非完全有效，并购公司支付方式的选择取决于双方股票价值高低。例如，价值高估的公司倾向于以股票作为支付方式收购价值低估的公司，以此来弥补未来长期股价可能下跌的损失。资本市场无效情境下，信号传递机制失灵，支付方式并不会对并购双方收益产生显著的影响作用，而影响双方收益的是其股票市值偏离真实价值的方向和程度。并且，在有效资本市场环境下，股票市值将与真实价值趋于一致，支付方式选择并不会对并购公司市场价值产生影响。

此外，一些文献研究了支付方式选择自身的影响因素。戈什和鲁兰（Ghosh and Ruland，1998）检验了管理层持股如何对并购支付方式产生影响作用，发现管理层持股情境下较少采用股票支付。张（Zhang，2003）考察了103起在伦敦股票交易所发生的并购交易事件，发现自由现金流与对价支付方式存在正相关关系，具体表现为，并购公司自由现金流水平越高，越倾向于采用现金支付对价。法乔和马苏利斯（Faccio and Masulis，2005）深入考察了公司债务融资约束和控制权对收购公司支付方式选择的影响。研究发现，并购公司为了维持控制权，会选择现金支付，尤其是当并购公司控股股权在20%～60%之间，或者主要股东控制权遭到威胁时。此外，研究发现，并购公司融资能力越强，越可能选择现金支付。阿尔什维尔等（Alshwer et al.，2012）检验了融资约束对并购支付方式选择的影响情况，研究发现，相比较无融资约束的收购方，财务融资约束的收购方在并购中更可能用股票支付，并且股票估值和成长机会对并购支付方式决策更敏感。同时，在换股并购交易中，相比较低估值收购方，高估值具有融资约束的收购方支付了更高的溢价，获得了较少并购收益。张晶和张永安（2011）基于中国资本市场后股权分置时代的制度背景，检验了主并购方股权结构对并购支付方式选择的影响，研究发现国有控股股东倾向于采用现金支付，表明股权结构将会影响到支付方式选择。

股权分置问题是曾经长期困扰中国股市健康发展的问题之一。随着股权分置改革的完成以及《上市公司证券发行管理办法》（2006年）和《上市公司重大资产重组管理办法》（2008年）对于股票支付方式进行了具体规定，中国资本市场上的并购交易事项其支付方式不再局限于过去单一的现金支付方式，股票支付逐渐成为一种重要的支付方式。杜兴强和聂志萍（2007）研究认为，以现金为支付对价的并购其市场绩效较好。曾颖（2007）考察了股改后资产注入的市场反应，研究发现，股票支付对价较现金支付具有更大的市场反应，而以其他非现金资产为支付对价将形成负股东财富效应。宋希亮等（2008）检验了1998～2007年间换股并购事件的市场反应差异，研究结果显示，短期内收购公司股东获得了正的累积超额收益。赵息和刘佳音（2014）分别基于事件研究法和财务报表分析法，检验了现金支付方式和股票支付方式对并购绩效的影响，研究发现现金支付的收购公司只获得了正常收益，而股票并购公司在首次并购公告后获得了超额收益，这表明股票收购公司能够获得短期的财务绩效改善。

并购支付方式的选择，对并购交易的成功完成具有重要的影响。现金支付抑或股票支付彰显出并购公司经营实力、成长机会、现金流量、融资能力、股价市值和财务绩效等的差异。在此情境下，并购公司管理层在业绩预告披露问题上可能采取选择性行为，以迎合支付方式选择所欲达成的意图。那么，并购交易事项中支付方式对并购公司管理层业绩预告披露方式产生什么样的影响作用？本书后续章节将对此加以具体和深入的研究。

（二）关联属性

有效资本市场通过价格机制实现资源最优配置。西方学者早期基于降低交易成本的视角考察了关联交易，认为在市场失灵情况下上市公司可以通过将外部交易内部化，即通过集团内并购，减少外部交易，进而提高绩效，以降低因市场波动而可能引起的交易风险和不确定性（Khanna and Palepu，2002）。然而当公司所有权集中度较高时，关联交易就可能是控股股东获取私有利益和掠夺中小股东的工具（Dyek and Zingales，2004）。

关联并购作为一种重要关联交易，在中国控制权市场上极为活跃，主要集中表现在上市公司与其母公司之间或者母公司下属的其他子公司之间，以资产股权的置换、收购和转让等交易形式来完成。国内学者基于西方关联交易研究的理论基础，结合中国特有的国有企业改制上市模式和股权分置改革等制度背景，对关联并购的并购绩效进行了实证研究。主要包括两方面的研究。一方面，通过对并购样本划分为非关联并购和关联并购两个子样本，重点考察关联并购和非关联并购绩效差异。张俊瑞等（2002）以1998年发生并购的上市公司为研究对象，考察了关联并购和非关联并购的绩效差异，研究结果表明关联并购的绩效好于非关联并购的绩效。随后潘瑾和陈宏民（2005）以2000年发生并购的上市公司为考察对象，检验了关联并购和非关联并购的绩效。研究发现，非关联并购绩效不明显，关联并购绩效较好，并且上市公司的并购绩效源于关联并购绩效。而宋献中和周昌仕（2007）基于1998～2001年沪深两市上市公司发生的198个并购事件，检验了并购对竞争优势的影响。研究发现，非关联收购公司的竞争优势强于关联收购公司，并且关联并购行为具有较强投机性。此外，关联并购情境下，管理层可能会操纵财务报告业绩。例如，王跃堂（1999）研究发现，非关联方资产重组较关联方资产重组具有较少的财务报告业绩操纵行为。另一方面，以关联并购事件为研究样本，考察控股股东并购动机的差异，包括支持效应（Friedman et al.，2003）和掏空效应（La Porta et al.，2000）两种情况。李增泉等（2005）基于中国资本市场1998～2001年间发生的416个上市公司并购事件，对控股股东和地方政府的支持或掏空动机进行了检验。结果表明，当公司具有配股或避亏动机时，公司发起的并购活动是控股股东或地方政府的支持行为，而当公司无须保配和保壳时，公司发起的并购活动是控股股东或地方政府的掏空行为。黄兴孪和沈维涛（2006）以331个关联并购为研究样本，检验了关联并购的动机。研究发现，控股股东在与其所控制业绩优良上市公司的并购中，表现为掏空动机，并且并购公告效应为负；而对于业绩一般和业绩较差公司，表现为支持行为，即会向上市公司注入优质资产或转让部分盈利性的股权，并且并购公告效应为正。

此外，李增泉等（2011）考察了企业间关系如何影响到股价特征。研究认为，声誉机制和私下沟通使得关系型交易降低了交易双方对于高质量公开信息的需求欲望，也提高了外界机构通过市场信息对交易行为进行类比解读的成本。该项研究表明，考察企业间关系是研究信息披露的重要视角。关联并购情境下，管理层在不同并购动机下存在不同的业绩预告披露行为。如果关联并购动机表现为支持效应，则控股股东与中小股东利益趋同。此时，控股股东发挥监督管理层的作用，能促使管理层提供精确度更高的业绩预告，进而增加了业绩预告对投资者的决策有用性。如果关联并购动机表现为掏空效应，则控股股东相对中小股东具有信息优势，在掏空动机驱使下，控股股东会凭借控制权控制会计信息披露过程，并通过控制管理层信息披露来降低中小股东信息决策有用性，以降低掏空行为曝光风险。并购前业绩优良的上市公司往往具有更多的自由现金流量，控股股东具有较强的利用关联收购谋取私利的动机，此时关联并购表现为掏空行为。与此相反，收购前业绩一般和较差的公司，控股股东可能会为了长远利益而向其注入优质资产或盈利性较强的股权，表现为支持效应。结合管理层业绩预告的消息属性特征，好消息业绩预告情况下，关联并购的掏空效应更强；坏消息业绩预告情况下，关联并购的支持效应更强。因此，关联并购情境下，不同消息属性的管理层业绩预告的披露行为（包括披露意愿、披露精度和披露倾向等方面）可能存在差异。本书将在后续章节中对此进行深入分析。

（三）管辖同属

管辖同属性并购是地方政府干预公司控制权市场的主要路径。国内学者日益关注外部环境对于并购绩效的影响作用，研究重点主要将政府干预作为外生变量，考察不同政府干预强度对公司并购绩效的影响作用。刘锡良等（2003）研究认为，中国上市公司并购中其融资安排具有政府操纵迹象，金融市场的市场化水平低，资本市场资源配置功能弱，这些制约了公司并购融资渠道的选择。梁卫彬（2005）考察了政府干预型和市场主导型并购的并购绩效，研究发现相比市场主导型并购，政府干预型并购其长短期超额收益及财务业绩都较差。朱滔（2006）基于外部治理环境差异的视角，检验了政府干预对并购绩效的影响。研究发现，政府干预越少，治理环境越好，收购公司并购绩效也越好。这表明治理环境差异显著地影响了并购绩效。宋献中和周昌仕（2007）考察了1998～2001年沪深市两市上市公司发生的并购事件，研究发现跨区域公司并购后的超额收益显著高于同区域公司并购后的超额收益。

政府干预是同属管辖的一个重要特征。地方政府由于自身政策性负担或政治晋升目标，会对地方国有企业并购进行干预（潘红波等，2008）。该研究发现，地方政府干预对盈利公司并购绩效产生负面影响，扮演着"掠夺之手"角色；而对亏损公司的并购绩效产生正面影响，扮演"支持之手"角色。方军雄（2008）检验了地方政府干预背景下，所有权性质与企业并购决策之间的关系，研究发现地方政府直接控制的企业更容易进行本地并购，而中央政府控制的企业则能突破地方政府设置的障碍，进行跨地区并购。

黄兴孪和沈维涛（2009）研究认为，中央控制型和地方控制型上市公司相比，其并购短期绩效存在差异，地方政府控制的上市公司的并购短期绩效比中央控制类型的国有控股上市公司差；并且政府干预程度也将会影响到并购公司短期绩效。具体表现为，相比较于政府适度干预，政府过度干预将会导致国有控股上市公司并购短期绩效较差。潘红波和余明桂（2011）考察了异地并购中企业的性质，研究发现，民营企业进行异地并购的概率显著高于地方国有企业；并且与同地并购相比较，地方国有企业异地并购会产生消极的市场反应。唐建新和陈冬（2008）研究认为，地区投资者保护产生的并购协同效应更多来源于降低交易成本的节约和减少市场摩擦。沈冬梅和刘静（2011）以2002～2006年间219个国有上市公司并购事件为研究对象，检验了政府控制和金字塔层级对并购绩效的影响。研究发现，相比中央政府控制企业，地方政府控制企业的并购绩效较差；"金字塔"层越长并购短期绩效越好；而"金字塔"层级越长并购长期绩效会越差；地区间政府干预差异会影响金字塔层级与并购绩效的这种关系。

刘星和吴学娇（2011）研究表明，针对盈利企业，地方政府干预对并购价值创造形成"掏空之手"；针对亏损企业，地方政府干预对并购价值创造影响不显著。陈骏和徐玉德（2012）考察了2001～2010年间上市公司并购重组中地方政府与控股股东的支持或掏空行为及其差异。研究发现，同属并购和关联并购中均存在地方政府的支持行为和控股股东的掏空行为。张雯等（2013）考察了政治关联对并购绩效的影响情况，研究发现从会计业绩和市场业绩角度来考察，政治关联都对于并购绩效产生显著的负面作用。

政府干预将会影响到业绩预告。张翼和林小驰（2005）考察了公司治理结构对上市公司管理层盈利预测行为的影响情况。研究发现，地方国有企业和非国有法人控制的公司管理层更不倾向于披露业绩预告；中央部委和地方政府控制的公司，其管理层更倾向于披露业绩预告。研究还发现，由地方国有企业和非国有法人控制的公司，其第一大股东比例越高，管理层越不倾向于自愿披露业绩预告。这表明，公司治理结构将会影响到上市公司管理层业绩预告披露行为，企业与政府之间的关系将会影响到上市公司管理层业绩预告披露行为。

国内学者针对地方政府在上市公司并购中的影响作用进行了大量研究，推动了证券市场化进程。从目前研究来看，研究主要集中在地方政府干预动因、并购效果及其影响方面。特别地，同属管辖情境下，地方政府对于公司并购存在干预行为，进而影响到并购情境下管理层业绩预告的披露行为。那么，同属管辖这一并购特征到底对于并购公司管理层业绩预告披露行为产生什么影响？本书后续章节将对此加以深入分析。

（四）竞争属性

竞争性报价是影响兼并收购的重要因素之一。在目标公司价值不确定情境下，潜在竞争性报价是影响并购收益的关键因素，并购收益会因竞争性报价而变化。菲什曼（Fishman，1988）基于信息不对称理论，建立了恐吓性报价的实物期权模型用以解释该现象。由于并购期间存在信息不对称，并购交易需要发生调查费用，先手公司报价将会影响到后手公司对目标公司价值的预期。先手公司可能会选择性地抬高报价，以此降低后手公司对并购收益的预期，从而降低其进行调查参与竞争收购的动力。基于该推理逻辑，先手公司报价高低与并购收益成反比。基于信息不对称理论，斯密特等（Smit et al.，2006）设定两竞争性公司对目标公司价值的不确定性指标，并将其纳入衡量并购收益的实物期权模型当中。研究发现，先手公司不确定性越高，发生竞购的可能性越小，并购收益水平越高；后手公司的不确定性越高，竞争发生的可能性越高，并购收益水平越小；如果同时提高两竞购公司对目标公司价值的不确定性，则对后手公司而言，在信息成本不变的前提下，后手公司参与调查并参与竞价的可能性提高，导致并购收益降低。贝顿等（Betton et al.，2009）研究发现，发生竞购的最终支付溢价要远高于未发生竞购的最终支付溢价；初始报价就并购成功的溢价水平要高于初始报价引来竞争对手的溢价水平。王震和王天然（2013）考察了全球石油行业竞争性并购溢价与价值不确定性问题，研究发现竞购公司相关性与并购收益之间存在显著的 U 形关系，并购收益与目标公司价值不确定性之间存在正相关关系。以上研究表明，竞争性报价将会影响到收购溢价水平。

竞争性并购情境下，并购交易存在多个竞购方，要想在竞购中取胜，并购方除了提供合理的收购价格外，还要应对竞购方攻击，保持公司良好声誉。公司未来业绩状况和发展前景成为竞购方互相攻击焦点，这就导致并购公司管理层对业绩预告进行披露时会采取选择性行为。那么，并购交易的竞争属性对于管理层业绩预告披露行为到底产生什么样的影响？本书后续章节将对此加以深入分析。

（五）政府监管

会计市场监管措施一般包括会计规范、会计监督和对会计服务价格的管理，政府监管会计市场应该严格限制在市场失灵领域，并且要遵守"成本－收益"原则（陈国辉和李长群，2000）。沈洪涛和冯杰（2012）基于合法性视角，考察了舆论监督、政府监管对企业环境信息披露的影响情况，发现媒体报道和政府监管显著促进企业环境信息披露水平，政府监管还将增强舆论监督的影响作用。政府监管信息披露的必要性，源于会计信息具有公共物品特征、会计信息外部性和信息不对称性导致的信息披露低效率甚至无效率，或者是政府对特定市场群体的特别关注（如重大交易事项），公平披露法案（FD，2000 年）和萨班斯法案（SOX，2002 年）引发了政府监管与信息披露关系的大量研究。整体而言，研究表明，公平披露法案和萨班斯法案对于信息披露水平起到了正向影响作用（Heflin et al.，2003；Kothari et al.，2009）。

刘永泽和陈艳（2002）通过对美国注册会计师行业监管模式和中国注册会计师行业监管现状进行剖析，认为行业自律必须辅以政府监管。谢志华和崔学刚（2005）考察了市场推动和政府监管对信息披露水平的影响情况，发现政府监管有力促进了强制性信息披露和自愿性信息披露。

学者们还考察了政府监管对并购绩效的影响作用。一些研究表明，法规颁布对收购公司并购绩效会产生消极作用（Asquith et al.，1983），而对目标公司并购绩效能够起到积极保护作用（Bradley et al.，1988）。布里斯和卡波利斯（Bris and Cabolis，2008）研究发现，投资者法律保护对并购绩效产生显著影响，加强投资者法律保护不仅能够提高企业绩效，而且还将改善内部治理机制。巴等（Bae et al.，2002）以及比盖利和门戈里（Bigelli and Mengoli，2004）研究发现，在投资者保护薄弱的国家里，控股股东将会通过并购来获取控制权私益从而掏空公司财富，损害公司股东财富。而在投资者保护较强的国家里，公司并购是为了减少风险而所做的次优投资决策；并购可能获得显著为正的收益，也可能不影响股东的财富（Holmen and Knopf，2004；Faccio and Stolin，2006；Ben-Amar and André，2006）。查里等（Chari et al.，2004）研究发现，在发达国家公司收购新兴市场国家公司的并购中，新兴市场国家公司能获得了显著为正的并购收益。国内学者陆正飞（2004）研究认为，现有并购动机研究的主要缺陷是，缺乏对中国上市公司并购动机进行深层次制度问题的分析。资本市场流动性是并购浪潮形成的关键因素（Harford，2005），进行股权分置改革最主要效果之一就是恢复转让权，提高资本市场流动性。因此，股权分置改革将会增强资本市场的流动性，并引致并购交易以及并购绩效的重大变化。

政府对于重大资产重组特别关注。在重大重组界定方面，根据《上市公司重大资产重组管理办法》，符合以下三个条件之一的构成重大资产重组：第一，购买、出售的资产总额占上市公司最近一个会计年度经审计的合并财务会计报告期末资产总额的比例达到50%以上；第二，购买、出售的资产在最近一个会计年度所产生的营业收入占上市公司同期经审计的合并财务会计报告营业收入的比例达到50%以上；第三，购买、出售的资产净额占上市公司最近一个会计年度经审计的合并财务会计报告期末净资产额的比例达到50%以上，且超过5000万元人民币。与一般并购相比，属于重大资产重组的并购交易金额更大，交易程序更复杂，会受到更严格监管，并且对并购双方的影响更大。就信息披露角度而言，政府监管缩减了并购公司管理层业绩预告的选择性空间，因此对于业绩预告披露行为产生了重要影响。那么，政府监管对于管理层业绩预告披露行为到底产生什么影响？本书后续章节将对此进行深入分析。

三、并购文献评述

基于以上文献回顾，我们发现，国内外学者对并购绩效的影响因素进行了大量的实证研究，实践结果表明并购的支付方式、关联属性、管辖属性、竞购方式以及政府监管等因素都不同程度地影响了并购绩效。由于并购绩效会影响到公司未来业绩，可以预见影响并购绩效的并购特征也会影响管理层业绩预告披露行为。但目前为止鲜有文献对此进行研究。由于中国资本市场资金配置效率低效，融资能力在一定程度上决定了企业并购成败。随着中国控制权市场的市场化水平的提高，市场化并购行为将会逐渐成为主流，融资能力也将是衡量企业并购能力的一个重要因素。在此背景下，由于管理层业绩预告是管理层与外部投资者进行前瞻性信息交流的重要渠道，管理层业绩预告重要性在并购情境下尤为凸显。因此，考察并购情境下并购公司管理层业绩预告披露行为及其经济后果，是一个重要的研究课题。

从管理层业绩预告披露角度来讲，我们有必要研究不同并购特征情境下管理层业绩预告披露是否存在异质性，也就是检验不同并购特征对业绩预告披露行为的影响，以及披露行为对并购完成效率的影响。不同并购特征对管理层业绩预告披露而言，代表了不同激励机制和约束机制；而在不同披露情景下，管理层业绩预告披露行为也会存在差异。例如，支付方式揭示的是股价与业绩预告关系，关联属性揭示的是公司治理与业绩预告的关系，管辖同属性揭示的是政府干预与业绩预告的关系，竞购方式揭示的是控制权市场市场化程度与业绩预告的关系，监管程度揭示的是政府管制与业绩预告的关系。深入分析不同并购特征下管理层业绩预告行为的异质性，有助于我们更好地认识并购情境下业绩预告披露的特征、原因和经济后果，从而更好地促进投资者理解和认识管理层业绩预告披露，更好地促进监管层制定和实施相应的管理层业绩预告披露制度。

第三章

制度背景和现状分析

　　自 20 世纪末中国证券市场成立以来，信息披露就一直是证券监管部门非常关注的问题。为了规范上市公司信息披露行为，证券监管部门陆续颁布了相关制度规定，其中包括业绩预告披露相关制度。随着企业经营风险的不断加大，定期报告披露的历史业绩信息已经不能满足投资者的决策需要。业绩预告披露的是面向未来的盈余信息，越来越受到投资者青睐。为了确保业绩预告信息的供给和质量，业绩预告披露制度也在不断更新和完善。对业绩预告披露制度进行分析是研究公司管理层业绩预告披露行为问题所不可或缺的内容。中国的业绩预告披露制度与其他国家有趋同之势，但也具有本国特色，即业绩预告是半强制的，这使得中国上市公司管理层业绩预告披露行为有其自身特征。

　　本章试图对中国制度背景下业绩预告披露制度的演变历程进行梳理，分析业绩预告披露制度的发展历程、现状和特征。与此同时，本书研究主题是并购情境下并购公司管理层业绩预告披露行为及其经济后果，因此有必要就公司并购行为的制度背景、现状和特征进行分析，为后续研究阐明制度背景。

　　本章内容分为两个部分。首先，分析了管理层业绩预告制度背景和现状，包括业绩预告演变过程与特征分析、管理层业绩预告监管机制、管理层业绩预告现状分析（包括披露意愿分析、披露类型和消息属性分析、披露精确度分析、披露准确度分析和披露及时性分析）等。其次，分析了并购交易的制度背景和现状，包括并交易的制度背景分析（包括新股发行制度与并购行为、股权分置改革与并购行为）和并购活动的现状分析（包括并购活动的总体情况、并购活动的行业分布、并购活动的特征分析等）。

第一节　管理层业绩预告制度背景和现状分析

一、业绩预告演变过程

由于定期报告有一定的时间间隔，投资者难以把握这段时间公司的业绩状况，往往是业绩公告之时便是"业绩地雷"引爆之时。与此同时，公司业绩信息提前泄露的情况时有发生，一些虚假的业绩信息扰乱了资本市场。为了提高业绩信息的及时性和保证业绩信息获取的公正性，提前释放业绩信息，维持股价稳定，保护中小投资者的利益，1998年中国证券监管部门首次推出了业绩预告制度。中国上市公司业绩预告制度不是一蹴而就的，而是经历了一个渐进的演化过程。表3-1给出了中国上市公司业绩预告制度的演变过程。

表 3-1　　　　　中国上市公司业绩预告披露制度的演变过程

年份	业绩预告制度	主要内容
1998	年报预亏制度	上市公司发生连续亏损或者当年重大亏损的情况，应该在年度报告前进行预亏公告
2000	完善年报预亏制度	上市公司预计当年发生亏损，应当在会计年度结束后2个月内发布预亏公告
2001	增加中报预亏制度	预计中期报表将出现亏损或盈利水平出现大幅下降的，应该在7月31日之前及时刊登盈余预警
2001	年报预警制度和豁免条款制度	业绩水平大幅波动要及时披露盈余预警，本年利润总额与上年相比下降或上升50%以上（含）应该进行业绩预告，基数较小的公司可以豁免披露
2002	增加季报预告制度	公司管理层如果预测下一报告期的经营成果可能为亏损或者与上年度预警同期相比发生大幅度变动，应当在前一季度报告中予以警示
2003	完善预警制度	上市公司预计下一报告期净利润为负值或者与上年同期相比发生上升或下降50%以上（含）的大幅度变动情形，应该进行业绩预告

续表

年份	业绩预告制度	主要内容
2003	业绩预告修正制度	上市公司预计年度净利润为负值或者业绩与上年度相比大幅度变动，但未在第三季报中进行业绩预告，或者预计年度业绩与已披露的业绩预告差异较大的，应当及时公告，且公告时间最迟不得晚于次年度1月31日
2004	定期报告中的披露	上市公司在编制季度报告和半年度报告时，预计年初至下一报告期期末将出现净利润为负值或业绩与上年同期相比大幅变动（上下50%）的情形，应当在本期定期报告中进行业绩预告
2006	增加扭亏的披露	预计公司本报告期或未来报告期（预计时点距报告期末不应超过12个月）业绩将出现亏损、实现扭亏为盈或者与上年同期相比业绩出现大幅变动（上升或者下降50%以上）的应当及时进行业绩预告
2008	沪深两所披露要求出现分歧	沪市对季报和半年度报表不做强制要求披露业绩预告，而深市遵循原政策

资料来源：笔者根据相关政策资料整理。

1998年12月9日，中国证监会在《关于做好上市公司1998年度报告有关问题的通知》中规定："如果上市公司发生可能导致连续3年亏损或当年重大亏损的情况，应当根据《股票发行与交易管理暂行条例》第六十条的规定，及时履行信息披露义务，即应当在年报公布前发布预亏公告。"尽管当时的预告制度仅限于亏损公司，是不完善和不全面的，但是这标志着业绩预告制度的建立。

2001年，沪深交易所分别颁布的《关于做好上市公司2001年年度报告工作的通知》中规定："在2001年会计年度结束后，如果上市公司预计可能发生亏损或者盈利水平较上年出现大幅变动的（利润总额增减50%或以上），上市公司应当在年度结束后30个工作日内及时刊登预亏公告或业绩预警公告。比较基数较小的公司（一般指上年每股收益的绝对值在0.05元以下的公司）可以豁免披露业绩预警公告。"并且对中期报告，沪深交易所也做了类似的规定。监管部门扩大了业绩预告的类型，并将业绩预告扩展到中期报告，同时还增加了豁免条款。

2002年，沪深交易所进一步扩展业绩预告的范围，在《关于做好上市公司2002年第一季度报告工作的通知》中规定："上市公司预计2002年中期可能发生亏损或者盈利水平较去年中期出现大幅增长或下滑（利润总额增减50%或以上）的，应在季报中做专门说明，比较基数较小的公司（一般指去年中期每股收益的绝对值在0.03元以下）可以豁免此项披露"。同时，随后发布的《关于做好上市公司2002年半年度报告工作的通知》中也规定："上市公司预测第三季度经营成果可能为亏损或者与上年第三季度报告（若上年未披露则此项可免）相比发生大幅度变动的（一般指净利润或扣除非经常性损益后的净利润与上年同期相比上升或下降50%或50%以上），应当在'管理层的讨论与分析'中予以警示"。并且沪深交易所在《关于做好上市公司2002年第三季度报告工作的通知》也做了类似规定。这确立了"前一季度预告后一季度的新规则"，并且进一步将业绩预告范围扩展到季报，细化了业绩预告衡量标准，增加了业绩预告披露载体，不仅可以在临时公告中披露，还可以在定期报告中披露。

2003年，沪深交易所强化业绩预告修正制度，进一步完善了业绩预告制度。

2004年12月10日，沪深交易所首次在《股票上市规则》中规定："上市公司在编制季度报告和半年度报告时，预计年初至下一报告期期末将出现净利润为负值或业绩与上年同期相比大幅变动（上下50%）的情形，应当在本期定期报告中进行业绩预告"。业绩预告制度被纳入了股票上市规则。

随后，沪深交易所在《股票上市规则》（2006年修订）中规定："上市公司预计全年度经营业绩将出现净利润为负值或业绩大幅变动情形之一的，应当在会计年度结束后1个月内进行业绩预告。上述业绩大幅变动，一般是指净利润与上年同期相比上升或者下降50%以上或者实现扭亏为盈的情形"。并同时规定："上市公司披露业绩预告后，又预计本期业绩与已披露的业绩预告情况差异较大的，应当及时刊登业绩预告更正公告。根据注册会计师预审计结果进行业绩预告更正的，还应当说明公司与注册会计师是否存在分歧及分歧所在"。这次修订将业绩预告调整为临时公告中的内容，同时强调了业绩预告的重要性和准确性。

2006年7月11日，深交所颁布了《上市公司信息披露工作指引第1号——业绩预告和业绩快报》，规定："预计公司本报告期或未来报告期（预计时点距报告期末不应超过12个月）业绩将出现亏损、实现扭亏为盈或者与上年同期相比业绩出现大幅变动（上升或者下降50%以上）的应当及时进行业绩预告。比较基数较小（年度每股收益绝对值低于或等于 0.05 元人民币；或中期每股收益绝对值低于或等于 0.03 元人民币；或第三季度每股收益绝对值低于或等于 0.04 元人民币），经本所同意后可以豁免披露业绩预告。上市公司在发布业绩预告公告后，如出现实际业绩与预计业绩存在重大差异的，应当及时披露业绩预告修正公告。"业绩预告制度在中国固定下来，以后年度关于业绩预告的规定类似于上述规定。

2008 年沪深交易所分别修订了《股票上市规则》，上交所对业绩预告披露要求做了一定修订，对年度业绩预告仍然强制要求，而对季度和半年度业绩预告放松了监管。该规则规定，"上市公司预计年度经营业绩将出现下列情形之一的，应当在会计年度结束后一个月内进行业绩预告，预计中期和第三季度业绩将出现下列情形之一的，可以进行业绩预告：净利润为负值；净利润与上年同期相比上升或者下降 50% 以上；实现扭亏为盈"。而深交所对业绩预告披露要求仍然采用原政策，对年度、半年度和季度报告都有强制要求的规定。

随后，深交所还陆续发布了信息披露业务备忘录，加强对中小板和创业板业绩预告披露的监管，其中还增加了对披露业绩预计变动范围的规定，并且提前了业绩预告披露的时间，更倾向于在定期报告中披露下期业绩预告。深交所和上交所的强制业绩预告披露差异见表 3 – 2。

表 3 – 2 　　　　　　　　深交所和上交所强制业绩预告规定比较

证券交易所类别		强制披露条件	报表类别
深圳证券交易所	主板	（1）净利润为负 （2）盈利且净利润同比变化 50% 以上 （3）扭亏为盈 （4）期末净资产为负 （5）年度营业收入低于 1000 万元	季报、半年报、年报
	中小板	一季度业绩预告条件： （1）净利润为负值 （2）净利润同比变化 50% 以上 （3）扭亏为盈 其他报告期无条件预告	
	创业板	（1）净利润为负 （2）净利润同比变化 50% 以上 （3）同比或与最近一期相比出现盈亏变化 （4）期末净资产为负	

证券交易所类别		强制披露条件	报表类别
上海证券 交易所	主板	（1）亏损 （2）扭亏为盈 （3）净利润同比变化 50% 以上	年报

资料来源：笔者根据业绩预告相关政策资料整理。

二、业绩预告制度演变过程特征分析

纵观业绩预告制度演变过程，业绩预告制度不断完善，并呈现出一些特征。

（一）业绩预告属于半强制披露

证券监管部门仅对"业绩亏损、实现扭亏为盈或者与上年同期相比业绩出现大幅变动"这三种类型的公司强制要求披露业绩预告，而对其他情况并未做要求。同时，对业绩预告披露的形式和准确性没有具体要求，管理层进行业绩预告时还有较大的选择空间。由于中国资本市场没有达到半强式有效，经理人市场和控制权市场不完善，市场化水平低，并且法制建设也正在完善中，管理层缺乏积极性自愿进行业绩预告。再加上中国的资本市场有相当比例的个人投资者，他们大多不具备良好的信息获取和加工的能力。如果不对业绩预告进行管制，资本市场上预测性信息供给就会不足，管理层与投资者之间的信息不对称就会更加严重。因此，现阶段半强制的业绩预告披露制度具有一定合理性。

（二）业绩预告披露的消息属性由坏消息向好、坏消息兼顾发展

由于坏消息会带来更大的市场反应，并且会威胁到管理层的薪酬和职业安全，公司管理层在缺乏约束机制的情况下会抑制坏消息的披露。同时，在市场化程度不高的资本市场上，管理层往往也没有动力披露好消息，而是利用自己的信息优势进行内幕交易或市值管理。因此，增加好消息披露政策要求扩大了业绩预告的范围，增加了信息供给，减少了管理层与投资者之间的信息不对称。

（三）业绩预告披露时间间隔变短，披露时间提前

业绩预告最初只是针对年度报告，接着扩展到半年度报告，最后扩展到季度报告。上市公司在一个会计年度内进行业绩预告的次数明显增加，频率加快，提高了业绩预告的及时性、准确性和相关性，并且增加了投资者获取信息的公正性，减少了业绩信息提前泄露而扰乱证券市场的情形。此外，管理层业绩预告披露的时间经历了由早期的会计年度结束后 2 个月以内缩短到 1 个月以内，最后到监管部门要求及时披露这一演变过程，但对业绩预告的具体时间并未做具体规定，并且业绩预告可以在定期报告中披露也可以在临时公告中披露。业绩预告时间的提前有利于投资者较早地获得上市公司的未来业绩情况的信息。

总体来说，业绩预告披露制度有两种：一种是自愿性业绩预告信息披露制度，它不对公司是否公开业绩预告信息披露做强制性要求，公司披露业绩预告信息采取自愿方式，但一旦公司对外界披露业绩预告信息就需要按照具体的规范要求来执行；另一种是强制性业绩预告披露制度，它不仅强制要求公司公开披露业绩预告信息，而且对公司披露业绩预告信息的具体内容、时间、方式作出详细规范要求。这两种披露制度孰优孰劣的争论在理论界并没有达成一致意见。

出于业绩预告需求方的考虑，就会主张强制性披露业绩预告，因为业绩预告信息能够降低管理层与投资者之间的信息不对称程度，提高市场有效性，有助于投资者及时地获得与决策相关的信息，从而理性判断证券投资价值，进而有助于社会资源的合理配置和市场效率的提高；业绩预告披露发布有助于降低投资者信息搜寻成本，提高社会资源配置效率。因此，管理层有必要进行业绩预告信息披露。然而，出于业绩预告供给方的考虑，就会支持自愿性披露业绩预告。因为发布业绩预告信息是管理层主动做出的一种向市场显示公司价值和其能力的努力，这样上市公司管理层应拥有披露公司未来经营业绩的选择权。同时，业绩预告本身所具有的主观性和不确定性，决定了预告业绩与实际业绩之间存在或多或少的偏差，较大的误差甚至会损害投资者利益。在强制披露制度下，管理层可能会因为担心泄漏影响其竞争地位的信息而在主观上不愿披露业绩预告，或者会出于某些意图而提供不可靠的业绩预告信息来误导投资者，从而影响公司的股票价格。总之，无论是主张强制

性披露还是自愿性披露业绩预告，最终目的都是为了减少信息不对称，提高公司信息公开透明度，维护投资者的利益，促进证券市场的健康发展，实现经济资源的优化配置。

三、管理层业绩预告的监管机制

管理层业绩预告是对上市公司某一会计期间的经营成果的预测和公司未来发展前景的预期，反映了上市公司某一阶段经营成果和未来发展潜力，是上市公司信息披露体系中的重要内容，对证券市场的股票价格波动和正常运行有着重大影响。管理层进行业绩预告披露时会考虑披露的规范和机会，而监管机构对业绩预告披露违规的态度会直接影响到管理层对披露规范和机会的认知。中国上市公司业绩预告制度建立较晚，还需要得到不断完善与发展，而与其相对应的监管机制也处于不断完善和发展当中。

从中国业绩预告监管的实践来看，薄弱的法律制度和监管机制难以对业绩预告披露行为产生激励和约束。首先，监管机构在监管中具有"选择性偏见"。笔者对2007～2013年受到监管机构处罚的26起业绩预告披露违规事件分析发现，[①] 业绩违规处罚主要集中在坏消息业绩预告披露，好消息业绩预告披露的处罚比例很低。26个业绩预告违规披露事件中仅有1个违规事件是好消息业绩预告。并且，业绩预告违规处罚的同时还伴随着其他违规行为。业绩预告披露违规的处罚有"落井下石"和"棒打落水狗"之嫌。宋云玲等（2011）研究认为，业绩预告披露监管具有"选择性偏见"。其次，管理层业绩预告披露的违规成本低。中国证券市场的法律诉讼机制还未充分建立，公众监督力度薄弱。在美国成熟资本市场上，投资者集体诉讼是上市公司主要违规成本。而在中国还没有集体诉讼，并且投资者诉讼有严格的前置条件，必须基于中国证监会的处罚文件。由于业绩预告监管机制的不完善与管理层业绩预告相关的具体法律和监管政策的缺乏，对违反信息披露及时性、真实性、相关性和准确性的行为如何认定、如何追究违规主体的民事责任以及如何划分责任等问题，几乎没有相关规定。同时由于漫长的诉讼时间和监管处罚的严重滞后，即使投资者胜诉，

---

① 根据 Wind 数据库，并经笔者整理，下同。

真正获得赔偿的概率也比较低。最后，管理层业绩预告披露违规的处罚力度小。

本书对 2007～2013 年监管部门处罚的 26 个业绩预告违规披露分析中发现，监管机构对业绩预告披露违规的处罚手段仅有公开批评和公开谴责，其中对 22 个违规事件进行了公开批评，仅有 4 个违规事件进行了公开谴责。同时，相对应的违规责任人 98 位高管受到的也仅是通报批评的处罚。另外，有 5 位高管利用业绩预告信息在敏感期进行了交易，其中仅有 2 位进行了公开处罚，另外 3 位只是以通报批评处理。惩戒力度不够，监管的警示作用和监管惩前毖后的目的难以达成。这种不按照规定披露或披露失实的现象屡屡发生。薄弱的法律制度和监管环境，加大了管理层操纵业绩预告披露的可能性。

此外，管理层业绩预告信息不仅包括定量信息，还包括定性信息。对于这些无法统一化的信息，监管部门难以逐一检查和监督。

四、管理层业绩预告的现状分析[①]

（一）管理层业绩预告的披露意愿

表 3－3 给出了 2009～2018 年中国 A 股上市公司中披露业绩预告与未披露业绩预告的上市公司数量对比情况。[②] 从中可以看出，中国上市公司中披露业绩预告的家数呈逐年上升趋势，且超过了上市公司总体半数以上。具体表现为，总体来看，披露业绩预告的上市公司占上市公司总数的 78.73%。其中，深交所上市的 A 股公司披露意愿更强，达到了 93.62%，而上交所上市的 A 股公司披露业绩预告的意愿较弱为 56.47%。

---

① 业绩预告现状分析的所有业绩预告数据均来自 Wind 数据库，并经笔者整理。
② 本书统计上市公司是否进行业绩预告的标准是，只要上市公司在年度内进行了一次业绩预告就认定为是披露公司。因此统计结果披露公司的比例较高。

表 3 - 3 管理层业绩预告披露总体情况

年份	深市 A 股			沪市 A 股			全部 A 股		
	披露公司数量（个）	上市公司数量（个）	披露公司占比（％）	披露公司数量（个）	上市公司数量（个）	披露公司占比（％）	披露公司总数（个）	上市公司总数（个）	披露公司占比（％）
2009	747	830	90.00	542	849	63.84	1289	1679	76.77
2010	955	1151	82.97	513	877	58.49	1468	2028	72.39
2011	1278	1394	91.68	461	916	50.33	1739	2310	75.28
2012	1422	1523	93.37	479	942	50.85	1901	2465	77.12
2013	1460	1524	95.80	495	943	52.49	1955	2467	79.25
2014	1490	1596	93.36	534	978	54.60	2024	2574	78.63
2015	1648	1729	95.32	659	1068	61.70	2307	2797	82.48
2016	1779	1853	96.01	749	1171	63.96	2528	3024	83.60
2017	1980	2076	95.38	833	1386	60.10	2813	3462	81.25
2018	2033	2124	95.72	706	1443	48.93	2739	3567	76.79
合计	14792	15800	93.62	5971	10573	56.47	20763	26373	78.73

资料来源：笔者根据 Wind 数据库资料整理。

表 3 - 4 列示了 2009～2018 年中国 A 股上市公司业绩预告披露制度的执行情况。对于应预告而未预告的公司，本书的确定方法是依据上市公司某一季度，中期和年度的实际盈余推断出其是否达到强制业绩预告披露的条件，并将其实际的业绩预告情况与其相比较，从而找出应预告未预告公司。从表 3 - 4 可以看出，2009～2018 年业绩预告披露的比例为 47.97％，强制业绩预告披露的比例为 24.52％，自愿业绩预告的比例为 23.45％，按规定应业绩预告而未预告的比例为 4.69％。强制和自愿业绩预告比例都有所增长，按规定应业绩预告而未预告的比例呈下降趋势。这说明业绩预告披露制度的执行情况较好，但业绩预告披露的比例较低，不到 50％。进一步比较上交所和深交所的业绩预告披露情况。深交所的业绩预告披露比例为 65.15％，深交所应预告未预告比例为 6.13％，而上交所业绩预告披露比例为 22.53％，上交所应预告未预告比例为 2.62％。在强制业绩预告披露方面，深交所强制业绩预告披露比例逐年增加，而上交所强制业绩预告披露比例逐年减少。在自愿业

绩预告披露方面，深交所自愿业绩预告披露比例呈增长趋势，而上交所自愿业绩预告披露比例呈下降趋势。在按规定应该披露而未披露业绩预告方面，深交所和上交所的比例都是逐年在减少。深交所和上交所业绩预告披露呈现较大差异，这与两个交易所业绩预告披露制度不同有关。深交所执行了更为严格的业绩预告披露制度，对季报、半年报和年报的业绩预告均做了一定条件的强制披露要求，而上交所仅对年报的业绩预告要求在一定条件下强制披露。这说明了对业绩预告的监管有利于提高信息的供给。

表 3-4　　　　　　　管理层业绩预告披露制度执行情况　　　　单位：%

年份	深市 A 股（占总样本比例）			沪市 A 股（占总样本比例）			全部 A 股（占总样本比例）		
	强制预告	应预告 未预告	自愿预告	强制预告	应预告 未预告	自愿预告	强制预告	应预告 未预告	自愿预告
2009	26.53	15.35	13.10	11.64	3.80	17.95	20.15	10.40	15.18
2010	27.62	13.62	16.93	11.74	4.00	17.40	20.79	9.62	16.40
2011	26.93	7.51	24.54	8.10	1.92	11.38	19.56	5.32	19.39
2012	31.27	3.78	38.11	8.13	2.66	11.51	22.19	3.34	27.66
2013	34.45	4.00	35.73	8.17	3.06	10.83	24.14	3.63	25.96
2014	35.55	4.26	33.12	7.51	2.91	11.29	24.47	3.73	24.49
2015	39.65	3.86	33.26	8.87	2.49	13.37	27.49	3.32	25.41
2016	40.62	4.37	31.46	8.61	2.37	14.24	27.69	3.56	24.50
2017	43.05	2.72	37.54	8.77	1.69	16.51	29.03	2.30	28.94
2018	44.97	1.88	37.12	7.81	1.36	11.47	29.65	1.66	26.55
平均值	35.06	6.13	30.09	8.94	2.62	13.59	24.52	4.69	23.45

注：表中的总样本为每年上市公司的定期报表总数，包括季报、半年报和年报。
资料来源：笔者根据 Wind 数据库资料整理。

表 3-5 列示了 2009~2018 年沪深两所对业绩预告违规的处罚的数量。174 件业绩预告违规处罚事件中，上交所仅处罚了 46 件，深交所处罚了 128 件，且处罚的类型仅为公开谴责、公开批评、监管关注、出具警示函。根据表 3-4 可计算出应预告未预告的数量为 5081 个，按规定应预告而未预告的数量远超过上述处罚数量。这说明存在大量强制业绩预告比例的公司未及时

进行业绩预告，但却未受到处罚。可见业绩预告违规的成本低，上市公司业绩预告披露违规受到处罚的概率也较低。

表 3 - 5　　　　　　　　　**管理层业绩预告违规处罚情况**　　　　　　单位：件

年份	监管机构		合计
	上交所	深交所	
2009	0	1	1
2010	0	1	1
2011	0	4	4
2012	1	12	13
2013	1	4	5
2014	7	8	15
2015	3	3	6
2016	6	8	14
2017	6	19	25
2018	22	68	90
合计	46	128	174

资料来源：笔者根据 Wind 数据库资料整理。

（二）管理层业绩预告的披露类型与消息属性

由前述业绩预告的相关法规可以看出，中国上市公司管理层业绩预告披露的比较基准是上年同期业绩，上年同期业绩代表了市场预期业绩水平。基于预告业绩与上年同期业绩的差异情况，业绩预告披露类型主要分为首亏、续亏、扭亏、预减、预增、略增、略减、续盈和不确定性九类。本书按照这九类对中国 A 股上市公司 2009 ~ 2018 年业绩预告披露的类型进行了统计分析，同时也根据这九种类型是否高于上年同期业绩，将其分为好消息和坏消息业绩预告。好消息业绩预告包括预增、略增、扭亏和续盈，坏消息业绩预告包括首亏、续亏、预减和略减。由于不确定类型的业绩预告没有明确预告公司未来业绩变动的盈亏方向，仅是警示公司未来业绩会出现波动，对其无法与上年同期业绩相比较，它既不属于好消息也不属于坏消息，仅是自愿业绩预告披露的一种形式。根据上文监管机构对业绩预告披露强制要求的规定，首亏、续亏、预减、预增和扭亏业绩预告类型属于强制性披露，而略增、略减、续盈和不确定为自愿性披露。

表 3 - 6 列示了中国 A 股上市公司 2009 ~ 2018 年各年度的业绩预告披露类型和消息属性的统计结果。[①] 从整体情况看，预增强制披露类型预告和略增自愿披露类型预告是披露数量最多的两种类型，分别占业绩预告披露总数的比例为 25.99% 和 22.53%，这导致了好消息业绩预告披露数量占业绩预告披露总数的比例达到了 63.31%。在强制业绩预告披露中，好消息业绩预告披露比例为 56.51%，而在自愿业绩预告披露中，好消息业绩预告披露比例达到 73.11%。好消息业绩预告在自愿业绩预告中的比例更高，这表明中国上市公司偏好披露好消息业绩预告。就各年度业绩预告披露的消息属性来看，好消息业绩预告披露比例从 2009 年的 51.52% 上升到 2018 年的 63.72%，坏消息业绩预告披露比例从 2009 年的 47.69% 下降到 2018 年的 35.08%。从各年度业绩预告披露类型来看，2009 ~ 2018 年首亏、续亏和预减业绩预告类型披露比例在下降。其中，首亏业绩预告披露比例从 2009 年的 17.59% 下降到 2018 年的 8.94%；续亏业绩预告披露比例从 2009 年的 9.24% 下降到 2018 年的 5.41%；预减业绩预告披露比例从 2009 年的 14.87% 下降到 2018 年的 10.85%。而续盈业绩预告披露比例从 2009 年的 10.19% 上升到了 2018 年的 23.73%。其他的业绩预告类型披露比例在 2009 ~ 2018 年有所波动，但变化不大。

表 3 - 6　　　　2009 ~ 2018 年管理层业绩预告各报告期披露类型
与信息属性统计情况

年份	项目	强制披露					自愿披露			不确定
		坏消息			好消息		好消息	坏消息		
		首亏	续亏	预减	扭亏	预增	续盈	略增	略减	
2009	计数（件）	537	282	454	301	788	173	311	183	24
	比例（%）	17.59	9.24	14.87	9.86	25.81	5.67	10.19	5.99	0.79

———————

① 表 3 - 6 仅给出了相关业绩预告披露的年度数据统计，在本书附录中附表 1 给出了季度和年度业绩预告数据的统计。

续表

年份	项目	强制披露					自愿披露			
		好消息		坏消息			好消息		坏消息	不确定
		扭亏	预增	首亏	续亏	预减	续盈	略增	略减	
2010	计数（件）	437	1399	191	301	222	258	592	125	26
	比例（%）	12.31	39.40	5.38	8.48	6.25	7.27	16.67	3.52	0.73
2011	计数（件）	219	1348	269	301	378	309	976	325	23
	比例（%）	5.28	32.50	6.49	7.26	9.11	7.45	23.53	7.84	0.55
2012	计数（件）	257	841	590	315	865	431	1331	849	32
	比例（%）	4.66	15.26	10.71	5.72	15.70	7.82	24.15	15.41	0.58
2013	计数（件）	453	1139	481	426	653	388	1389	761	41
	比例（%）	7.90	19.87	8.39	7.43	11.39	6.77	24.24	13.28	0.72
2014	计数（件）	433	1327	540	454	617	478	1414	659	58
	比例（%）	7.24	22.19	9.03	7.59	10.32	7.99	23.65	11.02	0.97
2015	计数（件）	436	1564	740	558	693	527	1522	697	59
	比例（%）	6.42	23.01	10.89	8.21	10.20	7.75	22.40	10.26	0.87
2016	计数（件）	700	1985	462	594	605	559	1618	648	143
	比例（%）	9.57	27.14	6.32	8.12	8.27	7.64	22.12	8.86	1.96
2017	计数（件）	607	2682	408	492	583	623	2127	781	122
	比例（%）	7.20	31.83	4.84	5.84	6.92	7.39	25.25	9.27	1.45
2018	计数（件）	502	2226	747	452	907	615	1983	826	100
	比例（%）	6.01	26.63	8.94	5.41	10.85	7.36	23.73	9.88	1.20
合计（件）		4345	15299	4965	4175	5977	4361	13263	5854	628
总比例（%）		7.38	25.99	8.43	7.09	10.15	7.41	22.53	9.94	1.07

资料来源：笔者根据 Wind 数据库资料整理。

（三）管理层业绩预告披露的精确度

从上述的业绩预告披露规定看，监管部门对业绩预告披露的具体形式并未做出具体要求，管理层进行业绩预告时可以选择披露的精确度，可以定性预测，也可以定量预测。定量预测通常包括点预测，闭区间预测和上下限预测（开区间预测）。一般认为定量预测整体的精确度高于定性预测，而在定量预测中，点预测的精确度最高，其次是闭区间预测，接着是上下限预测。其具体的表现形式见表3－7。由于业绩预告的精确度会影响业绩预告对投资者的决策有用性，管理层在进行业绩预告时会选择业绩预告披露精确度来实现其披露意图。业绩预告精确度选择是管理层信息披露行为之一。

表3－7　　　　　　　　管理层业绩预告披露精确度的表现形式

精确度形式	内容和表现形式
点预测	业绩预告为一个数值，例如，预计净利润为××左右、净利润约为××等
闭区间预测	业绩预告为一个数值区间，例如，预计净利润上升/下降××%～××%、净利润为××～××等
上下限预测	业绩预告为未来业绩的上限值或下限值，例如，预计净利润不超过××、上升/下降××%以上、增长/减少不超过××%等
定性趋势预测	业绩预告对未来业绩的趋势定性的描述，例如，预计亏损、盈利、大幅上升、大幅下降等

资料来源：笔者根据相关业绩预告规范资料整理。

表3－8列示了我国上市公司2009～2018年各报告期的业绩预告披露精确度的统计结果。① 总体上看，无论是采取自愿披露还是强制披露，我国上市公司业绩预告中采用定量预测的数量都多于定性预测，并且闭区间预测形式是业绩预告披露数量最多的类型，占业绩预告披露总数的84.65%，其中强制和自愿闭区间形式业绩预告披露比例分别为46.11%和38.54%。同时，点预测业绩预告占强制业绩预告披露的比例为12.71%，而占自愿业绩预告披露比例为1.50%，这说明自愿业绩预告披露精确度低于强制业绩预告披露精确度，其业绩预告披露精确度有待进一步提高。就各年度业绩预告披露的精确度而言，无论是强制业绩预告还是自愿业绩预告披露，点预测、开区间预测和趋势预测业绩预告披露比例均呈下降趋势。其中，点预测强制业绩预

---

① 表3－8仅给出了相关业绩预告披露的年度数据统计，在本书附录中附表2给出了季度和年度业绩预告数据的统计。

告披露比例从 2009 年的 24.4% 下降到 2018 年的 3.95% ，点预测自愿业绩预告披露比例从 1.11% 下降到 2018 年的 0.53% 。而闭区间业绩预告披露比例均呈上升趋势，其中闭区间强制业绩预告披露比例从 2009 年的 28.66% 上升到 2018 年的 52.67% ，闭区间自愿业绩预告披露比例从 2009 年的 18.80% 上升到 2018 年的 40.08% 。这表明中国上市公司趋向于偏好采用闭区间形式披露业绩预告。

表 3 – 8　　　　　　　2009～2018 年管理层业绩预告各报告期
披露精确度统计情况

年份	项目	强制披露				自愿披露			
		定量			定性	定量			定性
		点预测	闭区间	开区间	趋势性	点预测	闭区间	开区间	趋势性
2009	计数（件）	745	875	348	394	34	574	14	69
	比例（%）	24.40	28.66	11.40	12.91	1.11	18.80	0.46	2.26
2010	计数（件）	608	1300	348	294	19	920	3	59
	比例（%）	17.12	36.61	9.80	8.28	0.54	25.91	0.08	1.66
2011	计数（件）	486	1553	279	197	29	1536	5	63
	比例（%）	11.72	37.44	6.73	4.75	0.70	37.03	0.12	1.52
2012	计数（件）	474	2076	152	173	42	2536	8	50
	比例（%）	8.60	37.67	2.76	3.14	0.76	46.02	0.15	0.91
2013	计数（件）	401	2520	77	159	36	2457	4	77
	比例（%）	7.00	43.97	1.34	2.77	0.63	42.87	0.07	1.34
2014	计数（件）	321	2872	49	129	17	2474	11	107
	比例（%）	5.37	48.03	0.82	2.16	0.28	41.37	0.18	1.79
2015	计数（件）	339	3457	38	157	34	2647	10	114
	比例（%）	4.99	50.87	0.56	2.31	0.50	38.95	0.15	1.68
2016	计数（件）	334	3845	34	133	46	2761	7	154
	比例（%）	4.57	52.57	0.46	1.82	0.63	37.75	0.10	2.11
2017	计数（件）	382	4244	23	123	61	3432	7	153
	比例（%）	4.53	50.37	0.27	1.46	0.72	40.74	0.08	1.82

续表

年份	项目	强制披露				自愿披露			
		定量			定性	定量			定性
		点预测	闭区间	开区间	趋势性	点预测	闭区间	开区间	趋势性
2018	计数（件）	330	4402	5	97	44	3350	3	127
	比例（%）	3.95	52.67	0.06	1.16	0.53	40.08	0.04	1.52
合计（件）		4420	27144	1353	1856	362	22687	72	973
总比例（%）		7.51	46.11	2.30	3.15	0.61	38.54	0.12	1.65

资料来源：笔者根据 Wind 数据库资料整理。

此外，表3-9列示了2009~2018上市公司管理层业绩预告披露精确度与业绩预告信息属性的统计结果。① 总体上看，无论好消息还是坏消息业绩预告，闭区间预测的数量都最多，占披露总数的比例分别为56.57%和28.67%。同时，定性预测占好消息业绩预告的比例为2.62%，而占坏消息业绩预告的比例为6.74%。这说明在进行坏消息业绩预告时，管理层可能会利用定性预测来淡化坏消息业绩预告对公司的影响。就各年度业绩预告披露精确度而言，无论是好消息业绩预告还是坏消息业绩预告，点预测、开区间预测和趋势预测业绩预告的披露比例均呈下降趋势，而闭区间预测业绩预告披露比例呈上升趋势。其中，好消息闭区间预测业绩预告披露比例从2009年的28.56%上升到2018年的60.87%，坏消息闭区间预测业绩预告披露比例从2009年的19.18%上升到2018年的32.56%。好消息点预测业绩预告披露比例从2009年的10.76%下降到2018年的2.65%，坏消息点预测业绩预告披露比例从2009年的14.96%下降到2018年的1.88%。这表明中国上市公司业绩预告披露精确度已有所提高，但在点预测业绩预告方面仍有较大的提升空间。

---

① 表3-9仅给出了相关业绩预告披露的年度数据统计，在本书附录中附表3给出了季度和年度业绩预告数据的统计。

表3－9　　　　2009～2018 年管理层业绩预告各报告期披露精确度与

消息属性统计情况

| 年份 | 项目 | 好消息业绩预告 | | | | 坏消息业绩预告 | | | |
| | | 定量 | | | 定性 | 定量 | | | 定性 |
		点预测	闭区间	开区间	趋势性	点预测	闭区间	开区间	趋势性
2009	计数（件）	326	865	243	139	453	581	119	303
	比例（％）	10.76	28.56	8.02	4.59	14.96	19.18	3.93	10.00
2010	计数（件）	353	1840	310	183	274	379	41	145
	比例（％）	10.01	52.20	8.79	5.19	7.77	10.75	1.16	4.11
2011	计数（件）	257	2282	208	106	258	808	75	132
	比例（％）	6.23	55.31	5.04	2.57	6.25	19.58	1.82	3.20
2012	计数（件）	187	2555	76	42	332	2046	84	157
	比例（％）	3.41	46.63	1.39	0.77	6.06	37.34	1.53	2.87
2013	计数（件）	227	3001	69	72	208	1965	17	131
	比例（％）	3.99	52.74	1.21	1.27	3.66	34.53	0.30	2.30
2014	计数（件）	129	3391	42	90	209	1931	17	113
	比例（％）	2.18	57.26	0.71	1.52	3.53	32.61	0.29	1.91
2015	计数（件）	130	3810	30	79	243	2267	18	160
	比例（％）	1.93	56.55	0.45	1.17	3.61	33.65	0.27	2.37
2016	计数（件）	198	4566	22	76	182	1998	15	114
	比例（％）	2.76	63.67	0.31	1.06	2.54	27.86	0.21	1.59
2017	计数（件）	292	5608	23	116	151	2033	7	73
	比例（％）	3.52	67.54	0.28	1.40	1.82	24.49	0.08	0.88
2018	计数（件）	219	5027	5	75	155	2689	3	85
	比例（％）	2.65	60.87	0.06	0.91	1.88	32.56	0.04	1.03
合计（件）		2318	32945	1028	978	2465	16697	396	1413
总比例（％）		3.98	56.57	1.77	1.68	4.23	28.67	0.68	2.43

资料来源：笔者根据 Wind 数据库资料整理。

（四）管理层业绩预告披露的准确性

管理层业绩预告的准确性通常是以业绩的预测值偏离实际业绩值的程度来衡量，是事后对业绩预告披露质量的检验。当管理层决定披露业绩预告时，可能会准确地披露业绩预告，也可能会为达到一定的意图而选择性披露业绩预告。业绩预告的修正行为和变脸现象在一定程度上体现了业绩预告披露的准确性情况。鉴于前述业绩预告制度中的规定，当管理层预计已发布的业绩预告与实际业绩存在较大差异时，管理层应发布业绩预告修正公告。同时，一些自愿披露业绩预告的管理层为降低与投资者之间的信息不对称，也会自愿发布业绩预告的修正公告。这样对同一报告期（季度、半年度和年度）就会出现一次或多次业绩预告。

表3-10给出了中国A股上市公司在2009～2018年对同一报告期业绩预告次数的统计结果。① 从表中可以看出，中国上市公司大多只对同一报告期业绩进行了一次业绩预告，占业绩预告披露总数的86.70%，多次业绩预告占业绩预告披露总数的比例为13.30%。其中，多次业绩预告占强制业绩预告披露总数的比例为17.24%，占自愿业绩预告披露总数的比例为7.63%。这表明相比较自愿披露业绩预告，强制披露业绩预告的公司更倾向于对同一报告期进行多次业绩预告。但从强制业绩预告各年业绩预告披露的频率看，多次业绩预告的披露比例呈下降趋势。

表3-10　　　　　　**2009～2018年管理层业绩预告各报告期**
披露频率的统计情况

年份	项目	业绩预告披露次数				合计	
		强制披露		自愿披露			
		1次	多于1次	1次	多于1次	1次	多于1次
2009	计数（件）	1922	441	608	82	2530	523
	比例（%）	62.95	14.44	19.91	2.69	82.87	17.13

---

① 表3-10仅给出了相关业绩预告披露的年度数据统计，在本书附录中附表4给出了季度和年度业绩预告数据的统计。

续表

年份	项目	业绩预告披露次数				合计	
		强制披露		自愿披露			
		1次	多于1次	1次	多于1次	1次	多于1次
2010	计数（件）	2147	403	915	86	3062	489
	比例（%）	60.46	11.35	25.77	2.42	86.23	13.77
2011	计数（件）	2126	389	1458	175	3584	564
	比例（%）	51.25	9.38	35.15	4.22	86.40	13.60
2012	计数（件）	2405	463	2453	190	4858	653
	比例（%）	43.64	8.40	44.51	3.45	88.15	11.85
2013	计数（件）	2638	514	2398	181	5036	695
	比例（%）	46.03	8.97	41.84	3.16	87.87	12.13
2014	计数（件）	2796	575	2395	214	5191	789
	比例（%）	46.76	9.62	40.05	3.58	86.81	13.19
2015	计数（件）	3234	757	2568	237	5802	994
	比例（%）	47.59	11.14	37.79	3.49	85.37	14.63
2016	计数（件）	3556	790	2769	199	6325	989
	比例（%）	48.62	10.80	37.86	2.72	86.48	13.52
2017	计数（件）	3977	795	3383	270	7360	1065
	比例（%）	47.20	9.44	40.15	3.20	87.36	12.64
2018	计数（件）	3968	866	3319	205	7287	1071
	比例（%）	47.48	10.36	39.71	2.45	87.19	12.81
合计（件）		28769	5993	22266	1839	51035	7832
总比例（%）		48.87	10.18	37.82	3.12	86.70	13.30

资料来源：笔者根据 Wind 数据库资料整理。

"变脸"是业绩预告修正行为中的一种特殊形式，即是对司一报告期的业绩预告修正时前后业绩预告类型和盈余性质发生了变化。例如，先前预告类型为续盈的，后修正为首亏。业绩预告过程中发生"变脸"的公司导致了市场预期的剧烈波动，表现为股价的异常波动。业绩预告"变脸"是源于预测误差还是管理层出于某种意图而故意为之，值得关注。表3－11呈现了中国A股上市公司2009～2018年各年度业绩预告"变脸"情况统计结果。① 从表3－11中可以看出，存在一定比例的公司发生了业绩预告"变脸"，为业绩预告披露总数的4.90%，其中业绩预告"变脸"占强制业绩预告披露的比例为5.19%，占自愿业绩预告的比例为4.48%。这表明强制业绩预告披露中发生业绩预告"变脸"的概率高于自愿性业绩预告披露，监管部门应加强对强制业绩预告披露"变脸"行为的监管。

表3－11　　　　　2009～2018年管理层业绩预告各报告期业绩预告"变脸"的统计情况

| 年份 | 项目 | 业绩预告是否"变脸" | | | | 合计 | |
| | | 强制披露 | | 自愿披露 | | | |
		是	否	是	否	是	否
2009	计数（件）	124	2238	50	641	174	2879
	比例（%）	4.06	73.30	1.64	21.00	5.70	94.30
2010	计数（件）	93	2457	52	949	145	3406
	比例（%）	2.62	69.19	1.46	26.72	4.08	95.92
2011	计数（件）	130	2385	109	1524	239	3909
	比例（%）	3.13	57.50	2.63	36.74	5.76	94.24
2012	计数（件）	175	2693	122	2521	297	5214
	比例（%）	3.18	48.87	2.21	45.74	5.39	94.61
2013	计数（件）	140	3012	117	2462	257	5474
	比例（%）	2.44	52.56	2.04	42.96	4.48	95.52
2014	计数（件）	168	3203	128	2481	296	5684
	比例（%）	2.81	53.56	2.14	41.49	4.95	95.05
2015	计数（件）	238	3753	133	2672	371	6425
	比例（%）	3.50	55.22	1.96	39.32	5.46	94.54

① 表3－11仅给出了相关业绩预告披露的年度数据统计，在本书附录中附表5给出了季度和年度业绩预告数据的统计。

续表

年份	项目	业绩预告是否"变脸"				合计	
		强制披露		自愿披露			
		是	否	是	否	是	否
2016	计数（件）	195	4151	108	2860	303	7011
	比例（%）	2.67	56.75	1.48	39.10	4.14	95.86
2017	计数（件）	218	4554	134	3519	352	8073
	比例（%）	2.59	54.05	1.59	41.77	4.18	95.82
2018	计数（件）	323	4511	127	3397	450	7908
	比例（%）	3.86	53.97	1.52	40.64	5.38	94.62
合计（件）		1804	32957	1080	23026	2884	55983
总比例（%）		3.06	55.99	1.83	39.12	4.90	95.10

资料来源：笔者根据 Wind 数据库资料整理。

（五）管理层业绩预告披露的及时性

从信息披露的时间上看，中国上市公司的业绩预告披露有两种时间选择。一是管理层在定期财务报告的报告期结束之前预先披露公司的预期业绩信息，具有预测性。二是管理层在定期财务报告正式公告之前，定期财务报告的报告期结束之后披露公司的盈余信息。此时上市公司在会计期间内的经营业绩已成为既定事实，仅是精确的业绩信息并不知晓，业绩预告是对公司既定经营状况的一种估计。管理层预先向市场披露了公司经营业绩的信息，不仅可以满足对第一种形式业绩预告信息修正的需要，而且可以弥补定期财务报告披露的滞后性。

表3-12给出了中国 A 股上市公司2009～2018年各报告期分别于会计期间结束日前后的业绩预告的统计结果。① 从表3-12中可以看出，上市公司更倾向于在会计期间结束日前披露业绩预告，占业绩预告披露总数的比例为55.46%。其中，在会计期间结束日前披露的业绩预告占强制业绩预告的比例

---

① 表3-12仅给出了相关业绩预告披露的年度数据统计，在本书附录中附表6给出了季度和年度业绩预告数据的统计。

为49.41%，占自愿业绩预告的比例为64.17%。这表明中国上市公司相对更倾向于在会计期间结束前提早对业绩预告进行披露，以尽早释放相关业绩信息可能产生的市场效应，在一定程度上起到提前获利或提前释放风险的作用。并且与强制业绩预告披露相比，自愿业绩预告披露的上市公司更倾向在会计期间结束日之前进行业绩预告，业绩预告披露的及时性更好。而从各年度上市公司在会计期间结束前披露业绩预告的情况看，强制业绩预告在会计期间结束前披露的比例呈下降趋势，从2009年的41.37%下降至2018年的26.42%，自愿业绩预告在会计期间结束前披露的比例呈增长趋势，从2009年的20.18%上升至2018年的23.18%。这进一步说明自愿业绩预告披露的及时性好于强制业绩预告。

表3-12　　　　　　　　2009~2018年管理层业绩预告各报告期
披露时间统计情况

| 年份 | 项目 | 业绩预告披露时间（报告期结束日为基准） | | | | 合计 | |
| | | 强制披露 | | 自愿披露 | | | |
		前	后	前	后	前	后
2009	计数（件）	1263	1099	616	75	1879	1174
	比例（%）	41.37	36.00	20.18	2.46	61.55	38.45
2010	计数（件）	1303	1247	936	65	2239	1312
	比例（%）	36.69	35.12	26.36	1.83	63.05	36.95
2011	计数（件）	1148	1367	1339	294	2487	1661
	比例（%）	27.676	32.956	32.281	7.088	59.957	40.043
2012	计数（件）	1513	1355	1791	852	3304	2207
	比例（%）	27.454	24.587	32.499	15.460	59.953	40.047
2013	计数（件）	1638	1514	1644	935	3282	2449
	比例（%）	28.58	26.42	28.69	16.31	57.27	42.73
2014	计数（件）	1810	1561	1645	964	3455	2525
	比例（%）	30.27	26.10	27.51	16.12	57.78	42.22
2015	计数（件）	1944	2047	1681	1124	3625	3171
	比例（%）	28.61	30.12	24.74	16.54	53.34	46.66

续表

年份	项目	业绩预告披露时间（报告期结束日为基准）				合计	
		强制披露		自愿披露			
		前	后	前	后	前	后
2016	计数（件）	2088	2258	1800	1168	3888	3426
	比例（%）	28.55	30.87	24.61	15.97	53.16	46.84
2017	计数（件）	2261	2511	2080	1573	4341	4084
	比例（%）	26.84	29.80	24.69	18.67	51.53	48.47
2018	计数（件）	2208	2626	1937	1587	4145	4213
	比例（%）	26.42	31.42	23.18	18.99	49.59	50.41
合计（件）		17176	17585	15469	8637	32645	26222
总比例（%）		29.18	29.87	26.28	14.67	55.46	44.54

注："前"指的是"报告期结束日前"，"后"指的是"报告期结束日后"。
资料来源：笔者根据 Wind 数据库资料整理。

此外，从业绩预告披露的载体上看，管理层业绩预告可以在定期财务报告中披露，也可以在临时公告中披露。业绩预告在定期财务报告中披露遵循的是前一季度预告下一季度的规则，这无形地提前了业绩预告披露的时间，增进了业绩预告披露的及时性。表 3-13 列示了中国 A 股上市公司 2009~2018 年各报告期业绩预告的披露载体情况。[①] 从表 3-13 中可以看出，总体上，在定期财务报告中披露业绩预告的数量多于临时公告中披露的数量，占业绩预告披露总数的 51.49%。其中定期财务报告中披露业绩预告占强制业绩预告的比例为 49.41%，占自愿业绩预告的比例为 64.17%。从各年度上市公司在定期财务报告中披露业绩预告的情况看，强制业绩预告在定期财务报告中披露业绩预告的比例呈下降趋势，从 2009 年的 38.58% 下降至 2018 年的 23.44%，而自愿业绩预告在定期财务报告中披露的比例呈上升趋势，从 2009 年的 18.87% 上升至 2018 年的 21.82%。这些都表明了强制业绩预告多以临时公告为载体进行披露，而相比较强制业绩预告，自愿业绩预告更倾向

---

① 表 3-13 仅给出了相关业绩预告披露的年度数据统计，在本书附录中附表 7 给出了季度和年度业绩预告数据的统计。

于在定期报告中披露，业绩预告的及时性更好。

表 3 - 13　　　　　管理层业绩预告各报告期披露载体的统计情况

年份	项目	业绩预告披露载体				合计	
		强制披露		自愿披露			
		定期	临时	定期	临时	定期	临时
2009	计数（件）	1178	1184	576	115	1754	1299
	比例（%）	38.58	38.78	18.87	3.77	57.45	42.55
2010	计数（件）	1188	1362	909	92	2097	1454
	比例（%）	33.46	38.36	25.60	2.59	59.05	40.95
2011	计数（件）	1056	1459	1319	314	2375	1773
	比例（%）	25.46	35.17	31.80	7.57	57.26	42.74
2012	计数（件）	1354	1514	1639	1004	2993	2518
	比例（%）	24.57	27.47	29.74	18.22	54.31	45.69
2013	计数（件）	1505	1647	1580	999	3085	2646
	比例（%）	26.26	28.74	27.57	17.43	53.83	46.17
2014	计数（件）	1698	1673	1525	1084	3223	2757
	比例（%）	28.39	27.98	25.50	18.13	53.90	46.10
2015	计数（件）	1940	2051	1545	1260	3485	3311
	比例（%）	28.55	30.18	22.73	18.54	51.28	48.72
2016	计数（件）	2005	2341	1550	1418	3555	3759
	比例（%）	27.41	32.01	21.19	19.39	48.61	51.39
2017	计数（件）	2119	2653	1840	1813	3959	4466
	比例（%）	25.15	31.49	21.84	21.52	46.99	53.01
2018	计数（件）	1959	2875	1824	1700	3783	4575
	比例（%）	23.44	34.40	21.82	20.34	45.26	54.74
合计（件）		17176	17585	15469	8637	32645	26222
总比例（%）		27.18	31.87	24.30	16.65	51.49	48.51

资料来源：笔者根据 Wind 数据库资料整理。

第二节　并购交易的制度背景和现状分析

一、并购交易的制度背景分析

1993 年的"宝延事件"拉开了中国资本市场并购序幕。2000 年以前中国企业的并购基本是由政府主导下的协议并购。2000 年后，政府先后出台了一系列并购重组的措施，严格规范上市公司并购重组行为，引导并购市场有序发展。中国企业并购行为经历了由政府主导向市场化方向演进的过程。其中，新股发行制度，股权分置改革和股权分置改革后一系列的并购重组政策对中国并购市场的发展产生了深远影响。

（一）新股发行制度与并购行为

中国新股发行制度的演进是遵循着从计划导向向市场化演进的路径，具体而言，新股的发行由审批制与额度管理到核准制下的保荐人制度，逐步朝着市场化方向演进。

2001 年以前，中国资本市场上新股发行首先要由证券监管部门根据资本市场和经济发展的实际需求确定一个总额度，接着由各地行政机构遴选和推荐具有上市资格的企业上市。这就是所谓的新股发行的审批制与额度管理制度。这种由证券监管部门计划管理的发行制度可能会偏离资本市场和经济发展的实际需求，导致"上市公司"供给不足，不能满足投资者需求。在实施这一制度期间，政府对企业上市的干预，导致能够获得上市资格的企业绝大部分是国有企业。这样"壳"资源成为一种稀缺资源，"寻租"行为在企业上市过程中广泛存在。

1994 年，中国证监会规定上市公司两年连续亏损将被特别处理，连续三年亏损将被实现暂停上市，连续四年亏损将被终止上市。后来又规定了只有连续三年净资产收益率达到 10% 才能进行配股（后又修订为最近三个会计年度加权平均净资产收益率平均不低于 6% 才可以进行公开发行）。这些政策相继出台进一步导致了保"壳"式并购重组、保"配"式并购重组和政府主导型重组出现。

2001～2004 年中国新股发行开始实施核准下的通道制，将原来由行政选择和推荐上市企业的推荐权力下放给由主要承销商来遴选和推荐。这在一定程度上降低了政府对企业上市的干预，促进了民营企业的上市。但是，这并没有改变早期企业上市"额度管理"的特点，因为在通道限制实施期间是由中国证监会将可推荐拟上市的企业家数下达给各个综合券商。由于通道的限制，实力强的券商可能会受到约束，因为其有可能突破通道数量限制，而实力弱券商有可能无法达到通道数量。

2004 年 2 月中国证监会废除了新股发行的通道限制政策，开始实施新发行上市保荐制度。一方面保荐人制度大大提高了券商的质量，因为有实力的券商没有通道数量的限制可以充分发挥其实力，承销更多的企业数量，而实力弱的券商可能就只能勉强度日或甚至被淘汰出局。但是另一方面保荐人需要对上市的企业承担连带责任，为了避免法律责任，保荐人会提高对拟上市企业的标准，这会导致部分具有融资需求正处在成长阶段的有潜力的企业可能达不到保荐人的标准，从而因缺少资金而失去发展机会。此外，企业能否上市融资是由发审委进行判断，而不是由投资者来决定。在成熟资本市场新股发行实行的注册制，证券监督部门对拟上市企业不进行实质性审核，只进行合规性审查，而将投资风险判断留给资本市场。尽管新股发行实行核准制提高其市场化水平，但发审委的审核仍然可能会使一些急需资金并能够给投资者带来投资收益的企业无法上市。

总之，中国新股发行制度导致了上市公司的"壳"在控制权市场中扮演了重要角色，"壳"成为一种稀缺性资源。这样，一方面，上市公司和地方政府会在公司因连续亏损面临退市的时候，进行"保壳"并购来提升公司的业绩；另一方面，对于首次公开发行（IPO）无法获得审批的公司，就会通过股权收购等手段"借壳上市"。这种由于中国新股发行制度所发生的以"保壳"和"借壳"为目的的并购行为是中国资本市场向市场化迈进的产物，其本身并没有真正发挥控制权市场资源优化配置功能和治理惩戒作用。

（二）股权分置改革与并购行为

早期企业上市时将股权分置为流通股和非流通股是影响中国控制权市场发展进程的又一重要的因素。据《中国证券期货统计年鉴》统计，1992～

2005 年间，非流通股在股票市场总股本中所占比例为 61.9% ～ 72.2%，其中国有股在总股本中所占比例为 31.5% ～ 49.1%。因此，股改前由于上市公司存在大量的非流通股，导致了股权并购通常只能通过公司间管理层之间的协议才能达成，阻碍了潜在竞争对手通过股票市场争夺公司控制权来优化自身资源。这样的协议并购无法对现有公司的管理层产生约束力。

收购公司在完成对目标公司并购后，由于其投资收益不能通过二级市场实现，收购公司就可能通过资金占用、关联交易和重大担保等行为对中小流通股东的利益进行侵害，同时可能利用上市公司再融资，来达到"圈钱"的目的。股权分置扭曲了我国上市公司并购的根本动机，并购表现出较强的投机性，促进了短期财务型并购的发生，这些并购以获得短期生产要素资源、市场资源和"壳资源"为主要目的。因此，股权分置制约了控制权市场惩戒作用和优化资源配置的发挥。完善的控制权市场是建立在资本市场上的股票可以自由流通的基础上，股改前股票市场的股权特征严重影响了产权的转让，制约了控制权市场的发展。

2005 年 4 月中国股权分置改革开始实施，中国证监会颁布了《上市公司股权分置改革管理办法》。这项改革从市场的角度而不是从政府的行政角度解决股权分置的问题。主要通过持有非流通股的国有或法人股股东与持有流通股的公众股东相互协商，向公众流通股东支付相应对价实现其在股票市场上流通，将非流通股转化为流通股，来完成股权分置改革。到 2007 年底，总共有 1254 家上市公司（占总资本市场的 97%）完成了股权分置改革。

实践证明，这项改革成功地将非流通股转化为流通股，消除了股票市场股票转让的制度性障碍，为公司控制权市场的发展打下了重要基础。这一制度变革，一方面，提高了股票的流动性，有利于上市公司控制权转让，增进了控制权市场对不称职管理层惩戒作用的发挥，并且股改后大小股东利益取向有共同的基础，大股东的财富受到股票价格的影响，有动机实施价值创造型的战略性并购；另一方面，由于股改后股票市场实现了同股同价同权，流通的股票具有"货币"功能，这样在支付并购交易对价就可以作为现金等价物来支付。

上市公司的收购行为从单一的非流通股协议转让，发展到二级市场要约收购、竞购、换股合并和定向增发等多种方式。当然这样的转变也离不开证券监管机构对并购活动的政策支持和放松行政管制，赋予市场更多的调节权利。首先，2006 年 1 月 1 日，新生效的《中华人民共和国公司法》和《中华人民共和国证券法》，首次以法律形式规定了非公开发行制度，明确了公开发行和非公开发行两种融资方式，这为上市公司并购重组提供了新的支付方式；随后中国证监会又分别在 2006 年 5 月 8 日和 9 月 1 日颁布实施的《上市公司证券发行管理办法》和《上市公司收购管理办法》中，明确了上市公司以非公开发行股份作为支付方式的合法性，推行了非公开发行股票购买资产的融资新方式。监管机构为"解决同业竞争、减少关联交易"，大力推进"整体上市"的政策导向，进一步使定向增发迅速成为控股股东资产注入和整体上市的主流方式。此外，股票全流通的实现提高了股票市场的定价效率，有利于降低并购双方在估价方面博弈的交易成本，为并购定价创造了一个良好基础。

总之，股权分置改革完成后，股票市场实现了全流通，消除了控制权市场发展的制度性障碍。同时，相关的法律法规的出台，放宽了控制权市场的行政约束，提高了控制权市场的市场化水平，并购交易活动空前增长。

（三）股权分置改革后并购市场的发展

股权分置改革后，随着中国经济高速发展，供需矛盾、产能过剩的问题日益凸显出来，中国产业结构急需转型升级，而企业并购正是有效减少产能、淘汰落后产能、有效配置社会资源、推动产业结构转型升级的有效路径。为了促进企业通过并购进行产业结构调整和提高资源配置效率，2010 年国务院印发了《国务院关于促进企业兼并重组的意见》，强调通过兼并重组方式深化经济机制改革，加快国有经济布局和产业结构的战略性调整，鼓励支持民营企业参与竞争，促进中小企业发展。2013 年工信部联合其他部委发布了《关于加快推进重点行业企业兼并重组的指导意见》，明确了汽车、钢铁、水泥、船舶、电解铝、稀土、电子信息、医药等行业的兼并重组目标和任务。2014 年国务院印发的《关于进一步优化企业兼并重组市场环境的意见》对简化企业并购审批制度、改善金融服务、完善财税政策、健全体制机制等方面都提出了明确的要求和政策支持。2015 年底中央经济工作会议明确指出："积极稳妥化解产能过剩。资本市场要配合企业兼并重组，要尽可能多兼并重组，少破产清算。"在这些政策的推动下，中国并购市场空前火爆，并购交易迅猛增长。随后由于并购政策的宽松，并购市场发生了许多依靠并购交易套利的行为。2016 年中国证监会发布了修改的《上市公司重大资产重组管理办法》，进一步严格规范了上市公司并购重组行为，强调信息披露，并对借壳上市、募集配套资金及用途、业绩补偿承诺等方面进行了严格的约束。管制的从严、中国经济的下行和中美的贸易摩擦使得并购交易有所回落。2019 年中国证监会再次修改了《上市公司重大资产重组管理办法》，简化了重组上市认定标准，取消"净利润"指标，并允许符合国家战略的高新技术产业和战略性新兴产业相关资产在创业板重组上市，其他资产不得在创业板实施重组上市交易，适当约束并购重组，提高并购质量。在上述一系列并购政策的推动下，中国并购市场活跃，并购交易呈现增长趋势。并购的支付方式和融资途径也呈现多样化发展，股权互换、债转股、资产置换、期权等多种形式和组合的支付方式频繁出现在并购交易中。融资途径除了自有资金、贷款、增发等常见形式，可转债、私募可交换债、"上市公司 + PE"等多层次的融资结构出现在并购活动中。

二、并购交易的现状分析[①]

（一）并购交易的总体情况

股权分置改革后，随着一系列规范和支持公司并购重组行为的法规出台，中国并购交易市场发展迅猛。表 3 - 14 呈现了 2009 ~ 2018 年中国并购交易活动的总体情况。从表 3 - 14 可以看出，股权分置改革以后，中国并购交易活跃，无论从并购的数量还是并购交易的金额看，并购交易呈现增长趋势。2009 年并购市场发生了 979 起并购交易，交易金额约为 6823.522 亿元，到 2015 年并购交易数量达到峰值，发生了 2037 起并购交易，涉及交易金额约为 16954.245 亿元。而后由于受 2016 年后并购重组监管从严、中国经济下行以及中美贸易摩擦等因素的影响，并购交易有所回落。2018 年并购交易数量降至 1660 起，交易金额约为 13452.395 亿元。但相比较 2009 年，交易数量增长了 69.56%，交易金额增长了 97.15%。

---

① 并购交易现状分析中的所有并购数据均来自 CSMAR 数据库，并经笔者整理。

表 3 – 14　　　　　　　2009～2018 年并购交易的总体情况

年份	交易数量（起）	交易金额（亿元）
2009	979	6823.522
2010	1184	3710.095
2011	1269	3218.902
2012	1423	3971.841
2013	1566	5988.586
2014	1536	8585.462
2015	2037	16954.245
2016	1889	17766.206
2017	1749	12239.230
2018	1660	13452.395
合计	15292	92710.485

资料来源：笔者根据 CSMAR 数据库资料整理。

（二）并购交易的行业分布

从表 3 – 15 可以看出，2009～2018 年并购交易的行业分布的大致情况。制造业发生的并购交易数量最多，达到 8395 起，涉及交易金额为 37785.645 亿元，这与中国产业结构现状相吻合。其中，在制造行业子行业中，以计算机、通信和其他电子设备制造业的并购交易数量最多，达到 1278 起，涉及交易金额约为 7076.269 亿元；最少的是皮革、毛皮、羽毛及其制品和制鞋业仅发生了 20 起（见表 3 – 16）。仅次于制造业并购交易数量的是房地产业，达到 1411 起。教育行业发生的并购交易数量最少，仅发生了 33 起。这些表明并购交易的发生情况在不同行业存在较大差异。

表 3 – 15　　　　　　　2009～2018 年并购交易的行业分布情况

行业门类名称	行业门类代码	并购数量（起）	交易金额（亿元）
农、林、牧、渔业	A	186	284.941
采矿业	B	393	3507.235

续表

行业门类名称	行业门类代码	并购数量（起）	交易金额（亿元）
制造业	C	8395	37785.645
电力、热力、燃气及水生产和供应业	D	609	6176.993
建筑业	E	342	1698.309
批发和零售业	F	802	4381.229
交通运输、仓储和邮政业	G	378	5197.039
住宿和餐饮业	H	44	269.982
信息传输、软件和信息技术服务业	I	1382	5492.944
金融业	J	187	4198.573
房地产业	K	1411	17170.958
租赁和商务服务业	L	287	1744.348
科学研究和技术服务业	M	151	410.089
水利、环境和公共设施管理业	N	231	901.371
教育	P	33	480.417
卫生和社会工作	Q	92	331.156
文化、体育和娱乐业	R	269	1962.423
综合	S	100	716.833
合计	—	15292	92710.485

资料来源：笔者根据 CSMAR 数据库资料整理。

表 3 - 16　　　　2009～2018 年制造业并购交易的大类分布情况

制造业大类名称	制造业大类代码	并购数量（起）	交易金额（亿元）
农副食品加工业	C13	255	516.2029
食品制造业	C14	116	471.8215
酒、饮料和精制茶制造业	C15	106	320.2897
纺织业	C17	96	128.2896
纺织服装、服饰业	C18	135	689.7916
皮革、毛皮、羽毛及其制品和制鞋业	C19	20	19.67615
木材加工和木、竹、藤、棕、草制品业	C20	38	194.3606

续表

制造业大类名称	制造业大类代码	并购数量（起）	交易金额（亿元）
家具制造业	C21	35	87.68173
造纸和纸制品业	C22	102	226.4749
印刷和记录媒介复制业	C23	53	70.03589
文教、工美、体育和娱乐用品制造业	C24	44	134.4274
石油加工、炼焦和核燃料加工业	C25	57	383.4675
化学原料和化学制品制造业	C26	857	4302.98
医药制造业	C27	997	3543.377
化学纤维制造业	C28	71	618.7492
橡胶和塑料制品业	C29	186	450.9108
非金属矿物制品业	C30	374	1209.001
黑色金属冶炼和压延加工业	C31	128	2570.766
有色金属冶炼和压延加工业	C32	309	1465.395
金属制品业	C33	200	608.6566
通用设备制造业	C34	459	1830.119
专用设备制造业	C35	736	2648.7
汽车制造业	C36	384	2260.938
铁路、船舶、航空航天和其他运输设备制造业	C37	143	1603.978
电气机械和器材制造业	C38	942	3601.164
计算机、通信和其他电子设备制造业	C39	1278	7076.269
仪器仪表制造业	C40	145	256.8357
其他制造业	C41	77	340.1237
废弃资源综合利用业	C42	52	155.165
合计	—	8395	37785.65

资料来源：笔者根据 CSMAR 数据库资料整理。

（三）并购交易的特征分析

随着中国并购市场的市场化进程的推进，企业间的并购交易数量和金

额不断增长，并购交易也表现出不同的并购特征。从表 3 – 17 可以看出，
2009～2018 年间，在总体 15292 并购交易中，2617 起并购采用股票支付方
式、5441 起并购属于关联并购、2029 起并购属于重大资产并购、7204 起并
购具有同属管辖特征①以及 2075 起并购采用公开竞价方式。相比其他并购特
征，同属管辖并购和关联并购在各个行业并购中的数量最多，这表明同属性
和关联性是中国并购交易的重要特征。表 3 – 18 呈现了 2009～2018 年不同并
购特征的并购交易数量在各个年度的分布情况，其中股票支付方式并购，公
开竞价并购和重大资产并购数量呈上升趋势，其中重大资产并购增长最快。
同时关联并购和同属管辖并购的数量也有所增长，但增长较缓。

表 3 – 17　　　　2009～2018 年不同并购特征下并购行业分布情况　　单位：起

行业门类	行业门类代码	并购总数	股票并购	公开竞价	关联并购	重大并购	同属并购
农、林、牧、渔业	A	186	30	9	49	16	80
采矿业	B	393	86	37	214	52	194
制造业	C	8395	1409	855	2908	1086	3911
电力、热力、燃气及水生产和供应业	D	609	87	79	330	63	390
建筑业	E	342	56	34	146	42	171
批发和零售业	F	802	133	107	342	115	465
交通运输、仓储和邮政业	G	378	63	52	233	42	263
住宿和餐饮业	H	44	7	5	20	9	26
信息传输、软件和信息技术服务业	I	1382	349	69	375	285	506
金融业	J	187	29	29	67	42	89
房地产业	K	1411	93	694	323	71	598
租赁和商务服务业	L	287	60	42	105	51	140
科学研究和技术服务业	M	151	32	15	45	26	71
水利、环境和公共设施管理业	N	231	62	15	88	27	105

---

① 由于 CSMAR 数据库中缺失同属管辖并购的分类，该数据由笔者手工整理，主并公司和目标公司的注册地为同一省，即为同属并购。

续表

行业门类	行业门类代码	并购总数	股票并购	公开竞价	关联并购	重大并购	同属并购
教育	P	33	5	8	11	6	11
卫生和社会工作	Q	92	15	2	36	16	47
文化、体育和娱乐业	R	269	83	11	106	63	90
综合	S	100	18	12	43	17	47
合计	—	15292	2617	2075	5441	2029	7204

资料来源：笔者根据 CSMAR 数据库资料整理。

表 3 – 18　　　　　　　　不同并购特征下并购的交易数量情况　　　　　　单位：起

年份	股票并购	公开竞价	关联并购	重大并购	同属并购
2009	132	145	388	56	533
2010	171	240	515	47	658
2011	109	222	464	34	631
2012	116	196	445	62	595
2013	184	184	498	83	716
2014	377	166	536	302	782
2015	549	194	713	523	869
2016	484	198	700	462	811
2017	277	257	577	249	800
2018	218	273	605	211	809
合计	2617	2075	5441	2029	7204

资料来源：笔者根据 CSMAR 数据库资料整理。

第四章

并购公司管理层业绩预告披露行为

　　管理层业绩预告是公司向投资者及时传递公司经营业绩状况的重要形式，也是投资者获取公司前瞻性信息的重要途径。证券市场的迅猛发展使得投资者越来越重视前瞻性预测信息。真实的管理层业绩预告有助于缓解管理层与投资者之间的信息不对称（Ajinkya and Gift, 1984），进而提高股票市场流动性（Diamond and Verrecchia, 1991），对投资者进行合理投资决策和维持股市健康发展具有重要作用。管理层业绩预告在公司并购期间彰显出更为重要作用。与非并购情境相比，并购情境下管理层业绩预告具有更大的经济后果。

　　那么，与非并购公司相比，并购公司管理层业绩预告披露行为是否存在选择性？这是本章拟研究的基础问题。纪新伟和宋云玲（2011）通过对业绩预告"变脸"现象进行研究发现，管理层业绩预告披露可能存在操纵行为。罗玫和宋云玲（2012）研究发现，业绩预告和业绩修正公告本身都具有显著的信息含量，但投资者更相信在会计年度结束后发布的业绩预告，业绩预告修正使上市公司以后年度发布的业绩预告的可信度受到强烈质疑，股市对有修正历史的上市公司的业绩预告反应强度明显低于无修正历史公司的业绩预告；在近期三年内业绩修正次数越多，与最近年度业绩修正时间间隔越短，业绩预告可信度受质疑的程度越大。潘宏（2012）从投资者有限关注的视角研究了上市公司业绩预告披露行为，其研究发现，管理层业绩预告披露存在明显的择机偏好。周冬华和赵玉洁（2013）的研究认为，CEO 权力和董事会的稳定性都会影响到管理层业绩预告的质量水平和及时性，并且管理层业绩预告存在自利操控现象，对好消息业绩预告上市公司管理层会基于市值管理的考虑，具有更为强烈的自利动机来操纵业绩预告。管理层在并购前对业绩预告进行选择性披露产生的最直接经济后果是，提高了价值毁损型并购的完成概率，扭曲了并购的真正目的，影响了资源有效配置，从长远看将影响到产品和产业结构的优化升级。以上研究表明，管理层存在业绩预告选择性披露行为，而市场投资者将对该选择性披露行为作出反应。

当前，我国证券市场对业绩预告披露的监管措施和处罚力度都相对比较薄弱，对管理层业绩预告披露规范的规定较为粗略，管理层具有更大的业绩预告披露操纵空间。在此背景下，研究中国上市公司在并购前管理层业绩预告的披露行为，对于证券市场监管部门完善管理层业绩预告披露制度和投资者理性评估管理层业绩预告具有重要意义。本章从管理层业绩预告的披露意愿、披露精确度以及披露准确性三个方面，较为系统地考察了并购前管理层业绩预告的披露行为，为中国资本市场监管者完善管理层业绩预告制度和投资者理性评估管理层业绩预告，提供经验证据和决策支持，同时也有助于完善并购公司管理层业绩预告披露行为研究。

本章的结构安排如下：第一节是理论分析和假设提出；第二节是研究设计；第三节是实证结果与分析；第四节是本章小结。

第一节　理论分析与假设提出

一、管理层业绩预告的披露意愿分析

管理层业绩预告和财务报告是管理层与投资者之间的沟通媒介。这种媒介经常失灵，原因在于管理层比投资者更加了解企业战略和运作情况、管理层往往难以与所有股东达成利益相容局面，以及会计规则和审计的规范无法达到完美无缺。

首先，信息优势方面。管理层由于其受过正规教育、具有丰富的工作经验和投资运营的技能而被聘用，因而相较于投资者掌握着更多的信息资源，在解读公司当前情况和预测公司未来绩效方面比外部投资者更具优势，管理

层业绩预告会影响到股票价格。在并购情境下，管理层能力尤为凸显，导致管理层信息不对称问题更为严峻。在这种情况下，并购公司管理层更有"资本"（亦即信息优势）来操纵业绩预告。

其次，利益相容方面。管理层与投资者之间的目标分歧，可能导致管理层以自利为准绳来决定信息披露行为。虽然薪酬制度能够有助于缓解目标分歧而导致的利益相容问题，但是要通过合同来促使管理层和投资者实现利益相容，成本太高。实践中，经理人个人回报和职业安全与盈余相捆绑。詹森和墨菲（Jensen and Murphy，1990）研究发现，经理人薪酬最具决定性的因素是盈余水平。迪安基洛（DeAngelo，1990）研究认为，盈余信息会在经理人和在位股东之间的控制权争夺方面扮演着重要角色。莫克尔等（Morck et al.，1988）研究认为，盈余欠佳增加了敌意收购威胁，从而导致管理层变更。并购情境下，管理层与投资者之间的利益相容问题更为严重，从而需要得到深入分析。利益分歧成为管理层操纵业绩预告的主要原因，利益分歧下私利最大化成为管理层操纵业绩预告的主要动机。

最后，监督执行方面。根据阿克洛夫（Akerlof，1970）、斯彭斯（Spence，1973）和罗斯（Ross，1979）的研究观点，在存在激励问题的市场环境下，声誉和第三方认证促进了市场有效运作。会计准则为管理层如何制定会计决策和投资者如何解读这些决策提供了向导。但是，会计准则和审计报告也很难完全杜绝盈余管理。并购情境下，并购决策具有更大影响，从而要求加强对管理层进行监督。如果监督执行不力，将会给管理层操纵业绩预告提供空间。

因此，基于信息不对称理论，管理层具有操纵业绩预告的资质（信息优势）、动机（利益不相容）和机会（监督不到位），从而导致管理层业绩预告在披露形式等方面存在选择性行为。管理层在进行盈余预测时，会为了公司利益或自身利益，采取选择性盈余预测披露行为。根据股票报酬假说，由于管理层和投资者之间存在信息不对称，管理层为了能在将来以低成本购买股票，在股票期权授予前会发布更多盈余预测坏消息来降低股价（Aboody and Kasznik，2000；Cheng and Lo，2006）。布罗克曼等（Brockman et al.，2008）研究表明，管理层在股票回购前会披露更多盈余预测的坏消息来降低股价，从而以较低成本实现股票回购。这些研究表明，管理层盈余预测的消息属性会影响股票价格表现。

　　并购情境下，并购公司为了降低并购成本，会在并购前通过积极的盈余管理来提高其股票的市场价值。埃里克松和王（Erickson and Wang，1999）利用琼斯模型对 1985～1990 年间的 55 起换股并购样本进行检验，发现在并购协议前收购公司存在正向的异常操纵性应计。路易斯（Louis，2004）通过对 1992～2000 年间的 236 起换股并购样本进行检验也发现了同样证据，在并购前一个季度存在正向的异常操纵性应计。博萨里和米克斯（Botsari and Meeks，2008）通过对 1997～2001 发生在英国的 42 起换股并购样本进行检验，发现在并购前一年存在异常高的操纵性应计。这些证据表明，并购前管理层有动机采取选择性行为来提高其股票价格表现。

　　张馨艺等（2012）基于 2001～2008 年中国 A 股上市公司业绩预告样本，研究了高管持股对择时信息披露行为的影响，以及市场对择时披露信息的反应。研究发现，中国 A 股上市公司在业绩预告时存在择机行为：好消息更倾向于在交易日披露，坏消息更倾向于在休息日披露；高管持股比例会显著影响择时行为，高管持股比例越高的公司，进行择时披露的可能性也越高。李善民等（2009）基于委托—代理理论，研究了公司并购是否源于高管谋取个人私有收益目的，发现高管通过并购获得了更高的薪酬和在职消费，管理者持股水平有助于缓解股东价值毁损型并购行为。这表明，由于存在代理关系，高管可能借助于并购来获得私人收益，而持股有助于缓解该代理问题。这表明，公司并购存在管理层操纵可能性。

　　根据信号传递理论和股票回报假说，为了获得较高的股票价格，并购前并购公司管理层往往会发布更多的盈余预测好消息。利好消息一方面向并购公司股东传递了积极的管理层能力信号，表明公司管理层有能力促成净现值为正的并购获得成功，并购不会对其投资收益有负面影响，从而增强其对并购的支持，消除其对并购的疑虑；另一方面也向目标公司股东传递了并购公司积极的管理层能力信号，表明并购能改善其现有公司管理，获得更好业绩表现。郎等（Lang et al.，1989）以 1968～1986 年间成功的要约收购为研究样本，检验了托宾 q 差异对并购收益的影响，他们发现，具有高托宾 q 的收购公司股东比低托宾 q 的收购公司股东获得了更多并购收益，同时也表明了管理绩效较好的公司收购管理绩效较差的公司能获得更高的收购方，目标方和总体并购收益。此外，如果并购公司需要发行新股来支付并购成本，利好消息能使公司获得较好新股价格，从而降低并购成本。

根据以上分析，本章提出以下假设。

假设4.1：与非并购公司相比，并购公司管理层在并购前倾向于发布好消息业绩预告。

具体而言，这种披露选择体现在对好消息业绩预告和坏消息业绩预告披露行为上的差异。为此，本章提出以下具体研究假设。

假设4.1a：与非并购公司相比，并购公司管理层好消息业绩预告披露意愿在并购前比并购后显著更高。

假设4.1b：与非并购公司相比，并购公司管理层坏消息业绩预告披露意愿在并购前比并购后显著更低。

二、管理层业绩预告的披露精确度分析

根据印象管理理论，管理层发布盈余预测信息时，不仅会考虑发布什么属性的盈余预测信息，而且还会考虑以什么形式向投资者发布盈余预测信息。根据管理层预测信息对未来盈余估计的精确度，盈余预测信息的形式包括点估计、闭区间估计、开区间估计和定性预测。通常情况下，管理层在发布盈余预测时会选择一个较为宽松的估计，不言而喻在没有外部强制性要求的情况下，管理层不会考虑发布高精度的预测（点估计预测）（Leone and Rock，2002）。高精度预测将使管理层面临更大的错误估计的概率，如果随后没有实现其预测，管理层的正直性和能力将遭受投资者的质疑（Graham et al.，2005），致使其声誉遭受损失。

在常规情境下，管理层通过盈余预测只是向投资者提供一个对公司未来盈余导向性的展望，而在并购前管理层发布盈余预测有其特定目的。巴金斯基等（Baginski et al.，1993）研究发现，相对于低精度预测，投资者对高精度预测有更大的市场反应。卡拉马努和瓦菲亚斯（Karamanou and Vafeas，2005）研究认为，高精度盈余预测向投资者传递了更多的管理层预期，对投资者进行合理投资决策有更大价值。根据信号传递理论，并购前管理层发布盈余预测，一方面，是为了说服公司股东支持其并购，高精度盈余预测向股东传递了积极信号，使其相信管理层对并购前景信心十足，有利于管理层劝服对并购决策持有疑虑的股东，从而增加股东对并购的支持；另一方面，根

据资本市场交易假说，管理层发布高精度盈余预测，有利于管理层与目标公司在谈判中降低并购价格，从而降低并购成本。此外，如果存在竞争性并购的话，管理层高精度盈余预测向目标公司展示了更为确定的未来盈余，增强目标公司对其业绩预告的信赖，从而有利于达成并购。

根据以上分析，本章提出以下假设。

假设4.2：与非并购公司相比，并购公司管理层在并购前倾向于发布高精确度业绩预告。

三、管理层业绩预告的披露倾向分析

根据印象管理理论，管理层在发布盈余预测时，除了考虑发布盈余预测信息的属性和精确度外，还会对盈余预测信息的倾向性进行选择。在没有外部激励的情况下，管理层会尽力发布准确的盈余预测信息。同时，根据信号传递理论，管理层预测准确时反映了管理层胜任能力（Tan et al.，2002），反映了其对公司经济环境变化的预测能力和产品计划的调整能力（Trueman，1986）。准确预测能使管理层拥有良好的预测声誉，从而增强了市场对其后续预测的可信度。预测误差不是随机的，会随着管理层接受的激励机制和市场识别其预测误差能力的变化而变化（Rogers and Stocken，2005）。当市场对管理层预测误差的识别能力较强时，管理层会发布准确度较高的预测信息；当市场对管理层预测误差的识别能力较弱时，管理层有激励发布偏差的预测信息。郎和伦德霍姆（Lang and Lundholm，2000）研究发现，增发新股前乐观的盈余预测信息披露会增加，而悲观盈余预测信息则减少，从而认为管理层为提高股价会发布乐观的盈余预测信息。

以上研究文献表明，在动机充分的情况下，管理层在盈余预测信息发布上可能具有选择性行为。并购前管理层受到的激励机制发生了变化，投资者更难以去评价管理层业绩预告的可靠性，亦即市场对管理层预测误差的识别能力变弱了。为了使并购成功并获得高额的并购收益，管理层有动机发布乐观的盈余预测信息。在并购前管理层为了树立公司和自己在市场上的良好形象，通常会进行"印象管理"。由于业绩预告披露的信息中除了定量信息外，还有许多定性信息，这就为管理层进行"印象管理"提供了择机空间。对于好消息业绩预告，管理层会夸大其词，美化公司未来绩效，并归因为公司内部管理的改善或自己的能力。对于坏消息业绩预告，往往避重就轻，模糊其影响，并归因为个人无法控制的外部因素。这种经由"印象管理"后的业绩预告信息，就具有乐观倾向。

根据以上分析，本章提出以下假设。

假设 4.3：与非并购公司相比，并购公司并购前管理层会倾向于发布乐观性业绩预告。

四、管理层业绩预告披露行为在强制性与自愿性披露情境下的差异性分析

从我国管理层业绩预告制度演化的过程来看，我国对上市公司业绩预告的相关制度规定以强制性披露为主。只要公司预测业绩在披露要求的范围内就必须进行披露，这样绝大多数管理层业绩预告属于强制性披露，预告类型主要包括首亏、续亏、预增和预减。但是，也存在一些并未在业绩预告强制披露标准范围内的上市公司，对业绩预告进行了自愿性披露，预告类型主要包括变动幅度较小的略增、略减和续盈。韩传模和杨世鉴（2012）利用 2007～2010 年上市公司业绩预告季度样本数据，检验了业绩预告披露自愿性对业绩预告质量的影响情况，发现业绩预告自愿性披露与业绩预告质量显著相关。相对于强制性披露，自愿性披露业绩预告的精确度、准确度和及时性都显著提高，而且自愿性披露的信息关注度也更高，能够受到更多分析师跟踪。这表明自愿披露业绩预告能显著提高信息质量并得到分析师认可。为了更好地分析管理层业绩预告的选择性披露行为，本书认为有必要对并购前两种披露方式（强制性披露和自愿性披露）在披露行为（披露意愿、披露精确度和披露准确性）方面进行差异分析。

在披露意愿方面，相比较强制披露而言，并购公司在进行自愿性披露时具有较大选择权，可以有选择地披露利好消息。根据资本市场交易假说和股票报酬假说，有理由相信，为了提高股东对并购交易的支持度和降低并购交易成本，相对于强制性披露而言，并购前管理层在进行自愿性披露时会披露更多的业绩预告好消息，而对坏消息披露不足（或不披露）。

在披露精确度方面，外部机制提供的信息与管理层提供的信息具有一定程度的替代关系。替代程度越高，披露精确度对市场的影响作用就越小（Baginski and Hassell，1997）。相对于强制性披露公司，自愿性披露公司的业绩波动性较小，在资本市场上有较好声誉，投资者通过外部机制（分析师、同业协会、竞争者和监管者等）可以获得充分信息，并形成理性预期。因此，根据信号传递理论，自愿性披露情境下披露精确度对市场的影响较小，管理层进行高精确度披露获得的收益较少，而未能实现的高精确度业绩预告所引发的声誉损失的成本较大，因此管理层会选择精确度相对低的形式进行业绩预告。而对于强制性披露公司来说，其业绩波动性较大，在资本市场上声誉较差，投资者难以对其形成较为准确的预期，也就是说管理层与投资者之间的信息不对称程度较大；在这种情况下，由于高精确度披露对市场影响较大，信号传递效应带来的收益大于其声誉损失成本，因此管理层会选择较高确精度形式对业绩预告进行披露。

在披露准确性方面，根据印象管理理论，自愿性披露的乐观披露程度更低。究其原因，在于自愿性披露公司其业绩波动性较小，在资本市场上拥有较好声誉，投资者通过外部机制可以获得充分信息，并形成理性预期。而进行"印象管理"存在一定风险，如果未来真实业绩没有达到业绩预告所披露的预期业绩，那么将对公司管理层声誉产生负面影响。因此，自愿性披露公司管理层在业绩预告上进行"印象管理"动机较弱，这就降低了其在进行业绩预告披露时的乐观倾向。

基于以上分析，本章提出以下假设。

假设4.4：并购前，自愿性披露公司的业绩预告披露行为与强制性披露公司的业绩预告披露行为存在差异。

该研究假设的具体子假设如下：

假设4.4a：并购前，相对于强制性披露公司，自愿性披露公司将披露更多业绩预告好消息，而对业绩预告坏消息披露不足。

假设4.4b：并购前，相对于强制性披露公司，自愿性披露公司在业绩预告披露时倾向于选择精确度较低的披露行为。

假设4.4c：并购前，相对于强制性披露公司，自愿性披露公司在业绩预告披露时倾向于选择准确性较高的披露行为。

第二节　研究设计

一、样本选择与数据来源

本章上市公司并购事件基本数据来源于 CSMAR 数据库并加以手工整理①。以 2009～2018 年间沪深两地的 A 股上市公司发生的并购事件为观测对象，并进行了以下删除程序：第一，剔除了并购失败的数据；第二，若同一季度上市公司进行多次并购活动，仅保留交易规模最大的并购事件；第三，年度内在不同会计期间连续并购的，仅保留首次并购；第四，并购特征相关资料不完整或实行特殊财务政策的金融保险类上市公司以及 ST 类上市公司的并购事件。经过上述筛选程序，本章共得到 3767② 个有效的并购事件样本。

为了有效地考察并购事件对业绩预告披露行为的影响，消除变化经济环境对业绩预告披露行为的影响，笔者选择了一对一匹配的非并购公司样本作为控制组。根据并购样本，笔者进行了以下匹配程序：首先，找出同行业和同报告期 ROA 与并购公司 ROA 最接近的上市公司，上下浮动比例为 20%；其次，如果前一步匹配中有多个上市公司，选择公司规模最接近的上市公司为匹配公司。并且在整个报告期内匹配过的公司就不再匹配。经过这一匹配程序，笔者获得了 2781 个并购样本和 2781 个匹配样本，对匹配样本分别设定与并购公司相同的并购公告日和并购完成日。业绩预告基本数据来源于 Wind 中国金融数据库并加以手工整理，以 2009～2018 年中国沪深两市 A 股上市公司的业绩预告为观测对象，如果公司对同一会计期间有多次业绩预告，保留最后一次业绩预告。并将业绩预告样本与并购样本以及匹配样本按照公司代码进行匹配，重点考察每个并购事件在并购公告日前（－90，－30）和

---

① CSMAR 数据库的并购数据中没有同属管辖并购的分类，笔者进行了手工填补。

② 由于 CSMAR 数据库中并购的"交易完成日期"缺失很多，本章可获得有效并购样本数不是很多。

与之相对应的并购完成日后（30，90）两个窗口的公司业绩预告披露行为（如图 4 - 1 所示）。并购事件窗口选择从并购公告日前 90 天开始是基于埃里克松和王（Erickson and Wang，1999）的经验证据的考虑，他们的研究认为，在并购公告日前大约 1 个季度以前，管理层会进行向上的盈余管理。并购前窗口结束于并购公告日前 30 天，主要考虑的是并购信息泄露的问题，施沃特（Schwert，1996）的研究发现，市场可能在并购公告日前大约 1 个月就预期到了并购事件。

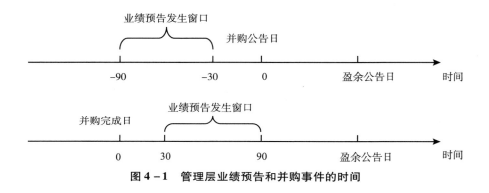

图 4 - 1　管理层业绩预告和并购事件的时间

此外，本章删除了财务数据不全或缺失的样本，财务数据来自 CSMAR 和 Wind 金融数据库。值得注意的是，本章的样本中包括了不披露、披露好消息和坏消息业绩预告三种披露行为的观测对象。为了控制异常值的影响，本书对连续变量 1% 以下和 99% 以上的分位数进行缩尾处理。

二、变量定义和研究模型

（一）变量定义

由于管理层的业绩预告披露行为主要表现在对业绩预告的披露意愿、披露的精确性和披露的准确性三个方面。因此本章的管理层业绩预告的因变量有三类，具体如表 4 - 1 所示。

表 4 – 1　　　　　　　　　　　　　变量定义和度量

变量类型	变量名称	代码	变量的定义和度量	文献支持
因变量	披露意愿	gn	披露好消息为1，否则为0	Baginski et al.，1993；Baginski and Hassell，1997；Ajinkya et al.，2005；Choi et al.，2010；Ettredge et al.，2013
		bn	披露坏消息为1，否则为0	
	披露精确度	prci1	点估计预测为3，闭区间为2，开区间为1，定性为0	
		prci2	点预测为10，闭区间根据区间宽窄按各个年度和季度分为10组，并由大到小排序赋值为0－9	
	披露准确度	fe1	预告偏差取绝对值，即为丨（预告净利润－实际净利润)／上期末权益市值丨	
		fe2	预告绝对误差大于10%为1，否则为0	
自变量	预告时间	pre	并购前（－90，－30）内为1，否则为0	—
	是否并购	ma	发生并购事件为1，否则为0	
	披露方式	vd	预告类型为略增、略减、续盈和不确定为1，否则为0	
控制变量	公司规模	size	上期末总资产取自然对数	Penman，1980；Waymire，1984；McNichols，1989；Kasznik，1999；Kasznik and Lev，1995；King，1996；Nagar et al.，2003；Botosan and Plumlee，2002；Skinner and Sloan，2002；Baginski and Hassell，1997；Bamber and Cheon，1998；Ashbaugh-Skaife et al.，2007；Rogers and Stocken，2005；Ajinkya et al.，2005；Karamanou and Vafeas，2005；Baginski et al.，2002；Hutton and Stocken，2007；Brockman et al.，2008；Choi et al.，2010；Cheng et al.，2013
	成长性	mb	上期末权益市值／上期末权益账面价值	
	盈利能力	roa	上期净利润／上期末总资产	
	偿债能力	lev	上期末总负债／上期末总资产	
	盈余惯性	hpr	业绩预告前一年的股票持有收益	
	盈余波动	sd	业绩预告前一年的日股票收益率标准差	
	当期亏损	loss	当期亏损为1，否则为0	
	上市地点	adslist	深交所上市为1，否则为0	
	盈余变化	epsup	本期盈余较上期增长为1，否则为0	
	间隔天数	fhrz	预告日距报告日的间隔天数取自然对数	
	盈余管理	em	依据科塔里等（Kothari et al.，2005）计算的操控性应计	
	管理层持股	mhld	管理层持股比例	
	股权集中	shfst	第一大股东持股比例	
	机构持股	inst	机构投资者持股比例	
	行业	incd	哑变量	
	季度	quat	哑变量	
	年度	year	年度哑变量	

1. 度量业绩预告披露意愿的因变量。根据披露业绩预告的消息属性分为好消息和坏消息，分别设定了两个哑变量。一个是对披露好消息赋值为1，否则为0，好消息的预告类型为预增、略增、续盈和扭亏四种类型。另一个是对披露坏消息赋值为1，否则为0，坏消息的预告类型为首亏、续亏、预减和略减四种类型。

2. 度量业绩预告披露精确度的因变量。分别设定了两个指标，一个是度量业绩预告披露精确度的形式，点预测为3，闭区间预测为2，开区间预测为1，定性预测为0。另一个是度量业绩预告披露精确度的程度（只包括点预测和闭区间预测），点预测赋值为10，闭区间根据区间的宽窄按各个年度和季度分为10组，并由大到小排序分别赋值为0~9。

3. 度量业绩预告披露准确性的因变量。分别设定了两个指标，一个是度量业绩预告偏差大小，为预告净利润与实际净利润之差与上期末权益市值相除后取绝对值。其中，预告净利润的计算、点预测取点预测值、闭区间预测取中间值、开区间预测取上下限值。另一个是度量业绩预告乐观程度。首先计算业绩预告绝对误差，为预告净利润与实际净利润之差与实际净利润的比值。接着如果业绩预告绝对误差大于10%，定义为乐观；如果业绩预告绝对误差小于 -10%，定义为悲观；如果业绩预告绝对误差不超过10%，定义为准确。最后对乐观业绩预告赋值为1，否则为0。此外其余变量的具体定义见表4-1。

（二）研究模型

为了对研究假设进行检验，我们构建了式（4-1）基础研究模型：

$$DiscProxy = \beta_0 + \beta_1 ma + \beta_2 pre + \beta_3 ma \times pre + \beta_4 vd + \beta_5 pre \times ma \times vd$$
$$+ \gamma_i controls + \varepsilon \qquad (4-1)$$

其中，$DiscProxy$ 为披露意愿、披露精确度或披露准确性；ma 并购公司为1，哑变量；pre 并购前（ -90， -30）为1，哑变量；$controls$ 为控制变量，分别包括：公司规模、公司成长性、资产负债率、公司盈余变化、盈余波动性、盈余惯性、盈余管理、管理层持股比例、股权集中度、机构持股比例、行业、季度和年份等。值得一提的是，对业绩预告披露意愿检验采用的是 Logit 回归分析，对业绩预告披露精确度检验采用的是有序 Logit 回归和 OLS 回归分析，对业绩预告准确性检验采用的是 OLS 和 Logit 回归分析，并且在进行模型估计时，本章使用了 Huber/White/Sandwich 稳健的估计方法，降低了组内序列相关的影响。

第三节　实证结果与分析

一、描述性统计与分析

表4-2分别给出了并购公司和匹配公司样本的描述性统计分析。从表4-2中可以看出，并购公司与匹配公司的公司特征变量的均值和中位数差别都不大，而业绩预告披露的变量存在差异。相比较匹配公司，并购公司好消息业绩预告较多而坏消息业绩预告较少、披露精确度较高、披露误差较大，并且更倾向于乐观披露。

表4-2　　　　　　　　　样本的描述性统计

类别	变量	样本数	均值	中位数	最小值	最大值	标准差
Part A：并购公司	bn	5562	0.129	0.000	0.000	1.000	0.302
	gn	5562	0.369	0.000	0.000	1.000	0.485
	$preci1$	2832	1.959	2.000	0.000	3.000	0.352
	$preci2$	2772	5.622	5.000	0.000	10.000	2.948
	$fe1$	2772	0.003	0.002	0.000	0.045	0.005
	$fe2$	2772	0.273	0.000	0.000	1.000	0.409
	$size$	5562	21.820	21.720	19.560	24.990	1.036
	mb	5562	4.818	3.703	0.761	24.260	3.940
	roa	5562	0.023	0.017	-0.074	0.149	0.031
	lev	5562	0.476	0.499	0.057	0.954	0.212
	hpr	5562	0.389	0.191	-0.555	2.929	0.711
	sd	5562	0.035	0.033	0.013	0.067	0.012
	$epsup$	5562	0.658	1.000	0.000	1.000	0.474

续表

类别	变量	样本数	均值	中位数	最小值	最大值	标准差
Part A：并购公司	em	5562	0.070	0.031	−4.115	5.255	11.213
	loss	5562	0.128	0.000	0.000	1.000	0.334
	fhrz	2832	3.963	4.078	0.693	6.031	0.863
	adslist	5562	0.797	1.000	0.000	1.000	0.402
	mhd	5562	0.173	0.000	0.000	0.603	0.087
	shfst	5562	0.357	0.346	0.056	0.990	0.157
	inst	5562	0.195	0.224	0.000	0.789	0.134
Part B：匹配公司	bn	5562	0.160	0.000	0.000	1.000	0.337
	gn	5562	0.318	0.000	0.000	1.000	0.460
	preci1	2680	1.853	2.000	0.000	3.000	0.424
	preci2	2625	4.331	4.000	0.000	10.000	3.050
	fe1	2625	0.002	0.001	0.000	0.028	0.004
	fe2	2625	0.253	0.000	0.000	1.000	0.435
	size	5562	21.820	21.730	19.560	24.990	0.999
	mb	5562	4.575	3.583	0.761	24.260	3.600
	roa	5562	0.021	0.016	−0.074	0.149	0.033
	lev	5562	0.474	0.497	0.055	0.960	0.216
	hpr	5562	0.322	0.162	−0.555	2.929	0.661
	sd	5562	0.034	0.031	0.013	0.067	0.012
	epsup	5562	0.638	1.000	0.000	1.000	0.481
	em	5562	−0.032	−0.010	−7.142	7.346	15.768
	loss	5562	0.143	0.000	0.000	1.000	0.350
	fhrz	2680	3.843	4.143	0.693	6.983	0.870
	adslist	5562	0.689	1.000	0.000	1.000	0.463
	mhd	5562	0.184	0.000	0.000	0.683	0.107
	shfst	5562	0.365	0.351	0.048	0.990	0.160
	inst	5562	0.185	0.210	0.000	0.692	0.101

二、分组检验

表 4 – 3 给出了并购公司和匹配公司并购前后的业绩预告披露行为差异分析。

表 4 – 3   并购公司与匹配公司并购前后的业绩预告披露行为差异分析

类别	组别	披露选择	并购前	并购后	t-检验
Part A：披露意愿	并购公司	好消息	0.415	0.323	2.56 ***
		坏消息	0.103	0.155	− 3.14 **
	匹配公司	好消息	0.324	0.312	0.53
		坏消息	0.159	0.161	− 0.69
	DID	好消息			3.17 **
	DID	坏消息			− 2.06 *
Part B：披露精确度	并购公司	均值	2.132	1.786	2.96 ***
	匹配公司	均值	1.846	1.860	− 0.61
	DID				3.75 ***
Part C：披露准确性	并购公司	乐观	0.321	0.225	2.13 **
		悲观	0.218	0.220	− 0.04
	匹配公司	乐观	0.255	0.251	0.48
		悲观	0.221	0.212	0.38
	DID	乐观			1.09 **
	DID	悲观			− 0.26

注：* 、** 、*** 分别表示双尾显著性水平 10% 、5% 、1% 。

从 Part A 可以看出，相比较匹配公司，并购公司并购前后好消息和坏消息业绩预告披露意愿具有显著差异。就好消息业绩预告而言，并购前披露了 41.5% ，而并购后披露了 32.3% ，其差异（41.5% − 32.3% = 9.2%）在 1% 的水平上显著（t 值为 2.56）。而匹配的非并购公司并购前披露了 32.4% 的好消息业绩预告，并购后披露了 31.2% 的好消息业绩预告，其差异（32.4% −

31.2% = 1.2%）在统计上不显著（t 值为 0.53）。接着再比较并购公司与匹配公司并购前后好消息业绩预告披露差异（9.2% − 1.2% = 8%），倍差检验（difference-in-differences test）在 5% 的水平上显著（t 值为 3.17）。这表明并购公司在并购前倾向于披露更多的好消息业绩预告，与假设 4.1 相一致。同样，对坏消息业绩预告，倍差检验在 10% 的水平上显著，这说明在并购前管理层披露了更少的坏消息业绩预告。

Part B 给出了并购公司和匹配公司在并购前后管理层业绩预告披露精确度的差异分析，根据前文定义的业绩预告精确度形式的排序值，对其在并购前后均值进行倍差检验。并购公司并购前业绩预告精确度均值为 2.132，并购后业绩预告的精确度均值为 1.786，其差异（2.132 − 1.786 = 0.346）在 1% 的水平上显著（t 值为 2.96）；匹配公司并购前业绩预告精确度均值为 1.846，并购后业绩预告的精确度均值为 1.860，其差异（1.846 − 1.860 = −0.014）在统计上不显著（t 值为 −0.61）。倍差检验进一步比较两者的差异结果在 1% 的水平上显著，这表明相比匹配公司，并购公司在并购前更多地披露了精确度较高的业绩预告，这初步地支持了假设 4.2。

Part C 给出了并购公司和匹配公司在并购前后业绩预告披露准确性的差异分析，根据前述对业绩预告乐观和悲观倾向的定义，对其在并购前后的披露频率进行倍差检验。就乐观披露而言，并购公司并购前披露了 32.1% 的乐观业绩预告，并购后披露了 22.5% 的悲观业绩预告，其差异（32.1% − 22.5% = 9.6%）在 5% 的水平上显著（t 值为 2.13）；匹配公司在并购前披露了 25.5% 的乐观业绩预告，在并购后披露了 25.1% 的乐观业绩预告，其差异（25.5% − 25.1% = 0.4%）在统计上不显著。倍差检验进一步比较两者的差异结果在 5% 的水平上显著。这表明并购前并购公司的业绩预告具有乐观倾向，与假设 4.3 一致。

三、多元回归分析

由于本章变量较多，笔者检验的主要变量相关关系表没有给出，检验结果表明本章涉及的变量之间的相关系数均小于 0.5，变量之间的多重共线性对本章研究模型的影响较小。

表 4 − 4 给出了好消息和坏消息业绩预告披露意愿的 Logit 的回归结果。

模型 1 ~ 模型 4 是对好消息披露意愿的检验。模型 1 和模型 2 检验了并购公司并购前好消息业绩预告披露意愿，检验结果显示，变量 *pre* 与 *ma* 的交互项在 5% 的水平上显著为正，这表明相比较匹配公司，并购公司在并购前较并购后披露了更多好消息业绩预告，进一步检验自愿披露与强制披露对并购公司在并购前披露好消息意愿的影响。模型 3 的回归结果显示，变量 *pre*、*ma* 和 *vd* 三者的交互项在 5% 的水平上显著。模型 4 的回归结果显示，变量 *pre*、*ma* 和 *vd* 三者的交互项在 10% 的水平上显著，这说明相比较匹配公司，并购前并购公司自愿披露了更多的好消息业绩预告。模型 5 ~ 模型 8 检验了坏消息业绩预告的披露意愿。模型 5 的回归结果显示，变量 *pre* 和 *ma* 的交互项在 5% 的水平上显著为负。模型 6 的回归结果显示，变量 *pre* 和 *ma* 的交互项在 10% 的水平上显著为负。这些表明了相比较配比公司，并购前并购公司较少地发布了坏消息业绩预告。进一步分析自愿披露方式对并购公司并购前坏消息业绩预告披露的影响。模型 7 的回归结果显示，变量 *pre*、*ma* 和 *vd* 三者的交互项在 5% 的水平上显著为负。模型 8 的回归结果显示，变量 *pre*、*ma* 和 *vd* 三者的交互项在 10% 的水平上显著为负。这些说明了相比匹配公司，并购公司在并购前较并购后更少地自愿披露坏消息业绩预告。

表 4 – 4　　　　　　　　　　业绩预告披露意愿的 Logit 回归分析

变量	gn				bn			
	模型 1	模型 2	模型 3	模型 4	模型 5	模型 6	模型 7	模型 8
pre	0.104 ** (2.30)	0.153 * (1.84)	0.365 ** (2.46)	0.136 ** (2.23)	− 0.206 ** (− 2.09)	− 0.171 (− 1.22)	− 0.139 * (− 1.76)	− 0.031 (− 0.41)
ma	0.312 ** (2.12)	0.103 (1.36)	0.233 ** (2.34)	0.122 (1.03)	− 0.302 ** (− 2.38)	− 0.332 ** (− 2.36)	− 0.253 (− 1.38)	− 0.121 (− 1.03)
pre × ma	0.074 ** (2.41)	0.062 ** (2.01)	0.121 * (1.80)	0.103 * (1.67)	− 0.241 ** (− 2.21)	− 0.210 * (− 1.90)	− 0.104 * (− 1.79)	− 0.028 (− 1.60)
vd			2.895 *** (13.90)	2.794 *** (15.59)			− 1.818 *** (− 8.51)	− 2.650 *** (− 7.60)
pre × vd × ma			0.179 ** (2.43)	0.314 * (1.87)			− 0.435 ** (− 2.31)	− 0.726 * (− 1.80)

续表

变量	gn				bn			
	模型 1	模型 2	模型 3	模型 4	模型 5	模型 6	模型 7	模型 8
size		-0.089** (-2.23)		-0.011* (-1.68)		-0.046 (-0.58)		-0.004 (-0.08)
mb		0.007 (0.69)		0.004 (0.39)		-0.029 (-0.61)		-0.047 (-0.94)
roa		5.939*** (5.70)		9.800*** (6.79)		-30.791*** (-7.57)		-33.937*** (-9.80)
lev		0.539** (2.47)		1.172*** (4.27)		-0.342 (-1.10)		-0.065 (-0.16)
hpr		0.424*** (7.35)		0.465** (1.91)		-0.328*** (-3.48)		-0.269** (-2.43)
sd		-0.250 (-1.64)		-1.634** (-1.87)		-1.671* (-1.78)		-2.619** (-2.42)
epsup		0.055 (1.07)		0.142* (1.84)		-0.401*** (-3.82)		-0.445*** (-4.12)
loss		-3.560*** (-7.43)		-3.290*** (-5.20)		1.185*** (7.69)		1.321*** (8.46)
em		0.119 (0.61)		0.339 (0.51)		-0.037 (-0.09)		-0.084 (-0.35)
adslist		0.836*** (9.99)		0.518*** (5.67)		1.092*** (7.38)		0.849*** (5.37)
mhd		0.725** (2.06)		0.347* (1.73)		-0.135 (-0.47)		-0.786** (-2.21)
shfst		-0.210 (-0.55)		-0.642 (-1.34)		-0.459 (-0.624)		-0.594 (-1.63)
inst		0.718* (1.76)		1.059 (1.47)		0.989 (1.07)		0.867 (0.99)

续表

变量	gn				bn			
	模型 1	模型 2	模型 3	模型 4	模型 5	模型 6	模型 7	模型 8
年度、季度、行业	控制	控制	控制	控制	控制	控制	控制	控制
_cons	-1.829^{***} (-6.34)	-1.267 (-1.31)	-1.939^{***} (-4.30)	-2.631^{***} (-3.87)	-3.114^{***} (-6.38)	-1.387 (-0.48)	-3.025^{***} (-5.20)	-3.129 (-1.58)
N	11124	11124	11124	11124	11124	11124	11124	11124
r2_p	0.054	0.107	0.048	0.127	0.071	0.114	0.068	0.115

注：括号内 z 值是经 Huber/White/Sandwich 稳健估计调整；＊、＊＊、＊＊＊分别表示双尾显著性水平为 10%、5%、1%。

就业绩预告的披露精确度，分别运用有序 Logit 回归模型和 OLS 回归检验了业绩预告精确度的形式和程度（见表 4 - 5）。模型 9 ~ 模型 12 是对业绩预告披露精确度的有序 Logit 回归结果。根据模型 9 可知，交互项 $pre \times ma$ 在 5% 的水平上显著为正。根据模型 10 可知，交互项 $pre \times ma$ 在 10% 的水平上显著为正。这些说明相比较非并购公司，并购前管理层业绩预告的披露精确度更高。进一步分析披露方式对业绩预告披露精确度的影响。根据模型 11 可知，三个变量 $pre \times ma \times vd$ 交互项在 5% 的水平上显著为负。根据模型 12 可知，三个变量 $pre \times ma \times vd$ 交互项在 10% 的水平上显著为负。这些表明了相比较非并购公司，并购前管理层自愿披露业绩预告的精确度较低。模型 13 ~ 模型 16 是对业绩预告披露精确程度的 OLS 回归结果。根据模型 13 可知，交互项 $pre \times ma$ 在 5% 的水平上显著为正。根据模型 14 可知，交互项 $pre \times ma$ 在 10% 的水平上显著为正。这些表明了相比较非并购公司，并购公司在并购前业绩预告披露的精确度更高。进一步分析披露方式对业绩预告披露精确度的影响。根据模型 15 可知，$pre \times ma \times vd$ 在 5% 的水平上显著为负。根据模型 16 可知，交互项 $pre \times ma \times vd$ 在 10% 的水平上显著为负，这些表明相比较非并购公司，自愿披露较强制披露在并购前的业绩预告精确度更低。

表 4-5　　　　　　　　业绩预告披露精确度的多元回归分析

变量	preci1（有序 Logit）				preci2（OLS）			
	模型 9	模型 10	模型 11	模型 12	模型 13	模型 14	模型 15	模型 16
pre	0.404 ** (2.53)	0.318 ** (2.07)	0.421 ** (2.51)	0.367 ** (2.11)	0.014 * (1.87)	0.035 ** (2.03)	0.006 * (1.79)	0.026 ** (2.17)
ma	0.019 * (1.73)	0.067 (0.63)	0.018 (0.16)	0.048 (0.34)	0.021 * (1.82)	0.023 (0.67)	0.011 (0.15)	0.014 (0.79)
pre × ma	0.232 ** (2.34)	0.427 * (1.93)	0.672 * (1.91)	0.363 * (1.74)	0.131 ** (2.23)	0.076 * (1.87)	0.006 * (1.76)	0.009 * (1.67)
vd			-0.316 * (-1.93)	-0.604 *** (-4.35)			-0.012 *** (-5.13)	-0.009 *** (-3.01)
pre × vd × ma			-0.062 ** (-2.18)	-0.107 * (-1.66)			-0.013 ** (-2.37)	-0.017 * (-1.75)
size		-0.199 (-1.23)		-0.526 (-1.37)		-0.193 (-0.45)		-0.154 (-1.00)
mb		-0.124 (-0.84)		-0.131 (-0.67)		-0.182 *** (-3.87)		-0.183 *** (-3.67)
roa		7.244 ** (2.14)		6.528 * (1.84)		23.843 *** (4.17)		25.315 *** (4.83)
lev		-2.029 ** (-2.38)		-1.807 ** (-2.04)		-1.784 ** (-2.49)		-2.124 *** (-3.07)
hpr		0.293 (1.08)		0.264 (0.58)		0.289 (0.71)		0.212 (0.07)
sd		-0.686 (-0.74)		-0.420 (-0.39)		-2.431 * (-1.81)		-2.062 * (-1.71)
epsup		-0.043 (-0.64)		-0.067 (-0.36)		-0.501 *** (-2.71)		-0.652 ** (-2.38)
loss		-0.561 (-0.72)		-0.327 (-0.52)		-0.603 * (-1.77)		-0.435 * (-1.83)

续表

变量	preci1 （有序 Logit）				preci2 （OLS）			
	模型 9	模型 10	模型 11	模型 12	模型 13	模型 14	模型 15	模型 16
em		-0.738^{*} (-1.70)		-0.935 (-1.47)		-0.830 (-1.59)		-0.009 (-0.97)
$fhrz$		-0.908^{***} (-3.68)		-0.432^{***} (-4.13)		-0.612^{***} (-5.69)		-0.576^{***} (-6.25)
$adslist$		4.073^{***} (8.74)		4.276^{***} (9.76)		2.725^{***} (3.59)		2.464^{***} (3.32)
mhd		1.091^{***} (3.86)		0.917^{***} (3.46)		1.172^{**} (2.34)		0.972^{*} (1.73)
$shfst$		0.664 (0.54)		0.731 (0.72)		0.656 (0.37)		0.548 (0.63)
$inst$		0.647^{*} (1.91)		0.574^{*} (1.83)		1.296 (1.23)		1.461 (1.48)
年度、季度、行业	控制	控制	控制	控制	控制	控制	控制	控制
N	5512	5512	5512	5512	5397	5397	5397	5397
$r2\_p$	0.037	0.156	0.071	0.179				
$r2\_a$					0.073	0.141	0.061	0.153
F					5.643	13.564	6.315	13.603

注：限于篇幅，有序 Logit 的三个截距项和 OLS 回归的截距项没有报告；括号内为有序 Logit 回归中的 z 值和 OLS 回归中的 t 值均经 Huber/White/Sandwich 稳健估计调整；*、**、*** 分别为双尾显著性水平5%、10%、1%。

最后，运用 OLS 回归和 Logit 回归模型分别检验了业绩预告披露误差和披露倾向（见表4-6）。模型17～模型20 给出了对业绩预告披露误差的 OLS 回归结果。根据模型18 可知，交互项 $pre \times ma$ 在 10% 的水平上显著为正，这表明相比较匹配公司，并购前并购公司业绩预告的披露误差较大。进一步检验披露方式对业绩预告披露准确性的影响。根据模型20 可知，$pre \times ma \times vd$ 的交互项在 10% 的水平上显著为负，这表明相比较匹配公司，自愿披露较强制披露的业绩预告在并购前的误差较小。模型 21 ~ 模型 24 给出了对业绩预告披露倾向的 Logit 回归结果。根据模型 22 可知，交互项 $pre \times ma$ 在 10% 的水平上显著为正，这表明相比较匹配公司，并购公司并购前较并购后业绩预告更乐观。进一步检验披露方式对业绩预告披露倾向性的影响。根据模型 24 可知，$pre \times ma \times vd$ 的交互项在 10% 的水平上显著为负，这表明相比较匹配公司，并购公司在并购前自愿披露业绩预告的乐观倾向较小。上述实证结果均支持了本章的研究假设。

表 4 - 6　　　　　　　　　　　业绩预告披露准确性的多元回归分析

变量	$fe1$ （OLS）				$fe2$ （Logit）			
	模型 17	模型 18	模型 19	模型 20	模型 21	模型 22	模型 23	模型 24
pre	0.004 * (1.73)	0.003 (0.64)	0.005 * (1.78)	0.002 (1.03)	0.514 * (1.95)	0.521 * (1.73)	0.517 ** (2.26)	0.538 ** (2.08)
ma	0.005 ** (2.34)	0.002 ** (2.09)	0.005 ** (2.31)	0.002 ** (2.03)	0.061 * (1.75)	0.071 (0.68)	0.024 (0.43)	0.096 (0.92)
$pre \times ma$	0.003 ** (2.03)	0.001 * (1.93)	0.002 ** (2.17)	0.001 * (1.81)	0.065 ** (2.27)	0.097 * (1.79)	0.048 ** (2.19)	0.046 * (1.77)
vd			− 0.003 ** (− 2.18)	− 0.002 ** (− 1.99)			− 0.989 *** (− 5.37)	− 1.012 *** (− 4.35)
$pre \times vd \times ma$			− 0.004 * (− 1.93)	− 0.002 * (− 1.72)			− 0.314 ** (− 2.18)	− 0.351 * (− 1.91)
$size$		0.006 *** (4.16)		0.006 *** (4.32)		0.054 (0.93)		0.018 (0.30)
mb		0.002 *** (6.25)		0.002 *** (7.31)		0.041 (0.49)		0.010 (0.44)
roa		− 0.510 *** (− 9.37)		− 0.510 *** (− 8.98)		− 11.723 *** (− 3.87)		− 12.074 *** (− 3.54)
lev		0.071 *** (5.13)		0.070 *** (6.03)		1.415 *** (3.41)		1.532 *** (2.73)
hpr		− 0.001 (− 0.62)		− 0.001 (− 0.61)		− 0.292 *** (− 2.97)		− 0.338 *** (− 2.58)

续表

变量	fe1（OLS）				fe2（Logit）			
	模型17	模型18	模型19	模型20	模型21	模型22	模型23	模型24
sd		0.005 * （1.82）		0.003 * （1.73）		0.279 * （1.71）		0.283 （1.58）
epsup		0.021 *** （9.59）		0.023 *** （9.54）		0.459 *** （3.75）		0.497 *** （4.14）
loss		0.009 *** （2.46）		0.009 ** （2.38）		1.182 *** （4.27）		1.350 *** （4.01）
em		0.458 （1.53）		0.465 （0.67）		0.270 （1.63）		0.206 （0.73）
fhrz		0.005 *** （8.65）		0.005 *** （9.37）		0.308 *** （4.92）		0.402 *** （3.93）
adslist		−0.005 *** （−3.17）		−0.005 *** （−3.32）		−0.543 *** （−2.87）		−0.648 *** （−3.64）
mhd		−0.001 （−0.46）		−0.001 （−0.52）		−0.315 （−0.34）		−0.516 （−1.24）
shfst		0.002 （0.34）		0.002 （0.46）		0.525 （0.85）		0.454 （0.84）
inst		−0.007 * （−1.93）		−0.007 * （−1.74）		−2.432 ** （−2.04）		−2.013 * （−1.87）
年度、季度、行业	控制	控制	控制	控制	控制	控制	控制	控制
_cons	−0.009 （−1.58）	−0.121 *** （−5.49）	−0.009 （−1.47）	−0.119 *** （−6.43）	−0.328 （−0.83）	0.677 * （1.78）	−0.339 （−0.73）	0.207 （1.19）
N	5397	5397	5397	5397	5397	5397	5397	5397
r2_a	0.086	0.147	0.071	0.137				
r2_p					0.071	0.135	0.064	0.129
F	7.602	21.984	6.046	20.503				

注：括号内为 Logit 回归中的 z 值和 OLS 回归中的 t 值均经 Huber/White/Sandwich 稳健估计调整；
*、**、*** 分别为双尾显著性水平5%、10%、1%。

四、稳健性检验[①]

（一）分样本回归

前文中样本包括了季度和年度报表的业绩预告，由于季度报表没有经过审计，本章将季度报表的业绩预告分离出来用年度业绩预告重新检验了研究假设，所得的实证结果基本保持一致，表明本章的结论较为稳健。

（二）改变并购事件窗口

前文并购事件的窗口为并购公告日前（－90，－30）和并购完成日后（30，90），没有包括并购公告日前30天和并购完成日后30天。为此，本章将并购事件的窗口扩展为并购公告日前（－90，0）和并购公告日后（0，90），重新检验了前文的研究假设，本章的结论依然成立。

第四节　本章小结

管理层业绩预告是公司向投资者及时传递公司经营业绩状况的重要形式，也是投资者获取公司前瞻性信息的重要途径。与非并购情境相比，并购情境下管理层业绩预告具有更大经济后果。那么，与非并购公司相比，并购公司管理层业绩预告披露行为是否存在选择性？这是本章拟研究的基础问题。

当前，我国证券市场对业绩预告的监管措施和处罚力度都相对比较薄弱，对管理层业绩预告披露规范的规定较为粗略，管理层具有更大的业绩预告披露操纵空间。本章从管理层业绩预告的披露意愿、披露精确度以及披露准确性三个方面，较为系统地考察了并购前管理层业绩预告的披露行为，为中国资本市场监管者完善管理层业绩预告制度和投资者理性评估管理层业绩预告，提供经验证据和决策支持，同时也有助于完善并购公司管理层业绩预告披露行为研究。

---

① 限于篇幅，稳健性检验结果没有报告。

基于信息不对称理论、代理理论、信号传递理论和印象管理理论，本章研究发现，与非并购公司相比，并购公司管理层在并购前倾向于发布好消息业绩预告、高精度业绩预告和乐观性业绩预告。与非并购公司相比，并购公司管理层好消息业绩预告披露意愿在并购前比并购后显著更高。与非并购公司相比，并购公司管理层坏消息业绩预告披露意愿在并购前比并购后显著更低。本章进一步将管理层业绩预告披露划分为自愿性披露和强制性披露两类，分析两类不同业绩预告披露方式下，并购公司管理层业绩预告披露行为是否存在差异。研究发现，并购前，自愿性披露公司的业绩预告披露行为与强制性披露公司的业绩预告披露行为存在差异。具体而言，并购前，相对于强制性披露公司，自愿性披露公司将披露更多业绩预告好消息，而对业绩预告坏消息披露不足；并购前，相对于强制性披露公司，自愿性披露公司在业绩预告披露时倾向于选择精确度较低的披露行为；并购前，相对于强制性披露公司，自愿性披露公司在业绩预告披露时倾向于选择准确性较高的披露行为。

通过本章研究，我们发现，在并购这一交易事件中，并购公司较之非并购公司将会采取显著不同的管理层业绩预告披露行为，并且自愿性披露和强制性披露下并购公司管理层业绩预告披露行为也存在差异。本章的研究发现有助于投资者正确识别管理层业绩预告的可靠性，也有助于市场监管者认识并购公司在并购交易事件中可能采取的业绩预告披露行为，从而采取相应策略来完善管理层业绩预告制度。

本章实证结果汇总，如表4-7所示。

表4-7　　　　　　　　　　　本章实证结果汇总

研究内容	研究假设	研究假设描述	研究结果
并购公司并购前业绩预告的披露意愿	4.1a	与非并购公司相比，并购公司并购前管理层会倾向于发布好消息业绩预告	支持
	4.1b	与非并购公司相比，并购公司管理层好消息业绩预告披露意愿在并购前比并购后显著更高	支持
	4.1c	与非并购公司相比，并购公司管理层坏消息业绩预告披露意愿在并购前比并购后显著更低	支持

续表

研究内容	研究假设	研究假设描述	研究结果
并购公司并购前业绩预告的披露精确度	4.2	与非并购公司相比，并购公司并购前管理层会倾向于发布高精确度业绩预告	支持
并购公司并购前业绩预告的披露准确性	4.3	与非并购公司相比，并购公司并购前管理层会倾向于发布乐观性业绩预告	支持
业绩预告披露方式与披露特征	4.4	并购前，自愿性披露公司的业绩预告披露行为与强制性披露公司的业绩预告披露行为存在差异	支持
	4.4a	并购前，相对于强制性披露公司，自愿性披露公司将披露更多业绩预告好消息，而对业绩预告坏消息披露不足	支持
	4.4b	并购前，相对于强制性披露公司，自愿性披露公司在业绩预告披露时倾向于选择精确度较低的披露行为	支持
	4.4c	并购前，相对于强制性披露公司，自愿性披露公司在业绩预告披露时倾向于选择准确度较高的披露行为	支持

第五章

并购特征与管理层业绩预告披露意愿

公司并购服从于公司战略发展需要。研究表明,利益协同效应(Rohdes-Kropf et al.,2005)和管理层自利选择(Lang et al.,1991)是管理层进行并购的两种主要动机。在进行并购决策时,管理层目标与投资者目标可能存在不一致。管理层可能以追求公司规模最大化为目标,而投资者则以公司价值最大化为目标。目标不一致使得管理层有可能利用信息优势操纵并购交易。公司并购是在市场机制作用下,与其他公司进行有偿的产权交易。不同产权交易行为有着不同特征,具体表现在交易的支付方式、关联属性、同属管辖、竞争程度和监管程度方面,从而形成了不同的并购情境。学者们围绕并购特征如何影响并购绩效进行了大量研究,而对于并购特征如何影响管理层业绩预告披露意愿的研究相对缺乏。

根据前文 CSMAR 数据库初步统计,中国目前的并购交易有一些鲜明特征,并购交易的数量和规模逐年增加,其中同属管辖并购和关联并购的数量较多,而股票支付并购、公开竞价并购和重大资产并购的数量呈现上升趋势。在中国资本市场股权分置改革前,特别 2005 年新修订的《中华人民共和国证券法》实施之前,向特定对象非公开发行股票被限制,企业并购支付方式单一,以现金支付为主。但是,自 2005 年以来,股权分置改革顺利推进和一系列法律法规相继出台,企业并购支付方式逐步多元化,股票支付在并购交易中的应用越来越多。并购双方的关联性特征要求我们需要关注大股东和中小股东的利益关系,即大股东是进行损害其他股东利益的掏空行为,或是进行有利于中小股东的支持行为。同属管辖是中国企业并购的重要特征之一,同属管辖情境下并购交易市场化程度较低,并购交易范围狭小,政府干预程度明显，使得并购交易的信息披露作用减弱，管理层在业绩预告披露意愿方面较弱。并购交易的竞争行为使得并购行为更加市场化。重大资产并购其交易金额巨大，不仅对并购双方的生产经营和未来发展都有着深远的影响，而且对产业的集中度也有着较大的影响。监管机构为了保护中小投资者的利益，优化了产业结构和资源的合理配置，对重大资产并购进行了更为严格的监管。因此，本章将结合中国企业制度情境，分析中国企业并购特征（支付方式、关联属性、同属管辖、竞争程度和监管程度）对管理层业绩预告披露意愿的影响情况。

第一节　理论分析与假设提出

一、支付方式与管理层业绩预告披露意愿

管理层进行并购交易需要支付对价，支付方式可以采用现金支付，也可以采用股票支付，选择什么样的方式支付对价是并购双方谈判的焦点，也是并购交易中的重要决策之一，它影响着并购双方的收益分配，并向市场传递了与并购价值相关的内部信息。施莱弗和维什尼（Shleifer and Vishny，2003）构建了一个股票市场驱动并购的理论模型。根据该理论模型，他们认为当并购公司股票价值被高估时，理性的管理层会利用资本市场的这种无效率，选择股票支付的方式进行并购。在股票并购中，并购公司是以自己的股票同目标公司的股票进行交易。换股比例决定了并购公司需要多少股票进行交换，而换股比例通常受到并购前真实股票价格或评估股票价格的影响。并购前股票价格越高，并购公司就可以用较少股票去收购目标公司股票。管理层以较少股票收购目标公司股票，既可以减少并购成本，又可以降低现任股东投票权和每股收益的稀释程度。因此，理性的管理层有激励提高并购前公司的股价表现，从而有激励提高对业绩预告的披露意愿。

对于好消息业绩预告，股票并购前的管理层有更强的披露意愿。管理层业绩预告具有信息含量，会影响投资者对市场预期，进而影响股价。根据信息不对称理论和股票报酬假说，郎和伦德霍姆（Lang and Lundholm，2000）

研究发现，在股权再融资（SEO）前六个月管理层为了提升股价而增加了信息的披露的频率。阿布迪和卡兹尼克（Aboody and Kasznik，2000）研究认为，管理层为了以较低价格获得股票期权，会在股票期权授予前通过发布坏消息业绩预告来降低股价。类似的，程和罗（Cheng and Lo，2006）研究也发现，管理层在购买股票前会发布更多坏消息业绩预告以期降低股票价格。布罗克曼等（Brockman et al.，2010）研究发现，在股票期权执行前管理层会发布好消息业绩预告来提升股价。最后，布罗克曼等（Brockman et al.，2008）研究认为，在公司股票回购前，管理层为了以较低价格回购股票，会加速坏消息业绩预告发布，而延迟好消息业绩预告发布。因此，在股票并购前，为了获得好的股价表现，管理层有激励操纵管理层业绩预告披露，表现为对好消息预告有更强的披露意愿。

对于坏消息业绩预告，管理层可能延迟披露或是不披露。不披露坏消息是管理层一种选择性行为，因为投资者难以区分公司不披露是因为没有私有信息还是因为有坏消息业绩预告（Jung and Kwon，1988）。韦雷基亚（Verecchia，1983）研究认为，当业绩预告披露会影响公司在产品市场竞争地位时，管理层会因为私有成本原因不披露业绩预告。从诉讼成本角度来看，尽管对大部分坏消息业绩预告，监管部门有强制披露要求，但是薄弱的法律环境和监管体系使得管理层被处罚的概率较低，并且处罚力度不大。陆蓉和潘宏（2012）研究发现，从 2005～2011 年中期，42.23% 的上市公司发布了业绩预告，但仍有 35% 的上市公司符合强制披露要求而未发布业绩预告，其中有 2/3 是好消息业绩预告未披露。可见，业绩预告披露制度的执行情况并不好，管理层对坏消息业绩预告披露不足。

基于以上分析，本章提出以下假设：

假设 5.1：股票支付方式增强了并购前管理层业绩预告披露意愿。

根据并购公司管理层业绩预告披露行为在好消息业绩预告和坏消息业绩预告上存在的差异性，本章提出以下具体研究假设：

假设 5.1a：对于好消息业绩预告，股票支付方式增强了并购前管理层发布好消息业绩预告披露意愿，表现为更多披露好消息业绩预告。

假设 5.1b：对于坏消息业绩预告，股票支付方式减弱了并购前管理层发布坏消息业绩预告披露意愿，表现为更少披露坏消息业绩预告。

二、关联属性与管理层业绩预告披露意愿

与非关联并购相比，关联并购降低了并购双方信息不对称，减少了大量的诸如选择目标企业、鉴别交易标的以及商业谈判等方面的交易成本，并且由于并购双方的利益关联性而降低了并购失败风险。在这种情况下，并购公司管理层披露业绩预告的动机和压力明显减弱，从而从整体上而言降低了业绩预告披露意愿。

进一步而言，从关联并购具体情景来看，关联并购存在两方面效应。一方面，当控股股东拥有较高现金流量权时或受到有效监督时，关联并购产生利益"协同效应"，可以提高公司价值。此时，控股股东与中小股东利益一致，控股股东可以带来控制权的共享收益。控股股东有动力去收集信息和监督管理层，制约管理层的道德风险，在公司治理中发挥着积极作用。基于公司控制权竞争假说，控股股东不仅有足够的投票权对管理层施加压力，可以通过代理权竞争或并购来更换管理层，而且在控股股东的监督下公司提高了信息披露质量，降低了公司与投资者之间的信息不对称水平，这有利于降低公司资本成本和提高公司价值。管理层业绩预告是公司盈余公告外的重要信息披露渠道，给投资者提供了公司未来盈余预期的重要信息。由于公司价值是未来现金流量的现值，这种信息对投资者更具决策有用性。为了吸引外部投资资金，控股股东会促使管理层披露业绩预告。

另一方面，当控股股东未受到有效监督并具有较低的现金流量权时，并购交易双方虽然在法律上具有独立性，但由于控制与被控制关系的存在，导致双方在交易上的不平等。控股股东就可以通过控制权使关联并购违背等价有偿的商业条款，成为掏空上市公司来达到自己利益的重要工具。此时，关联并购具有"掏空效应"。与控股股东之外的其他关联方发生的并购，实际上是在控股股东安排下进行的一种利益再分配。因此，在掏空动机驱使下的关联并购，是上市公司与关联方进行的不等价交换，是侵害公司和中小股东利益的工具。这些并购具有一定的隐秘性，控股股东会通过控制权来控制公司信息生产和披露过程，降低公司的信息披露质量和透明度。范和王（Fan and Wong，2002）研究发现，当控股股东控制了会计信息的生产和报告政策，并具有较强侵占中小股东的利益动机时，会计信息质量不高。戴克和津加莱

斯（Dyek and Zingales，2004）研究认为，只有当控制权私利在不易观察或难以确认时才能通过某种方式获取，否则其他股东就会加以阻止，甚至诉诸法律。因此，控股股东会对公司信息披露进行严格控制，加剧了信息不对称，降低会计信息透明度，从而减少掏空行为曝光风险。由于管理层业绩预告对投资者具有决策有用性，控股股东会通过控制权减少业绩预告披露。

黄兴孪和沈维涛（2006）以331个关联并购为研究样本，检验了关联并购的动机。研究发现，控股股东在与其所控制业绩优良上市公司的并购中，表现为掏空动机，并且并购公告效应为负；而对于业绩一般公司和较差公司，表现为支持行为，即会向上市公司注入优质资产或转让部分盈利性的股权，并且并购公告效应为正。在业绩预告好消息情境下，控股股东掏空动机得以加强，控股股东有更强激励来操纵管理层业绩预告披露意愿，减少好消息业绩预告披露。而在坏消息业绩预告情境下，控股股东掏空基础不足，掏空动机得以减弱，而更多地表现为支持行为，这样就减弱了对管理层业绩预告披露行为的操纵程度。在这种情况下，与非关联并购情境相比，关联并购情境下并购公司管理层业绩预告披露意愿将得以加强，更愿意披露坏消息业绩预告。

基于此，本章提出以下研究假设：

假设5.2：关联并购减弱了并购前管理层业绩预告披露意愿。

根据并购公司管理层业绩预告披露行为在好消息业绩预告和坏消息业绩预告上存在的差异性，本章提出以下具体研究假设：

假设5.2a：对于好消息业绩预告，关联并购减弱了并购前管理层发布好消息业绩预告披露意愿，表现为更少披露好消息业绩预告。

假设5.2b：对于坏消息业绩预告，关联并购增强了并购前管理层发布坏消息业绩预告披露意愿，表现为更多披露坏消息业绩预告。

三、同属管辖与管理层业绩预告披露意愿

同属管辖并购的主要影响效应在于，由于地方政府的利益所在，同属管辖特征提高了政府对并购交易的干预水平，降低了并购交易的市场化水平。在管辖同属性并购情境下，并购交易的对象选择空间更为狭小，信息不对称程度较低、并购失败风险较低、并购报价竞争性较弱，以及并购公司管理层在并购行为选择上自主性较差，无法借此充分展示自身经营与管理能力。所

有这些都将影响到并购公司管理层业绩预告披露行为。

同属管辖情境下，并购交易的市场化水平降低了，管理层业绩预告披露的各种假说有效性减弱了。就披露意愿而言，同属管辖情境下，由于并购失败的风险较低，并购公司管理层几乎不需要通过业绩预告披露来获得良好市场效应，并以此获得公司股东和目标公司股东的认同，从而赢得其并购决策的支持。这就弱化了管理层披露业绩预告的动机。非同属并购情境下基于信息不对称理论、代理理论和信号传递理论而提出的资本市场交易假说、股票报酬假说、诉讼成本假说、私有成本假说和管理者能力信号传递假说，在同属管辖情境下的有效性减弱了，从而导致同属管辖情境下并购公司管理层业绩预告披露行为发生变化，管理层业绩预告披露意愿减弱。

对于好消息业绩预告，非同属管辖并购前管理层具有更强的披露意愿。但是在同属管辖并购下，这种披露意愿减弱了。究其原因，是由于政府干预行为的存在，并购的市场化程度较低，失败的风险低，管理层几乎不需要通过业绩预告的披露来获得良好的市场反应，从而赢得投资者和目标公司对并购的支持，进而达到并购完成的目的。与此同时地方政府干预对盈利公司并购绩效产生负面影响，扮演着"掠夺之手"角色（潘红波等，2008；刘星和吴学娇，2011）。在此背景下，管理层缺乏动力披露好消息业绩预告，因为不仅披露所带来的收益较低，却要承担未来业绩变动风险。

对于坏消息业绩预告，非同属管辖并购情境下是并购前比并购后披露意愿更弱，也就是倾向于不披露；同属管辖情境弱化了这种差异，也就是倾向于更多披露坏消息业绩预告。这是因为，同属管辖并购通常由政府主导，并购失败风险低，并购双方信息不对称程度较低，市场化程度低下，市场对于管理层坏消息业绩预告反应不足，披露坏消息所带来的负面作用减弱了，并且地方政府往往会对业绩较差的企业给予扶持（潘红波等，2008）。因此管理层原意披露坏消息业绩预告。

基于以上分析，本章提出如下研究假设：

假设 5.3：同属管辖减弱了并购前管理层业绩预告披露意愿。

根据并购公司管理层业绩预告披露行为在好消息业绩预告和坏消息业绩预告上存在的差异性，本章提出如下具体研究假设：

假设 5.3a：对于好消息业绩预告，同属管辖减弱了并购前管理层发布好消息业绩预告披露意愿，表现为更少披露好消息业绩预告。

假设 5.3b：对于坏消息业绩预告，同属管辖增强了并购前管理层发布坏消息业绩预告披露意愿，表现为更多披露坏消息业绩预告。

四、竞争属性与管理层业绩预告披露意愿

如果管理层所拥有的私有信息没有被反映到股价上，通常管理层会通过业绩预告来减少与投资者之间的信息不对称，并构建公司会计信息透明可信的良好声誉（William，1996）。格雷厄姆等（Graham et al.，2005）通过对管理层自愿性披露进行调查发现，90%以上的管理层进行自愿性披露的关键动机是为了构建会计信息透明可靠的良好声誉。在竞争性并购情境下，竞争性并购有多个竞购方，要想在竞购中取胜，并购方除了提供合理的收购价格外，还要应对竞购方的攻击，保持公司良好声誉，从而获得目标公司对并购方的支持。而公司的未来发展前景和发展潜力直接影响了目标公司股东对并购方的选择。为了向目标公司传递公司未来发展前景的信息，管理层有强烈的动机在并购前披露业绩预告，给投资者提供公司未来盈余预期的信息。同时，基于管理者能力信号传递假说，管理层提供业绩预告是为了向投资者传递管理层具有能力的信号（Trueman，1986）。鲍伊克等（Baik et al.，2011）的研究认为，管理层能力越强，越会发布业绩预告。能力强的管理层会时刻关注公司经营环境的变化，能更好预期公司未来盈余变化。在竞争性并购情境下，并购公司管理层借由业绩预告披露来向市场传递其经营能力信息从而促进并购完成的动机更为显著，因此更加倾向于进行业绩预告披露。

具体而言，对于好消息业绩预告，管理层披露意愿增强了，因为披露好消息业绩预告不仅向市场展示了公司的实力和发展潜力，而且有助于形成威慑力量，从而"劝退"竞争对手"搅局"，提高并购成功概率。而对于坏消息业绩预告，由于坏消息业绩预告本身会加大投资者对公司潜在盈利能力的质疑，从而影响了投资者和目标公司对公司并购的支持力度，更有甚者成了目标公司抵制公司并购的借口。在激烈的竞购情况下，公司的管理层有动机隐瞒或推迟坏消息业绩预告的披露，因为管理层清楚一旦如实披露了坏消息业绩预告，成功竞购的机会几乎没有，而隐瞒或延迟坏消息业绩预告的披露，虽然存在被市场发现并揭露的危险，但至少公司也存在侥幸蒙混过关的机会。

因此对于坏消息业绩预告，管理层在并购前披露的意愿减弱了，即是较少披露坏消息业绩预告。

基于上述分析，本章提出以下假设：

假设5.4：竞争性并购增强了并购前管理层业绩预告披露意愿。

根据并购公司管理层业绩预告披露行为在好消息业绩预告和坏消息业绩预告上存在的差异性，本章提出以下具体研究假设：

假设5.4a：对于好消息业绩预告，竞争性并购增强了并购前管理层发布好消息业绩预告披露意愿，表现为更多披露好消息业绩预告。

假设5.4b：对于坏消息业绩预告，竞争性并购减弱了并购前管理层发布坏消息业绩预告披露意愿，表现为更少披露坏消息业绩预告。

五、监管程度与管理层业绩预告披露意愿

基于诉讼成本假说，在高监管程度并购中，管理层会按照强制披露要求进行业绩预告，拖延或不披露业绩预告对管理层来说有更大违规风险。如果违规被发现后，管理层将遭受更大声誉损失。除了按照强制披露要求进行业绩预告外，管理层有更强意愿自愿披露业绩预告。基于管理者能力信号传递假说，业绩预告披露向市场传递了管理层预测能力的信号，即预测公司未来经济环境变化以及据此调整公司运营的管理能力（Trueman，1986）。管理层这种能力在重大资产重组中尤为重要，对拥有这种能力的管理层投资者会更加支持和信任其做出的投资决策。

整体而言，在高监管环境下，管理层业绩预告披露意愿增强了。具体而言，对于好消息业绩预告，由于监管力量的存在，过度披露好消息将给管理层带来经营压力；如果未来业绩无法达到预告业绩，那么公司将面临惩罚风险。这就导致管理层对好消息业绩预告的披露意愿减弱了。而对于坏消息业绩预告，由于监管压力的存在，管理层隐瞒或推迟坏消息业绩预告的意愿减弱了，表现为较多披露坏消息业绩预告。

基于以上分析，本章提出以下假设：

假设5.5：监管程度增强了并购前管理层业绩预告披露意愿。

根据并购公司管理层业绩预告披露行为在好消息业绩预告和坏消息业绩预告上存在的差异性，本章提出以下具体研究假设：

假设 5.5a：对于好消息业绩预告，监管程度减弱了并购前管理层发布好消息业绩预告披露意愿，表现为更少披露好消息业绩预告。

假设 5.5b：对于坏消息业绩预告，监管程度增强了并购前管理层发布坏消息业绩预告披露意愿，表现为更多披露坏消息业绩预告。

第二节 研 究 设 计

一、样本选择与数据来源

本章仍以 2009～2018 年间中国沪深两市的 A 股上市公司发生的并购事件和业绩预告为观测对象，并按照本书第四章的样本处理方法，先分别对并购样本和业绩预告样本进行筛选处理，接着按照公司代码将业绩预告样本与并购样本进行匹配，重点考察每个并购事件在并购公告日前（-90，-30）和与之相对应的并购完成日后（30，90）两个窗口的公司业绩预告披露意愿，最后得到了 7102 个有效并购预告样本。数据来源同本书第四章一样，除"同属管辖"并购特征数据是笔者手工收集外，其余数据均来自 CSMAR 和 Wind 金融数据库。为了控制异常值的影响，本章也对连续变量 1% 以下和 99% 以上的分位数进行了缩尾处理。

二、变量定义

（一）因变量

本章的因变量主要是业绩预告的披露意愿（见表 5-1），披露业绩预告赋值为 1，否则为 0。进一步披露意愿根据披露信息属性，细分为披露好消息意愿和披露坏消息意愿。对披露好消息赋值为 1，否则为 0。其中，好消息业绩预告类型为预增、略增、续盈和扭亏四种类型。对披露坏消息赋值为 1，否则为 0。其中，坏消息业绩预告类型为首亏、续亏、预减和略减四种类型。

表 5 - 1   变量的定义与度量

变量类型	变量名称	代码	变量的定义和度量	文献支持
因变量	披露意愿	f	披露为 1，否则为 0	Choi et al. , 2010；Ajinkya et al. , 2005；Baginski and Hassell, 1997；Baginski et al. , 1993
		gn	披露好消息为 1，否则为 0	
		bn	披露坏消息为 1，否则为 0	
自变量	预告时间	pre	并购前（ -90， -30）内为 1，否则为 0	—
	并购关联性	$rlatrd$	关联并购为 1，否则为 0	
	管辖同属性	$mpart$	同属管辖为 1，否则为 0	
	支付方式	$pstock$	股票支付为 1，现金支付为 0	
	竞价形式	$mode$	公开竞价为 1，否则为 0	
	监管程度	bma	重大资产收购为 1，否则为 0	

（二）解释变量

1. 并购事件窗口划分。笔者将并购公告日前（ -90， -30）和并购完成日后（30，90）作为研究并购事件窗口，如果业绩预告发生在并购公告日前（ -90， -30）赋值为 1，否则为 0。

2. 并购特征变量。主要考察了并购的关联属性、管辖同属性、支付方式、竞价形式和受监管程度（见表 5 - 1）。在关联属性方面，当并购为关联并购时为 1，否则为 0。在管辖同属性方面，当并购公司与目标公司为同一省级地方政府管辖时，赋值为 1，否则为 0。在支付方式方面，当并购事件用股票支付交易对价时为 1，否则为 0。在竞价形式方面，当并购事件是公开竞价时为 1，否则为 0。在受监管程度方面，由于重大资产并购将会受到监管部门更加严格的审查，因此本章对监管程度进行以下设定。当并购事件为监管部门认定的重大资产并购时监管程度为 1，否则为 0。其中，重大并购的划分是根据《上市公司重大资产重组管理办法》，该办法认定符合以下三个条件之一的构成重大资产重组：第一，购买、出售的资产总额占上市公司最近一个会计年度经审计的合并财务会计报告期末资产总额的比例达到 50% 以上；第二，购买、出售的资产在最近一个会计年度所产生的营业收入占上市公司同期经审计的合并财务会计报告营业收入的比例达到 50% 以上；第三，购买、出售的资产净额占上市公司最近一个会计年度经审计的合并财务会计报告期末净资产额的比例达到 50% 以上，且超过 5000 万元人民币。

（三）控制变量

公司管理层的业绩预告披露决策也会受到诸多其他因素影响，同本书第四章一样，本章控制了相关影响业绩预告披露意愿的变量，具体定义和说明见表 4 – 1。

三、研究模型

由于管理层业绩预告披露意愿是一个两分类变量，本章采用 Logit 模型来检验本章的研究假设。具体研究模型如下：

$$\text{Logit}(f/gn/bn) = \beta_0 + \beta_1 AcquProxy + \beta_2 pre + \beta_3 AcquProxy \times pre + \gamma_i controls + \varepsilon \tag{5-1}$$

其中，$AcquProxy$ 为并购特征变量，包括支付方式、并购关联性、竞价形式、管辖同属性和监管程度；pre 为并购前（–90，–30）为 1，否则为 0；$controls$ 为控制变量，包括公司规模、公司成长性、资产负债率、公司盈利能力、公司盈余变化、盈余波动性、盈余惯性、盈余管理、管理层持股比例、股权集中度、机构持股比例、行业、季度和年份等。

第三节　实证结果与分析

一、描述性统计与分析

表 5 – 2 列示了主要研究变量的样本描述性统计。从表 5 – 2 可以看出，样本中管理层业绩预告披露意愿的总体情况为 49.3%，其中好消息披露比例为 36%，坏消息披露的比例为 12.2%。这表明上市公司业绩预告的披露意愿不高。就并购而言，其中有 36.8% 的并购是关联并购、37.6% 的并购是同属性并购、30.5% 的并购是股票支付方式并购、12.6% 的并购是公开竞价并购、

25.2%的并购是重大资产并购。

表5-2　　　　　　　　　　　　　　样本的描述性统计

变量	样本数	均值	中位数	最小值	最大值	标准差
f	7102	0.493	0.000	0.000	1.000	0.500
bn	7102	0.122	0.000	0.000	1.000	0.338
gn	7102	0.360	0.000	0.000	1.000	0.475
pre	7102	0.500	0.500	0.000	1.000	0.500
$rlatrd$	7102	0.368	0.000	0.000	1.000	0.482
$mpart$	7102	0.376	0.000	0.000	1.000	0.484
$pstock$	7102	0.305	0.000	0.000	1.000	0.461
$mode$	7102	0.126	0.000	0.000	1.000	0.332
bma	7102	0.252	0.000	0.000	1.000	0.434
$size$	7102	21.820	21.720	19.560	24.990	1.018
mb	7102	4.697	3.640	0.761	24.260	3.775
lev	7102	0.453	0.472	0.032	1.206	0.238
roa	7102	0.022	0.017	-0.074	0.149	0.032
hpr	7102	0.355	0.174	-0.555	2.929	0.687
sd	7102	0.034	0.032	0.013	0.067	0.012
$epsup$	7102	0.648	1.000	0.000	1.000	0.478
em	7102	0.060	0.028	-4.456	5.570	11.987
$adslist$	7102	0.743	1.000	0.000	1.000	0.437
$mhld$	7102	0.053	0.000	0.000	0.638	0.165
$shfst$	7102	0.351	0.339	0.043	0.990	0.170
$inst$	7102	0.290	0.216	0.000	0.873	0.102

二、相关分析

表5-3列示了主要变量的相关分析。从表5-3中可以看出，管理层业绩预告的披露意愿与股票支付方式并购、公开竞价并购和重大并购显著正相

关，而与关联并购和同属管辖并购显著负相关；好消息业绩预告的披露意愿与关联并购、重大并购和同属管辖并购显著负相关关系，而与股票支付方式和公开竞价并购显著正相关；而坏消息业绩预告与关联并购，同属管辖和重大并购显著负相关，而与股票支付方式和竞争性并购显著正相关。这些初步验证了本章的研究假设。此外，表5-3中变量（除因变量外）之间的相关系数均小于0.5，变量之间的多重共线性对本章研究模型的影响较小。

表5-3　　　　　　　　　　　　主要变量的相关分析

变量	f	bn	gn	$rlatrd$	$mpart$	$pstock$	$mode$	bma
f	1							
bn	0.404 ***	1						
gn	0.753 ***	− 0.248 ***	1					
$rlatrd$	− 0.050 ***	0.024 *	− 0.041 ***	1				
$mpart$	− 0.013 ***	0.014 *	− 0.010 **	0.159 ***	1			
$pstock$	0.025 *	− 0.009 *	0.008 **	0.346 ***	0.015 *	1		
$mode$	0.003 *	− 0.002 *	0.007 *	− 0.026 ***	− 0.037 **	− 0.025 ***	1	
bma	0.021 ***	0.016 *	− 0.006 *	0.314 ***	− 0.009	0.035 ***	− 0.141 ***	1

注：*、**、*** 分别表示双尾显著性水平为10%、5%、1%。

三、多元回归分析

表5-4～表5-8给出了管理层业绩预告披露意愿与并购特征实证分析结果。

表5-4　　　　　　　支付方式与业绩预告披露意愿的回归分析

变量	总体披露意愿		坏消息披露意愿		好消息披露意愿	
	模型1	模型2	模型3	模型4	模型5	模型6
pre	0.047 * (1.81)	0.045 (0.98)	− 0.112 * (− 1.72)	− 0.087 (− 0.89)	0.106 * (1.87)	0.118 (1.38)

续表

变量	总体披露意愿		坏消息披露意愿		好消息披露意愿	
	模型 1	模型 2	模型 3	模型 4	模型 5	模型 6
pstock	0.476 ** (2.01)	0.297 * (1.66)	− 0.343 (− 1.27)	− 0.711 * (− 1.70)	0.565 *** (2.60)	0.772 ** (2.08)
pre × pstock	0.453 * (1.83)	0.276 * (1.73)	− 1.336 *** (− 3.05)	− 1.451 ** (− 2.43)	0.815 *** (3.51)	0.896 *** (3.01)
size		− 0.136 *** (− 3.43)		− 0.085 (− 0.96)		− 0.129 ** (− 2.34)
mb		− 0.006 (− 0.69)		− 0.004 (− 0.17)		− 0.008 (− 0.57)
lev		0.673 *** (3.01)		− 0.187 (− 0.50)		0.642 ** (2.12)
roa		1.364 (1.23)		− 21.702 *** (− 9.04)		8.479 *** (7.25)
hpr		0.358 *** (4.91)		− 0.379 *** (− 2.87)		0.406 *** (5.43)
sd		− 0.524 * (− 1.92)		− 0.595 (− 0.67)		− 1.156 * (− 1.77)
epsup		0.171 (1.34)		− 0.753 *** (− 3.74)		0.887 *** (4.86)
adslist		1.027 *** (8.49)		1.028 *** (6.40)		0.932 *** (7.65)
mhld		0.309 * (1.74)		− 0.427 (− 1.23)		0.781 ** (2.17)
shfst		0.002 (0.76)		− 0.005 (− 0.81)		0.0035 (0.94)
inst		0.001 * (1.93)		0.004 (0.57)		0.003 * (1.76)
em		− 0.003 * (− 1.87)		− 0.009 (− 0.67)		− 0.003 (− 0.90)

续表

变量	总体披露意愿		坏消息披露意愿		好消息披露意愿	
	模型1	模型2	模型3	模型4	模型5	模型6
年度、季度、行业	控制	控制	控制	控制	控制	控制
_cons	-0.782*** (-10.43)	-0.595 (-0.63)	-2.175*** (-21.23)	-2.341 (-0.94)	-1.342*** (-20.17)	-2.467** (-2.51)
N	7102	7102	7102	7102	7102	7102
r2_p	0.071	0.116	0.129	0.156	0.053	0.098

注：括号内 z 值是经 Huber/White/Sandwich 稳健估计调整；*、**、*** 分别表示双尾显著性水平为10%、5%、1%。

表5-5 关联并购与业绩预告披露意愿的回归分析

变量	总体披露意愿		坏消息披露意愿		好消息披露意愿	
	模型7	模型8	模型9	模型10	模型11	模型12
pre	0.051* (1.79)	0.076 (0.83)	-0.203* (-1.88)	-0.362 (-1.14)	0.133** (1.98)	0.125* (1.77)
rlatrd	-0.189** (-2.37)	-0.028 (-0.56)	0.309** (2.26)	0.254* (1.73)	-0.120 (-1.03)	-0.102 (-1.07)
pre × rlatrd	-0.076*** (-2.64)	-0.134* (-1.79)	0.518*** (2.61)	0.459** (2.09)	-0.296** (-2.48)	-0.325** (-2.01)
size		-0.189*** (-4.73)		-0.081 (-0.91)		-0.206** (-2.24)
mb		-0.005 (-0.70)		-0.003 (-0.63)		-0.006 (-0.84)
lev		0.518*** (3.54)		-0.323 (-0.78)		0.651** (2.36)
roa		3.347 (1.02)		-23.407*** (-7.06)		9.419*** (5.19)
hpr		0.453*** (6.22)		-0.539*** (-3.46)		0.476*** (5.64)

续表

变量	总体披露意愿		坏消息披露意愿		好消息披露意愿	
	模型7	模型8	模型9	模型10	模型11	模型12
sd		-0.608^{*} (-1.89)		-0.764 (-1.58)		-1.072^{*} (-1.69)
epsup		0.159 (1.28)		-0.642^{***} (-3.58)		0.690^{***} (4.63)
adslist		0.942^{***} (9.28)		0.972^{***} (6.35)		0.908^{***} (7.58)
mhld		0.381 (1.55)		-0.438 (-1.08)		0.514^{**} (2.31)
shfst		0.001 (0.37)		-0.004 (-0.57)		0.003 (0.86)
inst		0.002^{*} (1.91)		0.003 (0.56)		0.005^{*} (1.68)
em		-0.004 (-1.56)		-0.003 (-0.92)		-0.005 (-0.57)
年度、季度、行业	控制	控制	控制	控制	控制	控制
_cons	-0.853^{***} (-11.35)	-0.323 (-0.25)	-3.645^{***} (-12.42)	-1.208 (-0.75)	-1.360^{***} (-11.01)	-2.124^{**} (-2.06)
N	7102	7102	7102	7102	7102	7102
r2_p	0.065	0.121	0.092	0.114	0.083	0.105

注：括号内 z 值是经 Huber/White/Sandwich 稳健估计调整； * 、 ** 、 *** 分别表示双尾显著性水平为 10%、5%、1%。

表 5－6　　　　　管辖同属性与业绩预告披露意愿回归分析

变量	总体披露意愿		坏消息披露意愿		好消息披露意愿	
	模型13	模型14	模型15	模型16	模型17	模型18
pre	0.013^{*} (1.87)	0.072 (0.26)	-0.109^{*} (-1.79)	-0.043 (-0.62)	0.042^{*} (1.90)	0.096 (0.83)

续表

变量	总体披露意愿		坏消息披露意愿		好消息披露意愿	
	模型13	模型14	模型15	模型16	模型17	模型18
mpart	−0.134 * (−1.76)	−0.043 (−0.46)	0.273 * (1.89)	0.234 (1.05)	−0.104 (−1.01)	−0.102 (−0.90)
pre × mpart	−0.032 ** (−2.21)	−0.043 ** (−1.99)	0.347 ** (2.26)	0.305 * (1.71)	−0.132 * (−1.93)	−0.141 * (−1.73)
size		−0.149 *** (−4.73)		−0.082 (−0.74)		−0.127 ** (−2.31)
mb		−0.005 (−0.51)		−0.004 (−0.31)		−0.003 (−0.39)
lev		0.537 *** (4.14)		−0.246 (−0.42)		0.581 ** (2.29)
roa		2.345 (1.02)		−13.406 *** (−7.03)		5.341 *** (5.13)
hpr		0.357 *** (4.13)		−0.308 *** (−2.97)		0.421 *** (6.20)
sd		−0.643 * (−1.90)		−0.792 (−0.84)		−1.154 * (−1.72)
epsup		0.491 (1.31)		−0.462 *** (−3.80)		0.681 *** (3.67)
adslist		0.974 *** (9.41)		0.962 *** (4.78)		0.921 *** (7.54)
mhld		0.561 (1.49)		−0.465 (−1.21)		0.598 ** (2.38)
shfst		0.002 (0.44)		−0.004 (−0.64)		0.003 (0.72)
inst		0.003 * (1.89)		0.005 (0.71)		0.004 * (1.70)
em		−0.004 * (−1.71)		−0.005 (−0.82)		−0.001 (−0.87)

续表

变量	总体披露意愿		坏消息披露意愿		好消息披露意愿	
	模型13	模型14	模型15	模型16	模型17	模型18
年度、季度、行业	控制	控制	控制	控制	控制	控制
_cons	−0.597*** (−9.87)	−0.272 (−0.28)	−2.773*** (−17.69)	−1.316 (−0.68)	−1.102*** (−8.61)	−3.017** (−2.06)
N	7102	7102	7102	7102	7102	7102
r2_p	0.089	0.128	0.085	0.176	0.121	0.157

注：括号内 z 值是经 Huber/White/Sandwich 稳健估计调整；＊、＊＊、＊＊＊分别表示双尾显著性水平为10%、5%、1%。

表 5 – 7　　　　　　　　　竞争并购与业绩预告披露意愿回归分析

变量	总体披露意愿		坏消息披露意愿		好消息披露意愿	
	模型19	模型20	模型21	模型22	模型23	模型24
pre	0.034* (1.83)	0.006 (0.27)	−0.007* (−1.86)	−0.048 (−0.74)	0.057* (1.92)	0.047 (0.05)
mode	0.062** (2.17)	0.053 (0.42)	−0.014 (−0.93)	−0.232 (−0.74)	0.064* (1.73)	0.041 (1.52)
pre × mode	0.231** (2.06)	0.307* (1.68)	−0.054** (−2.24)	−0.187* (−1.72)	0.214** (2.39)	0.334* (1.79)
size		−0.124*** (−3.64)		−0.094 (−0.91)		−0.104** (−2.35)
mb		−0.004 (−0.54)		−0.003 (−0.93)		−0.004 (−0.52)
lev		0.549*** (3.65)		−0.359 (−0.72)		0.601** (2.33)
roa		1.398 (1.09)		−13.702*** (−5.14)		6.363*** (5.37)
hpr		0.242*** (4.09)		−0.436*** (−3.92)		0.305*** (6.41)

续表

变量	总体披露意愿		坏消息披露意愿		好消息披露意愿	
	模型 19	模型 20	模型 21	模型 22	模型 23	模型 24
sd		-0.660* (-1.88)		0.565 (0.63)		-1.103* (-1.71)
$epsup$		0.103 (1.49)		-0.604*** (-3.51)		0.707*** (3.71)
$adslist$		0.908*** (9.58)		0.952*** (4.52)		0.890*** (7.65)
$mhld$		0.351 (1.53)		-0.493 (-0.67)		0.532** (2.17)
$shfst$		0.002 (0.66)		-0.001 (-0.42)		0.003 (0.87)
$inst$		0.002* (1.93)		0.005 (0.67)		0.003* (1.67)
em		-0.002 (-0.86)		-0.004 (-0.72)		-0.005 (-0.95)
年度、季度、行业	控制	控制	控制	控制	控制	控制
$\_cons$	-0.794*** (-13.72)	-0.165 (-0.47)	-2.609*** (-16.63)	-1.541 (-0.72)	-1.276*** (-20.51)	-2.341** (-2.47)
N	7102	7102	7102	7102	7102	7102
$r2\_p$	0.081	0.141	0.106	0.173	0.097	0.159

注：括号内 z 值是经 Huber/White/Sandwich 稳健估计调整； * 、 ** 、 *** 分别表示双尾显著性水平为 10% 、5% 、1% 。

表 5 - 8 　　　　监管程度与业绩预告披露意愿回归分析

变量	总体披露意愿		坏消息披露意愿		好消息披露意愿	
	模型 25	模型 26	模型 27	模型 28	模型 29	模型 30
pre	0.043* (1.90)	0.026 (0.29)	-0.038* (-1.84)	-0.005 (-0.16)	0.071* (1.83)	0.069 (0.72)

续表

变量	总体披露意愿		坏消息披露意愿		好消息披露意愿	
	模型 25	模型 26	模型 27	模型 28	模型 29	模型 30
bma	0.651 ***	0.340	0.147	0.805 *	−0.509 ***	−0.425 **
	(3.02)	(1.57)	(0.94)	(1.78)	(−3.26)	(−2.12)
$pre \times bma$	0.235 *	0.211 *	0.697 *	0.743 *	−0.603 **	−0.516 **
	(1.94)	(1.71)	(1.89)	(1.69)	(−2.47)	(−1.98)
$size$		−0.201 ***		−0.047		−0.113 **
		(−4.65)		(−0.81)		(−2.42)
mb		−0.005		−0.004		−0.006
		(−0.65)		(−0.37)		(−0.54)
lev		0.564 ***		−0.162		0.632 **
		(3.31)		(−0.82)		(2.21)
roa		1.354		−21.524 ***		8.011 ***
		(1.43)		(−4.13)		(7.06)
hpr		0.302 ***		−0.312 ***		0.401 ***
		(4.14)		(−3.04)		(8.04)
sd		−0.812 *		−0.612		−1.045 *
		(−1.90)		(−0.84)		(−1.76)
$epsup$		0.187		−0.674 ***		0.759 ***
		(1.49)		(−3.84)		(4.19)
$adslist$		0.901 ***		0.907 ***		0.809 ***
		(9.57)		(6.713)		(8.52)
$mhld$		0.403		−0.473		0.651 **
		(1.59)		(−1.04)		(2.38)
$shfst$		0.002		−0.005		0.004
		(0.72)		(−0.65)		(0.91)
$inst$		0.003 *		0.005		0.006 *
		(1.89)		(0.57)		(1.68)
em		−0.002 *		−0.006		−0.005
		(−1.66)		(−0.48)		(−0.86)

续表

变量	总体披露意愿		坏消息披露意愿		好消息披露意愿	
	模型 25	模型 26	模型 27	模型 28	模型 29	模型 30
年度、季度、行业	控制	控制	控制	控制	控制	控制
_cons	−0.857 *** (−15.73)	−0.264 (−0.51)	−2.407 *** (−24.25)	−1.267 (−0.82)	−1.344 *** (−21.53)	−2.651 ** (−2.35)
N	7102	7102	7102	7102	7102	7102
r2_p	0.083	0.139	0.119	0.175	0.080	0.107

注：括号内 z 值是经 Huber/White/Sandwich 稳健估计调整；＊、＊＊、＊＊＊分别表示双尾显著性水平为 10%、5%、1%。

（一）并购特征与业绩预告总体披露意愿

从并购特征和业绩预告的总体披露意愿来看，根据表 5−5 可知，关联性并购与并购窗口的交互项均在 10% 的水平上显著为负。根据表 5−6 可知，管辖同属性与并购窗口的交互项均在 5% 的水平上显著为负。这些表明并购的关联性和并购的管辖同属性对并购前业绩预告的披露意愿具有负向影响，也就是与非关联并购和非同属管辖并购相比较，关联并购和同属管辖并购的管理层在并购前倾向于较少地进行行业绩预告。因为对于关联并贴和同属管辖并购而言，并购双方的信息不对称程度较低，并购交易失败的风险较低。对管理层来说，不需要通过进行业绩预告来信号自己预测能力和传递公司未来发展前景信息来吸引投资者关注。这就使得管理层进行行业绩预告的披露意愿比较低。

根据表 5−4 可知，股票支付方式与并购窗口的交互项在 10% 的水平显著为正。根据表 5−7 可知，公开竞价并购与并购窗口的交互项在 10% 的水平显著为正。根据表 5−8 可知，重大并购与并购窗口的交互项在 10% 的水平显著为正。这些表明与其他支付方式并购，非公开竞价和非重大并购相比较，管理层在股票支付方式并购、公开竞价并购和重大并购时更倾向于披露业绩预告。管理层在股票支付方式并购前披露业绩预告主要为了提升或者维持公司良好的股价表现；管理层在公开竞价并购前披露业绩预告是为了向市场传递其卓越的预测能力和公司发展前景的预期，以此来震慑竞争对手和获得股东对竞购的支持，从而降低并购失败的风险。而对重大并购来说，一方面，由于受到监管机构更严格的监管，具有较大违规风险和违规成本，迫于监管压力，管理层在并购前会更愿意披露业绩预告；另一方面，由于重大并购对并购公司和目标公司来说都具有极为重要的影响，为了成功完成并购，管理层也需要与公司股东和目标公司股东通过业绩预告进行信息交流，来获得他们的支持和信任，并以此达到成功并购的目的。

（二）并购特征与坏消息披露意愿

从并购特征与坏消息披露意愿来看，根据表 5 - 4 可知，股票支付方式与并购窗口的交互项在 5% 的水平上显著为负；据表 5 - 7 可知，公开竞价并购与并购窗口的交互项在 10% 的水平上显著为负。这些表明相比较其他支付方式并购，股票支付方式并购在并购前管理层更少地披露坏消息。因为坏消息业绩预告不仅有更大的市场反应，影响公司股价，而且影响公司股东和目标公司对并购的支持。根据表 5 - 5 可知，关联性并购与并购窗口的交互项均在 5% 的水平上显著为正。根据表 5 - 6 可知，管辖同属性与并购窗口的交互项均在 10% 的水平上显著为正。根据表 5 - 8 可知，重大并购与并购窗口的交互项在 10% 的水平上显著为正。这些表明了关联并购、管辖同属并购和重大并购在并购前比并购后管理层会较多地披露坏消息业绩预告。因为对于关联并购而言，并购双方信息不对称程度低，并购失败的风险小，坏消息业绩预告的影响被削弱了，同时在控股股东治理下，管理层更有意愿披露如实坏消息业绩预告。对管辖同属并购而言，除了并购失败的风险小外，管理层披露坏消息业绩预告可能存在向管辖政府寻求发展支持的动机。对于重大并购而言，在监管的压力下，不仅管理层隐瞒不披露坏消息业绩预告的行为容易被发现，而且为此需要承担更严重的后果。

（三）并购特征与好消息披露意愿

从并购特征与好消息披露意愿来看，根据表 5 - 5 可知，关联性并购与并购窗口的交互项均在 5% 的水平上显著为负。根据表 5 - 6 可知，管辖同属性与并购窗口的交互项均在 10% 的水平上显著为负。根据表 5 - 8 可知，重大并购与并购窗口的交互项在 5% 的水平上显著为负。这些说明了关联并购、管辖同属性并购和重大并购在并购前较并购后管理层会较少披露好消息业绩预告。而根据表 5 - 4 可知，股票支付方式并购与并购窗口的交互项在 1% 的水平上显著为正。根据表 5 - 7 可知，公开竞价并购与并购窗口的交互项在 10% 的水平上显著为正。这些表明了股票支付方式和公开竞价并购在并购前较并购后管理层会较多地披露好消息业绩预告。

上述实证结果表明，本章的研究假设均得到实证检验支持。股票支付方式并购和公开竞价并购是相对市场化的并购行为，而关联并购、管辖同属性并购和重大并购其相对市场化水平较低。综观上述实证结果可以发现，市场化水平较高的并购交易，并购前管理层业绩预告的披露意愿更强，而非市场化并购交易，并购前管理层业绩预告披露意愿较弱，业绩预告披露激励不足。但是通过加强监管，却增加了并购前管理层业绩预告披露意愿。

四、稳健性检验

为了验证本章研究结论的可靠性，本章进行了以下稳健性检验。

（一）采用 Heckman 两阶段回归方法解决支付方式选择的内生性问题

并购支付方式选择是公司内部的一项重要决策，因此支付方式的选择会受到公司本身的一些特征因素的影响。为解决支付方式产生的内生性问题，本章根据赫克曼（Heckman，1979）的方法首先通过 Probit 模型计算出逆米尔斯比率（*lambda*），然后将其作为控制变量代入业绩预告披露意愿的研究模型进行回归分析。在计算逆米尔斯比率（*lambda*）时，考虑了现金比率（*cash*）、交易规模（*tval*）等影响因素。其实证结果如表 5 - 9 所示。表 5 - 9 显示，其实证结果与前述实证结果基本保持一致，说明本章结论较为稳健。

表 5 - 9　　支付方式与业绩预告披露意愿的 **Heckman** 两阶段回归分析

变量	一阶段 probit 回归	二阶段回归（因变量分别为 *f*, *bn*, *gn*）		
	模型 31	模型 32	模型 33	模型 34
pre		0.052 * （1.94）	- 0.047 * （- 1.74）	0.081 * （1.86）
pstock		0.327 *** （2.79）	- 0.306 （- 1.42）	0.463 *** （3.57）

变量	一阶段 probit 回归	二阶段回归（因变量分别为 f，bn，gn）		
	模型 31	模型 32	模型 33	模型 34
$pre \times pstock$		0.081 * (1.67)	−0.591 ** (−2.12)	0.376 *** (2.74)
$size$		−0.121 *** (−3.82)	−0.076 (−1.59)	−0.084 *** (−3.09)
lev		0.903 (1.16)	−9.438 *** (−6.01)	4.473 *** (6.35)
roa		0.151 *** (4.37)	−0.202 *** (−3.41)	0.243 *** (7.68)
mb	0.003 ** (2.13)	0.341 *** (2.84)	−0.003 (−0.05)	0.326 ** (2.26)
hpr	0.016 *** (5.03)	−0.007 (−1.09)	−0.007 (−0.61)	−0.006 (−1.15)
$tval$	0.657 *** (23.34)			
$cash$	−0.325 *** (−11.86)			
sd		−0.341 * (−01.94)	−0.311 (−0.72)	−0.473 * (−1.67)
$epsup$		0.117 (1.39)	−0.411 *** (−3.73)	0.462 *** (4.43)
$adslist$		0.537 *** (9.64)	0.424 *** (6.41)	0.513 *** (6.49)
$mhld$		0.231 * (1.73)	−0.299 (−1.45)	0.399 ** (2.48)
$shfst$		0.001 (0.31)	−0.003 (−0.77)	0.001 (0.93)
$inst$		0.001 * (1.93)	0.005 (0.84)	0.001 * (1.71)

续表

变量	一阶段 probit 回归	二阶段回归（因变量分别为 *f*，*bn*，*gn*）		
	模型 31	模型 32	模型 33	模型 34
em		−0.001 （−1.21）	−0.006 （−0.47）	0.006 （0.79）
lambda		−0.208 *** （−2.61）	−0.046 * （−1.74）	−0.185 ** （−2.31）
年度、季度、行业	控制	控制	控制	控制
_cons	−3.146 *** （−4.63）	0.305 （0.54）	0.053 （0.09）	−1.121 * （−1.89）
N	7102	7102	7102	7102
r2_p	0.082	0.071	0.102	0.074

注：括号内 z 值是经 Huber/White/Sandwich 稳健估计调整；＊、＊＊、＊＊＊分别表示双尾显著性水平为 10%、5%、1%。

（二）改变业绩预告样本

本章的业绩预告样本包括了年度样本和季度样本，其中年度报告需要经审计师审计，而季度报告不需要审计。由于两种报表受监督程度的差异，可能导致年度业绩预告和季度业绩预告存在一定差异。为此，本章将业绩预告样本分为年度样本和季度样本，重新回归了前述的模型，其研究结论基本保持一致。实证结果如表 5 − 10 至表 5 − 15 所示。

表 5 − 10　　　　　　并购特征与管理层业绩预告披露意愿回归分析
（年度预告样本）

变量	*f*	*bn*	*gn*	*f*	*bn*	*gn*
	模型 35	模型 36	模型 37	模型 38	模型 39	模型 40
pre	1.024 *** （3.63）	−0.194 （−0.78）	1.118 *** （5.71）	1.357 *** （5.98）	−0.604 （−1.60）	1.531 *** （5.93）
pstock	1.168 ** （2.51）	−1.546 （−0.97）	1.532 *** （3.45）			

续表

变量	f	bn	gn	f	bn	gn
	模型 35	模型 36	模型 37	模型 38	模型 39	模型 40
$pre \times pstock$	0.674 ** (2.04)	- 0.864 * (- 1.91)	1.367 *** (3.31)			
$rlatrd$				- 0.429 ** (- 2.16)	0.029 (0.12)	- 0.801 *** (- 2.89)
$pre \times rlatrd$				- 0.837 *** (- 3.26)	0.682 ** (2.18)	- 1.113 *** (- 3.51)
$size$	- 0.196 *** (- 2.83)	- 0.199 (- 1.28)	- 0.192 ** (- 2.32)	- 0.194 ** (- 2.41)	- 0.153 (- 1.35)	- 0.197 ** (- 2.15)
mb	- 0.001 (- 0.04)	- 0.002 (- 0.09)	- 0.017 (- 0.68)	- 0.003 (- 0.28)	- 0.007 (- 0.42)	- 0.009 (- 0.78)
lev	0.592 * (1.69)	- 0.454 (- 0.73)	0.970 ** (2.27)	0.775 * (1.71)	- 0.824 (- 0.83)	1.105 ** (2.42)
roa	0.176 (0.07)	- 31.344 *** (- 6.07)	9.038 *** (3.77)	- 0.503 (- 0.43)	- 31.562 *** (- 4.57)	8.254 *** (3.36)
hpr	0.137 (1.29)	- 0.381 (- 1.37)	0.247 ** (2.11)	0.172 (1.29)	- 0.521 (- 1.32)	0.251 ** (2.45)
sd	- 1.642 * (- 1.94)	- 0.072 (- 0.14)	- 1.348 * (- 1.74)	- 1.746 * (- 1.91)	- 0.227 (- 0.16)	- 1.596 * (- 1.68)
$epsup$	0.061 (0.58)	- 0.751 ** (- 2.47)	0.935 *** (2.91)	0.099 (0.53)	- 0.901 ** (- 2.47)	0.919 *** (3.02)
$adslist$	1.98 *** (7.05)	1.405 *** (3.87)	1.065 *** (5.27)	1.154 *** (5.36)	1.423 *** (4.05)	1.071 *** (4.52)
$mhld$	0.036 (0.08)	- 0.085 (- 0.10)	0.042 (0.08)	0.051 (0.28)	- 0.021 (- 0.06)	0.003 (0.06)
$shfst$	0.004 (0.97)	- 0.003 (- 0.58)	0.011 * (1.67)	0.004 (0.93)	- 0.005 (- 0.56)	0.019 * (1.77)
$inst$	0.001 * (1.92)	0.013 (0.91)	0.006 * (1.69)	0.003 * (1.89)	0.017 (1.06)	0.007 * (1.73)

续表

变量	f	bn	gn	f	bn	gn
	模型 35	模型 36	模型 37	模型 38	模型 39	模型 40
em	-0.004 (-0.76)	-0.003 (-0.48)	0.031 (0.61)	-0.006 (-0.76)	-0.007 (-0.64)	0.003 (0.76)
$lambda$	-0.523* (-1.89)	0.062 (0.17)	-0.477* (-1.73)			
年度、行业	控制	控制	控制	控制	控制	控制
$\_cons$	1.114 (0.86)	1.757 (0.57)	-1.063 (-0.55)	0.583 (0.59)	0.654 (0.43)	-1.793 (-0.79)
N	1876	1876	1876	1876	1876	1876
$r2\_p$	0.101	0.186	0.102	0.103	0.154	0.097

注：括号内 z 值是经 Huber/White/Sandwich 稳健估计调整；*、**、*** 分别表示双尾显著性水平为10%、5%、1%。

表 5-11　　　　并购特征与管理层业绩预告披露意愿回归分析
（年度预告样本）

变量	f	bn	gn	f	bn	gn
	模型 41	模型 42	模型 43	模型 44	模型 45	模型 46
pre	0.731*** (4.03)	-0.198 (-0.64)	0.876*** (4.32)	0.802*** (5.07)	-0.312 (-1.05)	0.844*** (5.13)
$mpart$	-0.079 (-0.57)	0.126 (0.48)	-0.007 (-0.16)			
$pre \times mpart$	-0.124** (-2.27)	0.284* (1.73)	-0.041** (-2.23)			
$mode$				0.615* (1.74)	-0.152 (-0.43)	0.566* (1.78)
$pre \times mode$				1.097** (2.18)	0.428* (0.72)	1.152** (2.13)
bma						

变量	f	bn	gn	f	bn	gn
	模型 41	模型 42	模型 43	模型 44	模型 45	模型 46
$pre \times bma$						
$size$	−0.191** (−2.26)	−0.162 (−1.26)	−0.176** (−2.15)	−0.193** (−2.38)	−0.168 (−1.21)	−0.170** (−2.11)
mb	0.005 (0.35)	0.005 (0.17)	−0.008 (−0.45)	−0.005 (−0.24)	−0.004 (−0.11)	−0.007 (−0.57)
lev	0.749 (1.61)	−0.910 (−1.28)	1.132** (2.24)	0.743 (1.59)	−0.822 (−0.87)	1.024** (2.23)
roa	−0.448 (−0.37)	−30.817*** (−5.52)	8.364*** (3.56)	−0.354 (−0.38)	−31.054*** (−5.42)	8.134*** (3.28)
hpr	0.224 (1.38)	−0.531 (−1.49)	0.377** (2.19)	0.226 (1.34)	−0.503 (−1.61)	0.251** (2.39)
sd	−1.853* (−1.94)	−0.387 (−0.39)	−1.576* (−1.74)	−1.863* (−1.91)	−0.505 (−0.33)	−1.547* (−1.69)
$epsup$	0.224 (0.62)	−0.971** (−2.47)	0.972*** (4.02)	0.218 (0.56)	−0.934** (−2.49)	0.856*** (3.12)
$adslist$	1.243*** (5.27)	1.274*** (4.13)	1.136*** (4.28)	1.162*** (7.48)	1.522*** (4.52)	1.127*** (4.84)
$mhld$	0.108 (0.59)	−0.152 (−0.33)	0.161 (0.51)	0.217 (0.36)	−0.103 (−0.34)	0.217 (0.63)
$shfst$	0.005 (0.94)	−0.004 (−0.46)	0.026* (1.73)	0.007 (0.96)	−0.003 (−0.41)	0.052* (1.71)
$inst$	0.002* (1.89)	0.012 (0.90)	0.007* (1.71)	0.006* (1.90)	0.018 (1.34)	0.007* (1.66)
em	−0.004 (−0.52)	−0.004 (−0.24)	−0.003 (−0.58)	−0.005 (−0.78)	−0.042 (−0.76)	−0.032 (−0.76)
年度、行业	控制	控制	控制	控制	控制	控制
$\_cons$	0.511 (0.43)	0.849 (0.81)	−1.273 (−0.93)	0.964 (0.64)	1.022 (0.85)	−1.167 (−0.61)

续表

变量	f	bn	gn	f	bn	gn
	模型 41	模型 42	模型 43	模型 44	模型 45	模型 46
N	1876	1876	1876	1876	1876	1876
r2_p	0.112	0.171	0.114	0.116	0.187	0.154

注：括号内 z 值是经 Huber/White/Sandwich 稳健估计调整；*、**、*** 分别表示双尾显著性水平为10%、5%、1%。

表5–12　　　　并购特征与管理层业绩预告披露意愿回归分析
（年度预告样本）

变量	f	bn	gn
	模型 47	模型 48	模型 49
pre	0.916 *** (4.46)	− 0.391 (− 1.05)	1.125 *** (4.83)
mpart			
pre × mpart			
mode			
pre × mode			
bma	0.747 ** (2.17)	0.886 (0.75)	− 1.237 *** (− 2.78)
pre × bma	1.105 * (1.93)	0.763 * (1.86)	− 1.517 *** (− 2.92)
size	− 0.163 ** (− 2.39)	− 0.164 (− 1.34)	− 0.174 ** (− 2.12)
mb	− 0.006 (− 0.84)	− 0.004 (− 0.14)	− 0.023 (− 0.65)
lev	0.754 (1.599)	− 0.823 (− 0.76)	1.071 ** (2.24)
roa	− 0.236 (− 0.18)	− 30.221 *** (− 4.37)	8.531 *** (3.34)
hpr	0.139 (1.28)	− 0.546 (− 1.43)	0.241 ** (2.28)

续表

变量	f	bn	gn
	模型 47	模型 48	模型 49
sd	- 1. 546 * (- 1. 89)	- 0. 462 (- 0. 25)	- 1. 306 * (- 1. 70)
epsup	0. 118 (0. 52)	- 0. 897 *** (- 2. 60)	0. 964 *** (3. 12)
adslist	1. 244 *** (5. 46)	1. 471 *** (3. 87)	1. 154 *** (6. 13)
mhld	0. 043 (0. 34)	- 0. 072 (- 0. 19)	0. 081 (0. 27)
shfst	0. 007 (0. 83)	- 0. 004 (- 0. 56)	0. 026 * (1. 86)
inst	0. 003 * (1. 91)	0. 013 (0. 77)	0. 005 * (1. 68)
em	- 0. 027 (- 0. 85)	- 0. 024 (- 0. 31)	- 0. 021 (- 0. 54)
年度、行业	控制	控制	控制
_cons	0. 596 (0. 41)	1. 215 (0. 59)	- 1. 651 (- 0. 73)
N	1876	1876	1876
r2_p	0. 105	0. 182	0. 115

注：括号内 z 值是经 Huber/White/Sandwich 稳健估计调整；*、**、*** 分别表示双尾显著性水平为 10%、5%、1%。

表 5 - 13　　　　　并购特征与管理层业绩预告披露意愿回归分析
（季度预告样本）

变量	f	bn	gn	f	bn	gn
	模型 50	模型 51	模型 52	模型 53	模型 54	模型 55
pre	0. 169 ** (2. 16)	- 0. 141 (- 1. 29)	0. 137 * (1. 72)	0. 278 ** (2. 28)	- 0. 375 ** (- 2. 34)	0. 165 * (1. 86)

续表

变量	f	bn	gn	f	bn	gn
	模型 50	模型 51	模型 52	模型 53	模型 54	模型 55
pstock	0.673 *** (2.67)	− 0.558 (− 1.13)	0.758 *** (2.70)			
pre × *pstock*	0.010 ** (1.99)	− 1.124 * (− 1.81)	0.527 ** (2.11)			
rlatrd				− 0.132 (− 1.14)	0.522 * (1.89)	− 0.054 (− 0.47)
pre × *rlatrd*				− 0.156 * (− 1.93)	0.913 * (1.77)	− 0.185 ** (− 2.15)
size	− 0.138 *** (− 3.47)	− 0.066 (− 0.71)	− 0.213 ** (− 2.18)	− 0.239 *** (− 2.86)	− 0.074 (− 0.46)	− 0.054 (− 1.51)
mb	− 0.019 (− 1.42)	− 0.008 (− 0.81)	− 0.023 (− 0.64)	− 0.005 (− 0.60)	− 0.001 (− 0.09)	− 0.002 (− 0.53)
lev	0.498 * (1.78)	0.001 (0.03)	0.155 (0.73)	0.464 ** (2.10)	0.118 (0.38)	0.193 (0.79)
roa	0.055 (0.16)	− 23.421 *** (− 5.42)	4.554 *** (3.62)	− 0.650 (− 0.52)	− 23.217 *** (− 5.63)	4.151 *** (3.29)
hpr	0.388 *** (5.08)	− 0.489 *** (− 2.76)	0.525 *** (7.03)	0.304 *** (3.62)	− 0.362 ** (− 2.38)	0.516 *** (6.31)
sd	− 0.528 * (− 1.89)	− 1.308 (− 0.84)	− 1.462 * (− 1.73)	− 0.884 * (− 1.91)	− 1.466 (− 0.88)	− 1.733 * (− 1.70)
epsup	0.162 * (1.72)	0.077 (0.89)	0.155 * (1.76)	0.161 * (1.79)	0.061 (0.96)	0.154 * (1.68)
adslist	0.752 *** (7.68)	0.734 *** (4.46)	0.863 *** (6.12)	0.842 *** (7.20)	0.805 *** (4.61)	0.883 *** (6.23)
mhld	0.572 (1.61)	− 0.774 (− 1.40)	0.870 ** (2.30)	0.403 (1.48)	− 0.751 (− 1.31)	0.572 ** (2.23)
shfst	0.001 (0.34)	− 0.003 (− 0.64)	0.002 (0.81)	0.002 (0.43)	− 0.004 (− 0.53)	0.003 (0.55)

续表

变量	f	bn	gn	f	bn	gn
	模型50	模型51	模型52	模型53	模型54	模型55
$inst$	0.005* (1.88)	0.017 (1.24)	0.023* (1.66)	0.004* (1.92)	0.019 (1.42)	0.018* (1.67)
em	−0.0004 (−0.58)	−0.003 (−0.65)	−0.007 (−0.50)	−0.002 (−0.87)	−0.004 (−0.74)	−0.003 (−0.92)
$lambda$	−0.348** (−2.51)	−0.028 (−0.18)	−0.416** (−2.21)			
年度、季度、行业	控制	控制	控制	控制	控制	控制
$\_cons$	0.631 (0.61)	−1.975 (−1.17)	−1.138 (−1.08)	−0.312 (−0.64)	−2.116 (−1.24)	−1.985* (−1.79)
N	5226	5226	5226	5226	5226	5226
$r2\_p$	0.099	0.163	0.104	0.125	0.116	0.130

注：括号内z值是经Huber/White/Sandwich稳健估计调整；*、**、***分别表示双尾显著性水平为10%、5%、1%。

表5−14 并购特征与管理层业绩预告披露意愿回归分析
（季度预告样本）

变量	f	bn	gn	f	bn	gn
	模型56	模型57	模型58	模型59	模型60	模型61
pre	0.231 (1.22)	−0.146 (−0.95)	0.117 (1.016)	0.182** (2.25)	−0.031 (−0.56)	0.232** (2.27)
$mpart$	−0.049 (−0.58)	0.212 (0.84)	−0.236 (−0.99)			
$pre \times mpart$	−0.056* (−1.76)	0.343* (1.82)	−0.167* (−1.91)			
$mode$				0.196 (1.24)	−0.228 (−0.87)	0.175 (0.76)

续表

变量	f	bn	gn	f	bn	gn
	模型 56	模型 57	模型 58	模型 59	模型 60	模型 61
pre × mode				0.123 * (1.89)	− 0.215 * (− 1.72)	0.181 ** (2.17)
bma						
pre × bma						
lnass	− 0.134 *** (− 2.75)	− 0.064 (− 0.87)	− 0.083 (− 1.57)	− 0.145 *** (− 3.03)	− 0.067 (− 0.86)	− 0.087 * (− 1.69)
mb	− 0.006 (− 0.64)	− 0.002 (− 0.07)	− 0.005 (− 0.85)	− 0.008 (− 0.78)	− 0.002 (− 0.09)	− 0.004 (− 0.39)
lev	0.546 * (1.87)	0.121 (0.83)	0.157 (0.69)	0.563 ** (2.26)	0.105 (0.53)	0.178 (0.74)
roa	− 0.637 (− 0.83)	− 22.241 *** (− 5.82)	5.042 *** (4.17)	− 0.952 (− 0.85)	− 22.477 *** (− 5.73)	4.783 *** (4.10)
hpr	0.324 *** (5.34)	− 0.468 ** (− 2.32)	0.539 *** (6.55)	0.328 *** (5.81)	− 0.467 ** (− 2.38)	0.529 *** (7.36)
sd	− 0.963 * (− 1.89)	− 1.323 (− 0.90)	− 1.565 * (− 1.68)	− 0.956 * (− 1.90)	− 1.303 (− 0.89)	− 1.553 * (− 1.71)
epsup	0.263 * (1.73)	0.064 (0.57)	0.176 * (1.75)	0.182 * (1.70)	0.094 (0.76)	0.178 * (1.81)
adslist	0.954 *** (7.42)	0.931 *** (4.53)	0.894 *** (7.54)	0.951 *** (8.65)	0.935 *** (4.59)	0.874 *** (7.34)
mhld	0.519 (1.57)	− 0.813 (− 1.48)	0.846 ** (2.35)	0.524 (1.58)	− 0.773 (− 1.39)	0.834 ** (2.31)
shfst	0.002 (0.56)	− 0.004 (− 0.56)	0.004 (0.76)	0.003 (0.67)	− 0.004 (− 0.68)	0.004 (0.76)
inst	0.006 * (1.94)	0.032 (1.54)	0.027 * (1.69)	0.006 * (1.92)	0.063 (1.38)	0.024 * (1.68)
em	− 0.036 (− 0.65)	− 0.126 (− 0.78)	0.514 (0.69)	− 0.628 (− 0.87)	− 0.056 (− 0.53)	0.067 (0.69)

续表

变量	f	bn	gn	f	bn	gn
	模型 56	模型 57	模型 58	模型 59	模型 60	模型 61
年度、季度、行业	控制	控制	控制	控制	控制	控制
_cons	−0.267 (−0.45)	−2.115 (−1.17)	−2.028* (−1.90)	−0.192 (−0.80)	−2.063 (−1.27)	−1.847* (−1.87)
N	5226	5226	5226	5226	5226	5226
$r2\_p$	0.116	0.129	0.124	0.118	0.130	0.113

注：括号内 z 值是经 Huber/White/Sandwich 稳健估计调整；*、**、*** 分别表示双尾显著性水平为 10%、5%、1%。

表 5 – 15　　　　　并购特征与管理层业绩预告披露意愿回归分析
（季度预告样本）

变量	f	bn	gn
	模型 62	模型 63	模型 64
pre	0.190** (2.27)	−0.134 (−0.82)	0.195** (2.03)
mpart			
pre × mpart			
mode			
pre × mode			
bma	0.147 (0.84)	0.737 (1.54)	−0.312 (−1.24)
pre × bma	0.033** (2.18)	0.913* (1.75)	−0.302* (−1.90)
lnass	−0.136*** (−2.87)	−0.069 (−0.89)	−0.083 (−1.52)
mb	−0.009 (−0.68)	−0.004 (−0.17)	−0.005 (−0.36)

续表

变量	f	bn	gn
	模型 62	模型 63	模型 64
lev	0.526 * (1.70)	0.097 (0.65)	0.154 (0.82)
roa	−0.594 (−0.72)	−22.789 *** (−5.11)	4.216 *** (3.21)
hpr	0.322 *** (4.85)	−0.387 ** (−2.36)	0.518 *** (6.73)
sd	−0.881 * (−1.87)	−1.182 (−0.80)	−1.512 * (−1.70)
epsup	0.162 * (1.71)	0.062 (0.93)	0.179 * (1.83)
adslist	0.972 *** (7.79)	0.933 *** (5.52)	0.893 *** (8.26)
mhld	0.526 (1.56)	−0.767 (−1.46)	0.831 ** (2.33)
shfst	0.002 (0.34)	−0.006 (−0.54)	0.004 (0.81)
inst	0.005 * (1.89)	0.022 (1.31)	0.041 * (1.67)
em	−0.059 (−0.54)	−0.347 (−0.78)	0.024 (0.63)
年度、季度、行业	控制	控制	控制
_cons	−0.427 (−0.72)	−2.182 (−1.24)	−2.157 * (−1.79)
N	5226	5226	5226
r2_p	0.109	0.132	0.115

注：括号内 z 值是经 Huber/White/Sandwich 稳健估计调整；*、**、*** 分别表示双尾显著性水平为 10%、5%、1%。

（三）考虑公司治理环境

公司治理是一种重要的激励和约束机制，会对公司的信息披露行为产生重要的影响。前文仅是简单地控制了几个公司治理变量，不能很好地反映公司的治理环境。发生关联并购和同属性并购的企业，有可能其本身的治理环境差，公司治理无法对其披露行为进行约束，进而导致了业绩预告的披露意愿降低。为了分析并购特征对公司业绩预告披露意愿的影响，笔者认为有必要对公司本身的治理环境进行控制。为了更好地评价公司的治理环境，笔者从薪酬激励、股权结构和董事会结构三个方面，利用主成分分析法，构建了公司治理指数。控制了公司治理指数后，笔者得到了与前述相类似的研究结论。这表明前述的研究结论是稳健的。由于篇幅限制，在此不一一列出。

（四）改变并购事件窗口

前文并购事件的窗口为并购公告日前（-90，-30）和并购完成日后（30，90），没有包括并购公告日前30天和并购完成日后30天。为此，本章将并购事件的窗口扩展为并购公告日前（-90，0）和并购公告日后（0，90），重新检验了前文的研究假设，本章的结论依然成立。限于篇幅限制，在此不具体列出。

第四节　本章小结

管理层业绩预告披露意愿是业绩预告披露行为的重要表现之一。已有研究大多是基于常规经营环境的研究，对特定事件背景下的业绩预告披露行为研究甚少。本章研究弥补了该研究的不足。本章结合并购特征，深入研究管理层业绩预告的披露意愿，从而回答"不同并购特征下，并购公司管理层业绩预告披露意愿是否存在差异性？"这一基础问题。为了研究这一基础问题，本章考察了管理层业绩预告披露意愿是如何在不同披露情境下而表现出异质性。由于不同并购特征表征了不同的并购情境，因此本章从并购特征出发，分析了"支付方式、关联并购、同属管辖、竞争属性和监管程度"五种重要并购特征对于并购公司管理层业绩预告披露意愿的影响情况。为了更清晰地梳理本章的研究结果，笔者将本章实证结果汇总于表5－16。

表5－16   本章实证结果汇总

研究内容	研究假设	研究假设描述	研究结果
并购支付方式与业绩预告披露意愿	5.1	股票支付方式增强了并购前管理层业绩预告的披露意愿	支持
	5.1a	对于好消息业绩预告，股票支付方式增强了并购前管理层好消息业绩预告的披露意愿，表现为更多披露好消息业绩预告	支持
	5.1b	对于坏消息业绩预告，股票支付方式减弱了并购前管理层坏消息业绩预告的披露意愿，表现为更少披露坏消息业绩预告	支持
关联并购与业绩预告披露意愿	5.2	关联并购减弱了并购前管理层业绩预告的披露意愿	支持
	5.2a	对于好消息业绩预告，关联并购减弱了并购前管理层发布好消息业绩预告的披露意愿，表现为更少披露好消息业绩预告	支持
	5.2b	对于坏消息业绩预告，关联并购增强了并购前管理层发布坏消息业绩预告的披露意愿，表现为更多披露坏消息业绩预告	支持
同属管辖关系与业绩预告披露意愿	5.3	同属管辖减弱了并购前管理层业绩预告的披露意愿	支持
	5.3a	对于好消息业绩预告，同属管辖减弱了并购前管理层发布好消息业绩预告的披露意愿，表现为更少披露好消息业绩预告	支持
	5.3b	对于坏消息业绩预告，同属管辖增强了并购前管理层发布坏消息业绩预告的披露意愿，表现为更多披露坏消息业绩预告	支持
竞争属性与业绩预告披露意愿	5.4	竞争性并购增强了并购前管理层业绩预告的披露意愿	支持
	5.4a	对于好消息业绩预告，竞争性并购增强了并购前管理层发布好消息业绩预告的披露意愿，表现为更多披露好消息业绩预告	支持
	5.4b	对于坏消息业绩预告，竞争性并购减弱了并购前管理层发布坏消息业绩预告的披露意愿，表现为更少披露坏消息业绩预告	支持
监管程度与业绩预告披露意愿	5.5	监管程度增强了并购前管理层业绩预告的披露意愿	支持
	5.5a	对于好消息业绩预告，监管程度减弱了并购前管理层发布好消息业绩预告的披露意愿，表现为更少披露好消息业绩预告	支持
	5.5b	对于坏消息业绩预告，监管程度增强了并购前管理层发布坏消息业绩预告的披露意愿，表现为更多披露坏消息业绩预告	支持

第一，支付方式。本章研究发现，整体而言，股票支付显著增强了并购前管理层业绩预告的披露意愿。进一步对业绩预告按消息属性进行分类，研究发现，对于好消息业绩预告，股票支付方式增强了并购前管理层发布好消息业绩预告的披露意愿，表现为更多披露好消息业绩预告。对于坏消息业绩预告，股票支付方式显著减弱了并购前管理层发布坏消息业绩预告的披露意愿，表现为更少披露坏消息业绩预告。研究假设均得到实证检验支持。

第二，关联并购。本章研究发现，总体而言，关联并购显著减弱了并购前管理层业绩预告的披露意愿。进一步对业绩预告按消息属性进行分类，研究发现，对于好消息业绩预告，关联并购减弱了并购前管理层发布好消息业绩预告的披露意愿，表现为更少披露好消息业绩预告。对于坏消息业绩预告，关联并购增强了并购前管理层发布坏消息业绩预告披露意愿，表现为更多披露坏消息业绩预告。研究假设均得到实证检验支持。

第三，同属管辖。本章研究发现，总体而言，同属管辖显著减弱了并购前管理层业绩预告的披露意愿。进一步对业绩预告按消息属性进行分类，研究发现，对于好消息业绩预告，同属管辖减弱了并购前管理层发布好消息业绩预告的披露意愿，表现为更少披露好消息业绩预告。对于坏消息业绩预告，同属管辖增强了并购前管理层发布坏消息业绩预告的披露意愿，表现为更多披露坏消息业绩预告。研究假设均得到实证检验支持。

第四，竞争属性。本章研究发现，总体而言，竞争属性显著增强了并购前管理层业绩预告的披露意愿。进一步对业绩预告按消息属性进行分类，研究发现，对于好消息业绩预告，竞争属性增强了并购前管理层发布好消息业绩预告的披露意愿，表现为更多披露好消息业绩预告。对于坏消息业绩预告，竞争属性减弱了并购前管理层发布坏消息业绩预告的披露意愿，表现为更少披露坏消息业绩预告。研究假设均得到实证检验支持。

第五，监管程度。本章研究发现，总体而言，监管压力显著增强了并购前管理层业绩预告的披露意愿。进一步对业绩预告按消息属性进行分类，研究发现，对于好消息业绩预告，监管压力减弱了并购前管理层发布好消息业绩预告的披露意愿，表现为更少披露好消息业绩预告。对于坏消息业绩预告，监管程度显著增强了并购前管理层发布坏消息业绩预告的披露意愿，表现为更多披露坏消息业绩预告。研究假设均得到实证检验支持。

本章的重要研究意义在于：一方面，本章结合并购特征，深入研究了不同并购特征下管理层所表现出的不同业绩预告披露意愿，丰富了管理层业绩预告的研究文献，有助于增进对管理层业绩预告披露行为的理解。另一方面，本章的实证结果揭示了两条提高管理层业绩预告披露意愿的路径：一是加快中国资本市场的市场化进程，市场的竞争机制有利于提升业绩预告披露意愿；二是在中国法律环境薄弱的转轨经济背景下，加强政府监管，有助于增进业绩预告的披露意愿。即中国的监管机构的行为具有治理效力（陈工孟和高宁，2005），能够提高公司信息披露质量（沈洪涛和冯杰，2012；沈红波等，2014）。

第六章

并购特征与管理层业绩预告披露精确度

中国上市公司管理层业绩预告披露具有一定强制性。中国证券监督管理部门对上市公司业绩预告披露设定了"门槛"，要求净利润为亏损、扭亏和大幅度上升或下降的公司必须披露业绩预告。这一规定只是对上市公司业绩预告披露意愿进行规定，而对业绩预告披露精确度并未做具体要求。这就为管理层在业绩预告披露精确度方面留下选择空间。

管理层业绩预告披露精确度包括以下几种形式：点估计、闭区间估计、开区间估计和定性估计。管理层在披露业绩预告时可以自由选择任何一种形式披露。通常认为，精确度越高，说明信号发送者对所发送信息的不确定性越低，信号接收者对该信息的认可程度随之越高。赫斯特等（Hirst et al.，1999）研究发现，业绩预告精确度虽然不影响投资者对未来业绩的金额估计，但影响投资者对估计金额的信心。相比较业绩预告披露意愿来说，管理层对业绩预告披露的精确度有更大的自由决断权。披露业绩预告不仅是公司的受托责任，而且也是监管部门的要求。

管理层业绩预告披露的精确度会影响市场对业绩预告的反应。金和韦雷基亚（Kim and Verrecchia，1991）、亚罗曼亚（Subramanyam，1996）通过构建理论模型，从理论上论证了业绩预告的市场反应与业绩预告披露的精确度正相关。相应地，实证研究也为此提供了经验证据。例如，巴金斯基等（Baginski et al.，1993）研究发现，与精确度较低的业绩预告相比，点估计业绩预告具有更多信息含量。巴金斯基等（Baginski et al.，2007）研究认为，管理层业绩预告精确度越高，财务分析师对业绩预告的修正程度就越大。崔等（Choi et al.，2011）的研究认为，管理层业绩预告的精确度越高，越有利于投资者将未来盈余的预期反应在股票价格中。基于管理层业绩预告披露精确度的自由选择特征与对业绩预告的重要意义，本章主要研究不同并购特征是怎样影响管理层对披露精确度的选择，这有助于增进对"不同并购特征下管理层业绩预告披露精确度有什么不同？"这一问题的理解。

第一节 理论分析与研究假设

管理层在不同的信息环境下披露业绩预告有着不同动机，而管理层披露业绩预告的不同动机会直接影响管理层采用什么样的精确度披露业绩预告。本章研究的并购特征实际上表征了不同交易环境，不同交易环境对管理层业绩预告披露产生了不同的激励和约束机制。在不同的激励和约束机制下，管理层业绩预告披露精确度有何不同？本章下文拟对此进行研究。

一、支付方式与管理层业绩预告披露的精确度

并购交易中支付方式的选择是并购双方的主要关注问题，是并购过程中的重要决策之一。股票支付和现金支付是并购交易两种主要的支付方式。在股票支付方式并购中，并购公司并购前的股票价格会影响并购成本，而在现金并购中，并购公司的并购成本则对并购前的股票价格不敏感。基于这样的差异，股票支付方式并购的管理层就更有激励提升股价。已有研究表明，管理层在一些重要事件时（如融资和内部交易），股票期权的授予与执行及股票回购，会通过操纵业绩预告的披露影响投资者的预期，从而影响公司股票价格（Brockman et al.，2008，2010），支持了股票报酬假说。程等（Cheng et al.，2013）的研究检验了管理层是否会为了自利目的而选择业绩预告披露精确度。他们研究发现，在内部交易卖出前（购买前），管理层对好消息披露更精确（更模糊），而对坏消息披露更模糊（更精确）。这表明，在内部交易卖出前，管理层会选择披露精确度提高股票价格；在内部交易购买前，选择披露精确度降低股票价格。在股票支付方式并购中，管理层有强烈动机选择业绩预告披露精确度来最小化并购成本。在股票支付方式并购前，管理层倾向于披露高精确度的业绩预告。

对于坏消息业绩预告，低于市场预期的坏消息业绩预告通常会引起公司股价下跌，管理层有激励不披露，但是此类信息通常是监管部门要求强制披露的。管理层隐藏坏消息披露，虽然对投资者来说难以判断公司是不是因为有坏消息，但是对监管部门来说，如果发现管理层不披露坏消息业绩预告，管理层将遭受监管部门的处罚和声誉损失。权衡股价下跌风险和违规风险，管理层对坏消息的业绩预告会以低精确度的形式披露。这验证了印象管理理论，支持了诉讼成本假说。低精确度的业绩预告既表明了管理层对未来的不确定性，也降低了坏消息的业绩预告对投资者预期的影响，从而模糊和淡化了坏消息业绩预告带来的影响。与之相反，若管理层披露高精确度的坏消息业绩预告，这无形中将给管理层带来经营压力。如果未来真实业绩与高精确度预告业绩不符，不仅管理层的预测能力会被投资者所质疑，甚至会认为被管理层欺骗了，从而对公司的经营能力和发展前景产生怀疑，这是管理层所不愿意看到的。因此，对于坏消息业绩预告而言，管理层对坏消息业绩预告的披露精确度将会降低。

对于好消息业绩预告，高于市场预期的好消息业绩预告通常会引起公司股价上涨，管理层有激励为此披露业绩预告。不仅如此，高精确度的业绩预告会产生更大的市场反应（Baginski et al.，1993）。金等（King et al.，1990）研究认为，业绩预告披露精确度体现了管理层对公司未来发展前景的信心程度。管理层业绩预告的精确度越高，通常被认为管理层对公司的发展前景越具有确定性（Hughes and Pae，2004）。在好消息业绩预告情境下，管理层发布高精确度业绩预告不仅具有更大的市场反应，而且有助于提高投资者对其预测能力的认可程度。即使好消息业绩预告被未来真实业绩验证为不精确，投资者仅可能会认为管理层对公司未来的发展过度自信了。因为管理层即使以最尽职态度做出的业绩预告，也可能会因为经营环境的不确定而导致业绩预告"合理"地不准确。因此，对于好消息业绩预告，管理层会以高精确度形式进行披露。

基于以上分析，本章提出以下研究假设：

假设6.1：股票支付方式增加了并购前管理层业绩预告披露的精确度。

根据并购公司管理层业绩预告披露行为在好消息业绩预告和坏消息业绩预告上存在的差异性，本章提出以下具体研究假设：

假设6.1a：对于好消息业绩预告，股票支付方式增强了并购前管理层发布高精确度业绩预告的动机，表现为好消息业绩预告精确度提高了。

假设6.1b：对于坏消息业绩预告，股票支付方式减弱了并购前管理层发布高精确度业绩预告的动机，表现为坏消息业绩预告精确度降低了。

二、关联并购与管理层业绩预告披露的精确度

通常并购双方存在信息不对称，并购双方对自己资产都具有私有信息，而对所要接受的资产具有不完全信息。而关联并购降低了并购双方之间的信息不对称程度，减少了并购失败的概率，简化了并购交易过程。关联并购在交易价格的确定、支付形式及结算方式等方面可以通过内部协商来解决，从而大大地降低了市场交易成本。公允关联并购可以使资源配置在一定程度上得到优化，更好地整合公司资源，不断完善产业链，解决同业竞争问题，帮助公司进入新行业和获取专项资产实现多元化经营和规模经济等，从而增强公司竞争能力，这表现为"支持效应"。然而，由于关联并购中并购双方地位不对等会产生非公允交易。在中小股东利益保护机制不完善的治理环境下，关联并购成为控股股东攫取私有利益和掠夺中小股东的重要手段，这表现为"掏空效应"。

关联并购情境下，由于并购失败的风险低，管理层很少需要通过业绩预告产生的市场效应来达到获得投资者和目标公司的认可，这就弱化了管理层披露高精确度业绩预告的动机。与此同时，高精度业绩预告会给管理层带来一定的经营压力。如果未来真实业绩证明管理层业绩预告精确度过于自信，那么将会对管理层产生不良影响，尤其在关联并购情境下，这种影响会被加强。因为关联并购的过程对中小股东而言具有更大的信息不对称，管理层业绩预告偏差就更容易遭受中小股东的质疑。因此，关联并购前管理层会披露精确度较低的业绩预告。

基于以上分析，本章提出以下研究假设：

假设6.2：关联并购降低了并购前管理层业绩预告披露的精确度。

三、同属管辖与管理层业绩预告披露的精确度

如同上文分析，同属管辖特征提高了政府对并购交易的干预水平，降

低了并购交易的市场化水平。地方政府出于政绩的考核和社会稳定的要求，通常会在辖区内干预企业进行的并购活动，或是支持企业做大做强，或是鼓励重组濒临破产的企业。在政府主导的并购，既可能为企业创造商业机会，也可能会为企业增加政策性负担。在此情境下，管理层业绩预告披露的精确性将受到影响。常规情境下，基于资本市场交易假说、股票报酬假说和管理层能力信号传递假说，管理层为了提高市场反应进而提高公司股票价格从而促进并购交易达成，会披露高精确度业绩预告。而同属管辖并购在地方政府主导下，不仅降低了并购的交易成本，而且提高了并购交易效率，也保证了并购交易的完成。此时并购公司管理层对通过业绩预告披露而产生的市场效应几乎没有需求，从而削弱了管理层披露高精确度业绩预告的动机。同时，若管理层披露了高精确度的业绩预告，不仅向投资者而且也向地方政府传递了对企业未来盈余的确定性信念。对于盈利的企业，更有可能会被要求承担一些不利于企业发展的政策性任务（潘红波等，2008；刘星和吴学娇，2011）。为此，管理层在同属管辖并购前会披露精确度较低的业绩预告。

基于以上分析，本章提出以下研究假设：

假设6.3：并购的同属管辖性降低了并购前管理层业绩预告披露的精确度。

四、竞争属性与管理层业绩预告披露的精确度

与非竞争并购相比，竞争并购存在多个竞购公司。为了在竞购中取胜，除了收购价格，竞购公司的业绩状况也是获取目标公司支持的一个重要因素。休斯和帕伊（Hughes and Pae，2004）研究表明，业绩预告披露精确度通常表现了管理层对未来预测的不确定性程度。特别地，未来盈余不确定程度越高，管理层业绩预告披露精确度就越低。杜等（Du et al.，2011）通过一项实验证明了这一结论。在实验中，他们要求实验的参与者可以以任何精确度形式提供自己的盈余预测。研究发现，在不确定性程度低的情况下，参与者提供了更多点估计预测；而在不确定性程度高的情况下，参与者提供了更多矩估计预测。

管理层业绩预告为投资者提供了公司未来盈余预期，高精确度业绩预告

体现了管理层对公司未来盈余的确定性信念，并且比低精确度业绩预告更可靠（King et al.，1990）。赫斯特等（Hirst et al.，1999）研究认为，管理层业绩预告精确度影响了投资者信心，相比低精确度的矩估计预测，投资者更相信高精确度的点估计预测。在竞争并购中，尽管高精确度业绩预告具有较高披露风险，但是为了促使并购交易成功，管理层会选择高精确度形式披露业绩预告。因为高精确度业绩不仅体现了管理层对公司未来发展前景的信心，而且也向公司股东和目标公司股东传递了公司未来盈余的确定性信念，从而使得管理层的并购决策赢得并购双方股东的支持。此外，高精确度业绩预告也可能挫败竞购方对并购的信心。

基于上述分析，本章提出以下研究假设：

假设6.4：竞争属性增加了并购前管理层业绩预告披露的精确度。

五、监管程度与管理层业绩预告披露的精确度

与一般并购相比，属于重大资产重组的并购交易将受到更严格的市场监管。针对中国法律环境薄弱的转轨经济，政府监管是规范微观主体行为的重要机制（Glaeser and Shleifer，2003；陈冬华等，2008）。而在重大资产重组中，管理层面临较严格的监管要求，会选择披露低精确度业绩预告。因为低精确度业绩预告给管理层一个宽松的预算约束，更容易满足事后的验证。崔等（Choi et al.，2010）研究认为，管理层业绩预告披露的精确度越高，管理层预测不准确的概率就越大，披露风险也越高。高精确度业绩预告给管理层过紧的预算约束，更容易被事后验证为不准确。如果管理层业绩预告被验证为不准确的，管理层不仅将遭受声誉损失，而且可能面临违规风险。管理层业绩预告的披露精确度与面临的法律责任负相关（Baginski et al.，2002）。管理层为缓解监管压力带来的负面影响，可能会降低业绩预告披露的精确度（Li and Zhang，2015）。在监管压力和违规风险的作用下，管理层在重大并购前会披露精确度低的业绩预告。

基于以上分析，本章提出以下研究假设：

假设6.5：政府监管降低了并购前管理层业绩预告披露的精确度。

第二节　研　究　设　计

一、样本选择与数据来源

本章仍以 2009～2018 年间中国沪深两市的 A 股上市公司发生的并购事件和业绩预告为观测对象，并按照本书第四章的样本处理方法，先分别对并购样本和业绩预告样本进行筛选处理，接着按照公司代码将业绩预告样本与并购样本进行匹配，重点考察每个并购事件在并购公告日前（-90，-30）和与之相对应的并购完成日后（30，90）两个窗口的公司业绩预告披露精确度，最后得到了 7102 个有效并购预告样本。数据来源和本书第四章一样，除"同属管辖"并购特征数据是笔者手工收集外，其余数据均来自 CSMAR 和 Wind 金融数据库。

二、变量定义

本章的因变量主要是业绩预告披露的精确度。业绩预告根据其披露的精确程度可以分为定性预测、开区间预测、闭区间预测和点估计预测四类。本章借鉴崔等（Choi et al. ，2010）以及阿金卡等（Ajinkya et al. ，2005）的研究做法，分别对其赋值为 0、1、2、3 形成一个有序的分类变量，并以此作为业绩预告披露精确度（$preci1$）的度量指标。该指标的值越大，表示该公司业绩预告披露的精确度越高。在本章的稳健性检验中，笔者设立了业绩预告精确度高低的虚拟变量（$preci2$），将点估计预测赋值为 1，其他预测类型赋值为 0。由于本章考察的自变量与第五章相同，其具体定义和说明见表 5-1。而相关控制变量在第四章已作定义和说明，见表 4-1。

三、研究模型

由于管理层业绩预告披露的精确度是一个有序的分类变量，本章采用有序 Logit 模型来检验本章的研究假设，具体模型如下：

$$OLogit(preci1) = \beta_0 + \beta_1 AcquProxy + \beta_2 pre + \beta_3 AcquProxy \times pre$$
$$+ \gamma_i controls + \varepsilon \qquad (6-1)$$

其中，$AcquProxy$ 为并购特征变量包括支付方式、并购关联性、并购竞价形式、并购管辖同属性、并购监管程度；pre 为并购前（-90，-30）为 1，否则为 0；$controls$ 为各类控制变量，包括公司规模、公司成长性、资产负债率、公司盈利能力、公司盈余变化、盈余波动性、盈余惯性、盈余管理、预告的间隔天数、管理层持股比例、股权集中度、机构持股比例、行业、季度和年份等。

第三节　实证结果与分析

一、描述性统计分析

表 6 – 1 统计了样本上市公司主要变量的描述性统计。从表 6 – 1 可以看出，在管理层业绩预告披露精确度方面，上市公司业绩预告披露精确度的均值和中位数都约为 2，这说明总体上业绩预告披露的精确程度较高，但从高精确度水平的点估计预测来看，其所占比例较低，仅为 12.8%。

表 6 – 1　　　　　　　　　　样本描述性统计

变量	样本数	均值	中位数	最小值	最大值	标准差
$preci1$	3502	1.962	2.000	0.000	3.000	0.325
$preci2$	3423	0.128	0.000	0.000	1.000	0.378
$rlatrd$	7102	0.368	0.000	0.000	1.000	0.482
$mpart$	7102	0.376	0.000	0.000	1.000	0.484
$pstock$	7102	0.305	0.000	0.000	1.000	0.461
$mode$	7102	0.126	0.000	0.000	1.000	0.332
bma	7102	0.252	0.000	0.000	1.000	0.434

续表

变量	样本数	均值	中位数	最小值	最大值	标准差
size	7102	21.820	21.720	19.560	24.990	1.018
mb	7102	4.697	3.640	0.761	24.260	3.775
lev	7102	0.453	0.472	0.032	1.206	0.238
roa	7102	0.022	0.017	−0.074	0.149	0.032
hpr	7102	0.355	0.174	−0.555	2.929	0.687
sd	7102	0.034	0.032	0.013	0.067	0.012
em	7102	0.060	0.028	−4.456	5.570	11.987
epsup	7102	0.648	1.000	0.000	1.000	0.478
fhrz	3502	5.214	5.204	1.077	5.765	0.816
adslist	7102	0.743	1.000	0.000	1.000	0.437
mhld	7102	0.053	0.000	0.000	0.638	0.165
shfst	7102	0.351	0.339	0.043	0.990	0.170
inst	7102	0.290	0.216	0.000	0.873	0.102

二、相关分析

表 6 − 2 列示了因变量和自变量的相关分析矩阵。表 6 − 2 显示，管理层业绩预告披露的精确度与并购的关联性，同属管辖和监管程度有显著负相关关系，而与股票支付方式和竞价并购存在显著正相关关系，这初步验证了本章的研究假设。此外，表 6 − 2 中变量（除因变量外）之间的相关系数均小于 0.5，变量之间的多重共线性对本章研究模型的影响较小。

表 6 − 2　　　　　　　　**主要变量的 Pearson 相关分析**

变量	*preci*1	*preci*2	*rlatrd*	*mpart*	*pstock*	*mode*	*bma*
*preci*1	1						
*preci*2	0.621 ***	1					
rlatrd	−0.056 ***	−0.064 ***	1				

续表

变量	preci1	preci2	rlatrd	mpart	pstock	mode	bma
mpart	− 0.043 *	− 0.043 *	0.159 ***	1			
pstock	0.046 **	0.045 **	0.346 ***	0.115 *	1		
mode	0.011 *	0.014	− 0.026 ***	0.037 **	− 0.025 ***	1	
bma	− 0.004 *	0.046 *	0.314 ***	0.009	0.035 ***	− 0.141 ***	1

注：* 、** 、*** 分别表示双尾显著性水平为 10% 、5% 、1% 。

三、多元回归结果分析

表 6 − 3 和表 6 − 4 分别列示了并购特征对于管理层业绩预告披露的精确度具有何种影响。

表 6 − 3   支付方式与业绩预告披露精确度有序 **Logit** 回归分析

变量	全样本		坏消息样本		好消息样本	
	模型 1	模型 2	模型 3	模型 4	模型 5	模型 6
pre	0.528 *** (2.97)	0.093 (1.58)	− 0.451 * (− 1.87)	− 0.052 (− 0.73)	0.446 ** (2.39)	0.121 * (1.80)
pstock	0.183 (1.63)	0.125 (0.86)	− 0.237 (− 1.51)	− 0.386 (− 1.24)	0.271 * (1.67)	0.059 (0.97)
pre × pstock	0.798 ** (1.99)	0.704 * (1.73)	− 1.136 ** (− 2.03)	− 0.095 * (− 1.81)	0.636 *** (3.11)	0.348 ** (2.31)
size		− 0.137 * (− 1.81)		− 0.147 (− 0.91)		− 0.162 * (− 1.73)
mb		− 0.054 (− 0.92)		− 0.064 (− 0.86)		− 0.049 (− 0.67)
lev		− 1.245 ** (− 2.47)		− 0.453 (− 0.84)		1.836 *** (3.64)
roa		3.047 * (1.74)		− 0.598 (− 0.13)		3.753 * (1.83)

续表

变量	全样本		坏消息样本		好消息样本	
	模型 1	模型 2	模型 3	模型 4	模型 5	模型 6
hpr		0.126 (1.45)		− 0.561 * (− 1.83)		0.058 * (1.73)
sd		− 1.462 * (− 1.85)		− 2.154 (− 1.24)		− 0.756 * (− 1.73)
epsup		− 0.073 (− 0.97)		− 0.254 (− 0.83)		− 0.005 (− 0.08)
fhrz		− 0.574 *** (− 7.34)		− 0.684 *** (− 3.73)		− 0.542 *** (− 3.54)
adslist		2.764 *** (8.42)		2.741 *** (5.38)		2.863 *** (7.40)
mhld		8.472 *** (3.85)		− 1.876 ** (− 2.39)		6.751 ** (2.23)
shfst		0.346 (0.78)		− 0.936 (− 0.84)		0.846 (0.93)
inst		0.643 * (1.90)		0.575 (0.71)		0.784 * (1.76)
em		− 0.752 (− 1.31)		− 0.058 (− 0.35)		− 0.127 (− 0.33)
_cons1	− 3.137 *** (− 20.62)	− 0.734 (− 0.64)	− 2.357 *** (− 9.51)	− 2.649 (− 0.76)	− 3.651 *** (− 17.94)	− 0.564 (− 0.27)
_cons2	− 1.651 *** (− 15.41)	1.273 (0.78)	− 1.849 *** (− 8.18)	− 1.867 (− 0.72)	− 1.859 *** (− 13.56)	1.786 (0.97)
_cons3	1.674 *** (13.14)	5.386 ** (2.37)	1.183 *** (5.58)	1.934 (0.78)	1.875 *** (12.34)	5.543 ** (2.38)
年度、季度、行业	控制	控制	控制	控制	控制	控制
N	3502	3502	887	887	2615	2615
r2_p	0.065	0.125	0.083	0.171	0.043	0.157

注：括号内 z 值是经 Huber/White/Sandwich 稳健估计调整；* 、** 、*** 分别表示双尾显著性水平为 10% 、5% 、1% 。

表 6 − 4　　　　并购特征与业绩预告披露精确度有序 Logit 回归分析

变量	模型 7	模型 8	模型 9	模型 10	模型 11	模型 12	模型 13	模型 14
pre	0.275 ** (2.34)	0.062 (0.56)	0.421 *** (3.52)	0.149 (1.31)	0.345 ** (2.03)	0.127 (0.94)	0.458 *** (3.34)	0.234 (0.99)
$rlatrd$	− 0.191 (− 1.62)	− 0.283 (− 1.33)						
$pre \times rlatrd$	− 0.328 ** (− 2.32)	− 0.346 * (− 1.81)						
$mpart$					− 0.184 (− 1.26)	− 0.125 (− 0.84)		
$pre \times mpart$					− 0.459 ** (− 2.28)	− 0.121 * (− 1.72)		
$mode$			0.072 (1.64)	0.057 (0.92)				
$pre \times mode$			0.082 ** (2.02)	0.151 * (1.69)				
bma							− 0.175 (− 0.96)	− 0.197 (− 0.62)
$pre \times bma$							− 0.524 ** (− 2.33)	− 0.786 * (− 1.75)
$size$		− 0.105 * (− 1.90)		− 0.108 * (− 1.87)		− 0.102 * (− 1.83)		− 0.112 * (− 1.92)
mb		− 0.021 (− 0.71)		− 0.025 (− 0.77)		− 0.023 (− 0.73)		− 0.027 (− 0.89)
lev		− 1.021 ** (− 2.19)		− 1.064 ** (− 2.27)		− 1.053 ** (− 2.41)		− 1.096 ** (− 2.38)
roa		3.081 * (1.66)		2.958 (1.43)		2.986 (1.53)		3.094 * (1.72)
hpr		0.101 (1.32)		0.107 (1.42)		0.112 (1.29)		0.117 (1.37)

续表

变量	模型 7	模型 8	模型 9	模型 10	模型 11	模型 12	模型 13	模型 14
sd		-1.846* (-1.91)		-1.871* (-1.90)		-1.896* (-1.93)		-1.785* (-1.89)
$epsup$		-0.105 (-0.74)		-0.114 (-0.65)		-0.117 (-0.78)		-0.116 (-0.77)
$fhrz$		-0.569*** (-5.09)		-0.547*** (-6.12)		-0.573*** (-6.25)		-0.582*** (-6.08)
$adslist$		3.785*** (8.57)		3.789*** (8.64)		3.774*** (8.46)		3.782*** (8.66)
$mhld$		6.467*** (4.12)		7.024*** (4.25)		6.869*** (4.13)		7.254*** (4.22)
$shfst$		0.216 (0.47)		0.237 (0.51)		0.229 (0.54)		0.268 (0.59)
$inst$		0.755* (1.83)		0.792* (1.87)		0.746* (1.85)		0.774* (1.89)
em		-0.247 (-0.61)		-0.384 (-0.70)		-0.347 (-0.63)		-0.256 (-0.72)
$\_cons1$	-3.083*** (-22.37)	-0.581 (-0.46)	-3.062*** (-22.63)	-0.645 (-0.54)	-3.108*** (-21.96)	-0.571 (-0.34)	-3.089*** (-22.42)	-0.593 (-0.63)
$\_cons2$	-1.599*** (-14.79)	1.582 (0.96)	-1.721*** (-14.27)	1.673 (0.76)	-1.681*** (-14.25)	1.588 (0.99)	-1.738*** (-14.51)	1.459 (0.65)
$\_cons3$	1.542*** (12.57)	5.763** (2.49)	1.642*** (13.89)	5.291** (2.41)	1.599*** (14.78)	5.846** (2.50)	1.673*** (14.64)	5.023** (2.36)
年度、季度、行业	控制	控制	控制	控制	控制	控制	控制	控制
N	3502	3502	3502	3502	3502	3502	3502	3502
$r2\_p$	0.074	0.141	0.063	0.149	0.079	0.152	0.068	0.153

注：括号内 z 值是经 Huber/White/Sandwich 稳健估计调整；*、**、*** 分别表示双尾显著性水平为 10%、5%、1%。

表 6-3 显示，对业绩预告全样本而言，根据模型 1 可知，股票支付方式与并购前区间的交互项在 5% 的水平上显著为正；根据模型 2 可知，股票支付方式与并购前区间的交互项在 10% 的水平上显著为正。这些说明相比较其他支付方式的并购，股票支付方式对并购前业绩预告披露精确度具有显著的正向影响。即是在股票支付方式并购前，管理层会发布精确度较高的业绩预告。进一步，根据业绩预告的消息属性将业绩预告全样本分为坏消息业绩预告样本和好消息业绩预告样本分别进行检验。对坏消息业绩预告样本而言，根据模型 3 可知，股票支付方式与并购前区间的交互项在 5% 的水平上显著为负；根据模型 4 可知，股票支付方式与并购前区间的交互项在 10% 的水平上显著为负。这些表明在股票支付方式并购前管理层会发布较其他支付方式并购更低精确度的坏消息业绩预告。而对好消息业绩预告样本而言，根据模型 5 可知，股票支付方式与并购前区间的交互项在 1% 的水平上显著为正；根据模型 6 可知，股票支付方式与并购前区间的交互项在 5% 的水平上显著为正。这些表明在股票支付方式并购前管理层会披露精确度更高的好消息业绩预告。这一结果支持了假设 6.1、假设 6.1a 和假设 6.1b。

表 6-4 显示了关联属性、管辖同属性和重大并购对管理层业绩预告披露精确度的影响。根据模型 7 可知，关联属性与并购前区间的交互项在 5% 的水平上显著为负；根据模型 8 可知，关联属性与并购前区间的交互项在 10% 的水平上显著为负。这些说明并购的关联属性会负向地影响并购前业绩预告披露的精确度。也就是说，相比较非关联并购，管理层在并购前会发布精确度较低的业绩预告。根据模型 11 可知，管辖同属性与并购前区间的交互项在 5% 的水平上显著为负；根据模型 12 可知，管辖同属性与并购前区间的交互项在 10% 的水平上显著为负。这些说明并购的管辖同属性会负向地影响并购前业绩预告披露的精确度。也就是说，相比较非同属管辖并购，管理层在并购前会发布精确度较低的业绩预告。这是由于对关联并购和管辖同属并购而言，并购过程中信息不对称程度低，并购交易风险低，并购失败概率小，管理层不需要发布高精确度的业绩预告来获得股东支持，而发布高精确度业绩预告对管理层来说是有风险的，因为如果随后定期财务报告显示管理层预测错误，管理层将会遭受声誉损失，甚至法律诉讼。根据模型 13 可知，重大并购与并购前区间的交互项在 5% 的水平上显著为负；根据模型 14 可知，重大并购与并购前区间的交互项在 10% 的水平上显著为负。这些说明重大并购会

负向地影响并购前业绩预告披露的精确度。也就是说，相比较非重大并购，管理层在并购前会发布精确度较低的业绩预告。这是因为对受严格监管的重大并购而言，管理层面临监管压力和违规风险，会更加谨慎，倾向于发布预测区间较宽的业绩预告。实证结果支持了假设6.2、假设6.3和假设6.5。

此外，根据模型9可知，公开竞价并购与并购前区间的交互项在5%的水平上显著为正；根据模型10可知，公开竞价并购与并购前区间的交互项在10%的水平上显著为正。这些说明并购的竞争性会正向地影响并购前业绩预告披露的精确度。也就是说，与非公开竞价并购相比较，在公开竞价并购的前管理层会发布精确度更高的业绩预告。这是因为高精确度的业绩预告的发布能彰显其卓越的预测能力，并能使股东和潜在投资者对公司的前景有较好的预期，从而获得股东支持其竞购，进而有助于其获得竞购成功。实证结果支持了假设6.4。

上述实证结果均支持了本章前述的研究假设。综观本章的实证结果，就股票支付方式并购和公开竞价并购而言，管理层倾向于在并购前发布精确度相对较高的业绩预告，而对关联并购，管辖同属并购和重大并购而言，管理层倾向于在并购前发布精确度相对较低的业绩预告。同时，股票支付方式并购和公开竞价并购是相对市场化水平较高的并购行为，而关联并购，管辖同属并购和重大并购是相对市场化水平较低的并购。这说明市场的竞争机制对管理层业绩预告的披露行为有激励作用，而政府的监管给业绩预告披露产生的激励作用具有局限性，虽然有助于增加业绩预告信息的供给，但在管理层具有披露自由裁量权时，为缓解监管压力带来的负面影响会选择降低业绩预告披露的精确度（Li and Zhang，2015）。

四、稳健性检验

为了验证本章研究结论的可靠性，本章进行了以下稳健性检验。

（一）Heckman 两阶段回归解决支付方式选择的内生性问题

并购支付方式选择是公司内部的一项重要决策，因此支付方式的选择会受到公司本身的一些特征因素的影响。为解决支付方式产生的内生性问题，本章根据赫克曼（Heckman，1979）的方法，首先通过 Probit 模型计算出逆米尔斯比率，然后将其作为控制变量代入业绩预告披露精确度的研究模型进行回归分析。其实证结果如表6-5所示。表6-5显示，其实证结果跟前述基本保持一致，说明本章结论是稳健的。

表6-5 支付方式与业绩预告披露精确度的 Heckman 两阶段回归分析

变量	模型1（Probit）	模型2（全）	模型3（bn）	模型4（gn）
pre		0.083 (0.77)	-0.056 (-0.34)	0.125* (1.68)
pstock		0.541 (0.81)	-0.642 (-1.14)	0.435 (0.62)
pre×pstock		0.675* (1.70)	-0.238* (-1.69)	0.421* (1.91)
size		-0.152* (-1.89)	-0.196* (-1.72)	-0.162* (-1.93)
lev		-1.158** (-2.44)	-0.951 (-0.62)	-1.637*** (-3.15)
roa		3.112* (1.78)	-1.134 (-0.43)	3.524* (1.89)
mb	0.003** (2.13)	-0.027 (-0.65)	-0.049 (-0.80)	-0.007 (-0.36)
tval	0.657*** (23.34)			
cash	-0.325*** (-11.86)			
hpr	0.016*** (5.03)	0.215 (1.24)	-0.518* (-1.66)	0.057* (1.83)
sd		-1.623* (-1.89)	-2.912* (-1.68)	-0.968* (-1.71)
epsup		-0.087 (-0.58)	-0.376 (-0.85)	-0.003 (-0.09)
fhrz		-0.513*** (-5.44)	-0.637*** (-3.98)	-0.549*** (-4.51)

续表

变量	模型 1（Probit）	模型 2（全）	模型 3（bn）	模型 4（gn）
adslist		3.146 *** (8.21)	3.543 *** (5.88)	3.987 *** (9.62)
mhld		7.736 *** (3.72)	− 2.984 *** （− 2.89）	6.935 ** (2.15)
shfst		0.614 (0.53)	− 0.962 （− 0.93）	0.875 (0.92)
inst		0.983 * (1.92)	0.093 (0.81)	0.951 * (1.76)
em		− 0.005 （− 0.67）	− 0.002 （− 0.57）	− 0.004 （− 0.98）
lambda		− 0.384 （− 1.21）	− 1.369 ** （− 2.07）	− 0.548 （− 0.86）
_cons	− 3.146 *** （− 4.63）			
_cons1		− 1.312 （− 0.73）	− 4.567 （− 0.88）	− 0.754 （− 0.62）
_cons2		0.768 (0.53)	− 3.593 （− 0.87）	1.753 (0.81)
_cons3		4.861 ** (2.26)	0.341 (0.15)	6.057 ** (2.33)
年度、季度、行业	控制	控制	控制	控制
N	7102	3502	3502	3502
r2_p	0.082	0.143	0.159	0.127

注：括号内 z 值是经 Huber/White/Sandwich 稳健估计调整；* 、** 、*** 分别表示双尾显著性水平为 10% 、5% 、1% 。

（二）更换业绩预告精确度的代理变量

本章将业绩预告精确度的度量转化为两分类变量，具体为点估计预测为 1，其他为 0。然后运用 Logit 回归重新验证了前文的研究结论，结果基本保持一致。

（三）改变样本

本章前述样本中的业绩预告既包括了年度业绩预告也包括了季度业绩预告，考虑到年度业绩预告和季度业绩预告的差异，本章分别用年度业绩预告样本和季度业绩预告样本重新回归了前述模型，所得结果与本章的结论基本保持一致。限于篇幅本章没有在此列出具体实证结果。

（四）改变并购前后窗口

并购前后窗口的选择有可能会影响研究结论。本章前述对并购前和并购后窗口采用的是并购公告日前（-90，-30）和与之相对应的并购完成日后（30，90），没有包括并购公告日前 30 天和并购完成日后 30 天发生的业绩预告样本。为了确保本章的结论更为稳健，本章将并购前后窗口调整为（-90，0）和（0，90）天，重新回归前述的实证分析，得到实证结果依然稳健。限于篇幅本章没有列示实证结果。

第四节 本 章 小 结

中国上市公司管理层业绩预告披露具有一定强制性。中国证券监督管理部门对上市公司业绩预告披露设定了"门槛"，要求净利润为亏损、扭亏和大幅度上升或下降的公司必须披露业绩预告。这一规定只是对上市公司业绩预告披露意愿进行了规定，而对业绩预告披露精确度并未做具体要求。这就为管理层在业绩预告披露精确度方面留下较大自由裁量权。管理层在不同的信息环境下披露业绩预告有着不同动机，而管理层披露业绩预告的不同动机会直接影响管理层采用什么样的精确度披露业绩预告。本章研究的并购特征实际上表征了不同交易环境，不同交易环境对管理层业绩预告披露产生了不同的激励和约束机制。

本章结合并购特征，深入研究管理层业绩预告披露精确度的选择，从而回答"不同并购特征下，并购公司管理层业绩预告披露精度是否存在差异性？"这一基础问题。为此，本章考察了管理层业绩预告披露精度是如何在不同并购情境下而表现出异质性。由于不同并购特征表征了不同的并购情境，因此本章从并购特征出发,分析了"支付方式、关联并购、同属管辖、竞争属性和监管程度"五种重要并购特征对于并购公司管理层业绩预告披露精确度的影响。为了更清晰地梳理本章的研究结果,笔者将本章实证结果汇总,如表6-6所示。

表6-6 本章实证结果汇总

研究内容	研究假设	研究假设描述	研究结果
并购支付方式与业绩预告精确度	6.1a	股票支付方式增加了并购前管理层业绩预告披露的精确度	支持
	6.1b	对于好消息业绩预告,股票支付方式增强了并购前管理层发布高精确度业绩预告动机,表现为好消息业绩预告精确度提高了	支持
	6.1c	对于坏消息业绩预告,股票支付方式减弱了并购前管理层发布高精确度业绩预告的动机,表现为坏消息业绩预告精确度降低了	支持
关联并购与业绩预告精确度	6.2	关联并购降低了并购前管理层业绩预告披露的精确度	支持
管辖同属关系与业绩预告精确度	6.3	并购的同属管辖性降低了并购前管理层业绩预告披露的精确度	支持
竞争属性与业绩预告精确度	6.4	竞争属性增加了并购前管理层业绩预告披露的精确度	支持
政府监管与业绩预告精确度	6.5	政府监管降低了并购前管理层业绩预告披露的精确度	支持

第一,支付方式。本章研究发现,整体而言,股票支付显著增加了并购前管理层业绩预告披露精确度。进一步对业绩预告样本按消息属性进行分类,研究发现,对于好消息业绩预告,股票支付方式显著增强了并购前管理层发布好消息业绩预告的披露精确度,表现为好消息业绩预告精确度提高了。对于坏消息业绩预告,股票支付方式显著减弱了并购前管理层发布坏消息业绩预告披露精确度,表现为坏消息业绩预告精确度降低了。研究假设均得到实证检验支持。

第二,关联并购。本章研究发现,总体而言,关联并购显著降低了并购前管理层业绩预告披露的精确度。

第三，同属管辖。本章研究发现，总体而言，同属管辖显著降低了并购前管理层业绩预告披露的精确度。

第四，竞争属性。本章研究发现，总体而言，竞争属性显著增加了并购前管理层业绩预告披露的精确度。

第五，监管程度。本章研究发现，总体而言，监管程度显著降低了并购前管理层业绩预告披露的精确度。

本章的重要研究意义在于：一方面，本章结合并购特征，深入研究了不同并购特征下管理层所表现出的不同业绩预告披露精确度的选择，丰富了管理层业绩预告的研究文献，有助于增进对管理层业绩预告披露行为的理解；另一方面，本章的实证结果揭示了市场的竞争机制有利于提升业绩预告披露的精确度。而加强政府监管，虽然有助于增进业绩预告的披露意愿，但在一定情况下可能会降低业绩预告披露的精确度。因为管理层为缓解监管压力带来的负面影响，可能会降低业绩预告披露的精确度（Li and Zhang，2015）。

| 第七章 |
并购特征与管理层业绩预告披露准确性

　　管理层业绩预告是投资者信息的潜在价值源泉，它给投资者提供了公司未来前景的信息。管理层业绩预告对投资者的有用性与业绩预告的质量密切相关。管理层业绩预告准确性特征是衡量业绩预告可信度的关键指标，对投资者的判断和决策有重要影响（Hirst et al.，2008）。前人研究用业绩预告准确性来评估业绩预告质量，甚至用来评估管理层能力，认为管理层业绩预告越准确，对股价和分析师盈余预测的影响就越大（Williams，1996；Yang，2012；Altschuler et al.，2015）。白晓宇（2009）的研究发现，管理层业绩预告的准确性直接影响了分析师当期的盈余预测。管理层业绩预告是一种前瞻性信息，不可避免具有事前不确定性和管理层的主观性，为此信息使用者会更加关注业绩预告的准确性。业绩预告越符合公司未来真实盈余，业绩预告信息质量就越高，信息使用者就越有可能根据业绩预告做出合理决策。相反，若是业绩预告与公司未来真实盈余情况相差甚远，信息使用者不仅不能获得决策有用的信息，反而会被误导（白晓宇，2009；Hassell and Jennings，1986），并且还可能损害公司业绩预告披露声誉（罗玫和宋云玲，2011），甚至会为公司带来监管处罚和诉讼威胁（Skinner，1994）。因此，管理层业绩预告准确性成为盈余预测研究中关注的焦点（Hutton and Stocken，2009）。管理层业绩预告的准确性不是随机的，会随着管理层接受的激励机制和市场识别其预测误差能力的变化而变化（Rogers and Stocken，2005）。当市场对管理层预测误差的识别能力较强时，管理层会披露准确度较高的预测信息；当市场对管理层预测误差的识别能力较弱时，管理层有激励披露有偏差的预测信息。

本章通过围绕并购的交易特征来研究管理层披露业绩预告的准确性，不同的交易特征体现了不同的激励约束机制。在不同的激励约束机制下，管理层业绩预告披露的准确性会如何？这是本章将深入研究的问题。

第一节 理论分析与研究假设

一、支付方式与管理层业绩预告披露的准确性

管理层业绩预告必须是可信的，才能成为投资者决策的有价值信息。詹宁斯（Jennings，1987）研究认为，投资者对管理层业绩预告的反应是对业绩预告中包含的新信息和可信度综合的反应，并且两者对解释投资者反应的作用同等重要。恩格等（Ng et al.，2013）的研究认为，管理层业绩预告越可信，其市场反应就越大。希利和帕勒普（Healy and Palepu，1993，1995）认为投资者对一个公司的认同，对于通过股权交易去收购其他公司的公司管理层来说，是很重要的。管理层对公司的发展前景相对外部投资者具有信息优势，如果管理层与投资者之间的这种信息不对称问题不能解决，公司公开发行股票就会被认为是公司股价被高估，投资者需要承担较高的风险。为了减少信息不对称问题，降低融资成本，将要进行并购交易的公司管理层有激励去进行信息披露。同时在股票支付方式并购中，并购前并购公司股价表现影响了并购成本。为了降低并购成本，管理层有激励提升公司股价表现。而在其他方式并购中，并购成本不受并购前公司的股价表现影响。根据股票报酬假说，管理层业绩预告具有信息含量，会影响股价。

由于管理层即使以最尽职态度做出的业绩预告，也可能会因为经营环境的不确定而导致业绩预告"合理"地不准确，因此管理层披露业绩预告没有受到严格约束，其信息披露的形式和内容也更为灵活，这样管理层通过操纵业绩预告影响股票价格的风险和代价就较小。郎和伦德霍姆（Lang and Lund-holm，2000）研究发现，管理层为了提高新股的发行价格，会发布乐观的业绩预告。好消息管理层业绩预告与股价正相关，坏消息业绩预告与股价负相关（Waymire，1984），并且投资者更加采信坏消息业绩预告（Hutton et al.，

2003）。由此对坏消息业绩预告披露会更乐观，对坏消息业绩预告进行乐观披露可以避免股价异常波动。根据印象管理理论，并购公司管理层在并购前有动机选择性披露业绩预告，也就是乐观披露好消息和坏消息，从而使之更加符合其披露目的。

基于以上分析，本章提出以下研究假设：

假设 7.1：股票支付方式降低了并购前管理层业绩预告披露的准确性。

假设 7.1a：对于好消息业绩预告，股票支付方式弱化了并购前管理层发布高准确性业绩预告动机，表现为好消息业绩预告准确性降低了。

假设 7.1b：对于坏消息业绩预告，股票支付方式弱化了并购前管理层发布高准确性业绩预告的动机，表现为坏消息业绩预告准确性降低了。

二、关联属性与管理层业绩预告披露的准确性

关联并购降低了并购双方之间的信息不对称程度，减少了并购失败概率，简化了并购交易过程。关联并购在交易价格的确定、支付形式及结算方式等方面可以通过内部协商来解决，从而大大降低了市场交易成本。由于关联并购不仅减少了并购双方的信息不对称，也降低了交易成本和并购失败的风险。此时，管理层在并购前没有动机发布精确度高且准确的业绩预告，因为高精准的业绩预告预测失败的概率更大。

管理层在完善的公司治理机制约束下会发布更准确、更小偏差的业绩预告（Ajinkya et al.，2005；Karamanou and Vafeas，2005）。高敬忠等（2013）以中国 A 股上市公司管理层业绩预告为例，检验了控股股东行为对上市公司业绩预告披露行为的影响。研究发现，在控股股东对上市公司管理层业绩预告作用中，利益防御动机与利益趋同动机同时存在。并且认为要促使控股股东与中小股东在业绩预告披露中的利益保持一致，需要提高控股股东独立性，强化控股股东对上市公司信息披露行为的监督作用。

控股股东对公司治理的作用具有两面性，当控股股东拥有较高的现金流量权或是受到有效监督时，控股股东促进了公司治理作用的发挥。这种情况下进行的关联并购表现为"支持效应"，控股股东和中小股东的利益是趋同的。控股股东持有较多股份，其利益与公司业绩紧密联系。当公司盈利时，控股股东能获得投资收益；而当公司亏损时，控股股东也要承担大部分损失。

当控股股东拥有较高的控制权而却只有较低的现金流量权时，控股股东会通过操控公司治理机制谋取控制权私利。这种情况下进行的关联并购表现为"掏空效应"，控股股东具有信息优势，并且由于其能影响甚至决定公司经营决策，控股股东有很强的动机谋取控制权私利。当控股股东做出自利的并购决策时，获取了全部的收益，却只需要承担部分成本，而剩余的成本由公司的中小股东以持股比例承担。控股股东通过关联并购的掏空行为具有隐蔽性，为了降低掏空行为曝光的风险，控股股东会控制公司会计信息的生成和披露过程，并通过减少信息披露或者披露准确性低的信息来保持其所具有的信息优势，从而降低投资者信息决策的有用性。此外，在公司股权集中的情况下，公司董事会和审计委员会等内部治理机制可能对大股东掏空行为也起不到应有的作用。

在业绩预告好消息情境下，控股股东掏空动机得以加强，控股股东有更强意愿来操纵管理层业绩预告披露意愿，减少业绩预告的准确性。而在坏消息业绩预告情境下，控股股东掏空基础不足，掏空动机得以减弱，从而减弱对管理层业绩预告披露的操纵程度。在这种情况下，关联并购控股股东有动机通过控制权来影响管理层，使之在并购前会发布更准确的业绩预告。

基于上述分析，本章提出以下研究假设：

假设7.2：关联并购降低了并购前管理层业绩预告披露的准确性。

假设7.2a：对于好消息业绩预告，关联并购弱化了并购前管理层发布高准确性业绩预告动机，表现为好消息业绩预告准确性降低了。

假设7.2b：对于坏消息业绩预告，关联并购强化了并购前管理层发布高准确性业绩预告动机，表现为坏消息业绩预告准确性提高了。

三、同属管辖与管理层业绩预告披露的准确性

如同上文分析，同属管辖特征提高了政府对并购交易的干预水平，降低了并购交易的市场化水平。在中国转型经济体制下，地方政府不仅掌握着信贷、土地和政策等关键资源，而且还拥有很大的自由裁量权。政府对经济的干预为企业经营带来了较大的不确定。地方政府出于政绩的考核和社会稳定的要求，通常会在辖区内干预企业进行的并购活动，或是支持企业做大做强，

或是鼓励重组濒临破产的企业。政府既可能为企业创造商业机会，也可能会为企业增加政策性负担。同属管辖情境下，并购交易的市场化水平降低了。在此情境下，管理层业绩预告披露准确性将受到影响。常规情境下，基于资本市场交易假说、股票报酬假说和管理层能力信号传递假说，管理层为了提高市场反应进而提高公司股票价格从而促进并购完成，会披露高准确性业绩预告。同属管辖并购在地方政府主导下，不仅降低了并购的交易成本，而且能提高并购交易效率，也保证了并购交易的完成。此时并购公司管理层对通过业绩预告披露而产生的市场效应几乎没有需求，从而削弱了管理层披露高准确性业绩预告的动机。

对于好消息业绩预告而言，为避免由于业绩过好而可能承担过多的政策和社会负担，管理层会倾向于披露悲观的业绩预告。对于坏消息业绩预告而言，企业有较强地从政府获得支持的诉求，政企关系对企业的发展至关重要。良好的政治关系不仅可以缓解融资约束，提高投资效率，还可以给企业带来更多的财政补贴、税收优惠等（Bai et al.，2006；余明桂和潘红波，2008；吴文锋等，2009）。崔等（Choi et al.，1999）的研究认为，转型经济中的企业更多地考虑利用人际关系网络作为自身经营战略的一部分，而不是以市场手段去获取资源。为了维持与政府的良好关系，减少公司的负面影响，管理层倾向于在并购前发布乐观的坏消息业绩预告，以此淡化坏消息的影响。

基于以上分析，本章提出以下研究假设：

假设7.3：同属管辖降低了并购前管理层业绩预告披露的准确性。

假设7.3a：对于好消息业绩预告，同属管辖弱化了并购前管理层发布高准确性业绩预告的动机，表现为好消息业绩预告准确性降低了。

假设7.3b：对于坏消息业绩预告，同属管辖弱化了并购前管理层发布高准确性业绩预告的动机，表现为坏消息业绩预告准确性降低了。

四、竞争属性与管理层业绩预告披露的准确性

在竞争性并购中有多个竞购方，并购公司想要在竞争中取胜，除了提供合理的收购价格外，获得公司股东和目标公司股东的支持也是很重要的。而有能力的管理层更能获得股东的支持。基于管理层能力信号传递假说，特鲁曼（Trueman，1986）的研究认为，管理层发布业绩预告是想向市场传递自

己具有特殊才能的信号，即预测公司未来经济环境变化并以此调整公司运营的能力。这表明管理层业绩预告包含了管理层能力这一增量信息。如果管理层发布业绩预告对管理层的能力有信号作用，那么管理层业绩预告披露的准确性则反映了这种能力。因此，管理层业绩预告披露的准确性越高，市场预期管理层的能力也越强。

鲍伊克和法韦尔（Baik and Farber，2011）的研究认为，能力强的管理层发布的业绩预告比能力差的管理层发布的业绩预告更准确，并且能力强的管理层发布的业绩预告比能力差的管理层发布的业绩预告具有更大的市场反应。对于好消息业绩预告而言，为了向市场传递公司发展前景广阔和管理层能力强的信号，管理层在并购前倾向于披露更准确的业绩预告。而对于坏消息业绩预告而言，由于坏消息业绩预告本身会加大投资者对公司潜在盈利能力的不确定性，降低购买公司股票投资者的比例，从而会减少投资者的交易活动。坏消息的这种负面影响在公开竞价并购中更为凸显。麦克尼科尔斯（McNichols，1989）的研究认为，具有财务风险的公司管理层会披露较为激进的业绩预告，因为他们希望通过乐观的业绩预告信息来获得提高业绩所用的时间。同时就业绩预告信息偏差本身而言，是难以有效区分是出于偶然的难以预期到的偏差还是管理层有意为之的预测偏差，管理层被诉讼的风险较低。因此，管理层在并购前会倾向于披露乐观的坏消息业绩预告。

根据以上分析，本章提出以下研究假设：

假设7.4：竞争属性提高了并购前管理层业绩预告披露准确性。

假设7.4a：对于好消息业绩预告，竞争属性强化了并购前管理层发布高准确性业绩预告的动机，表现为好消息业绩预告准确性提高了。

假设7.4b：对于坏消息业绩预告，竞争属性弱化并购前管理层发布高准确性业绩预告的动机，表现为坏消息业绩预告准确性下降了。

五、监管程度与管理层业绩预告披露的准确性

为了并购成功，并购前管理层有激励发布乐观的业绩预告来获得好的市场表现。然而，管理层业绩预告的机会主义行为会受到监管部门监管的制约。并购前的股价异动和异常交易是监管部门核查的重点。在高政府监管的并购中，为了降低监管部门的关注，管理层在发布业绩预告时往往不是发布过于

乐观的业绩预告，而是发布不引起股价异常变动的业绩预告。李晓溪等（2019）的研究认为，为缓解监管压力是公司改善业绩预告质量的重要动机，公司面临的法律风险越高，其提高业绩预告质量以避免处罚的动机越强。因此，为了避免遭到监管者质疑和审查，降低披露成本，管理层倾向于增加业绩预告披露的准确性。

对于坏消息业绩预告而言，由于坏消息业绩预告比好消息业绩预告有更大的市场反应（Skinner，1994），为避免股价异常波动而引起监管部门注意，管理层会发布乐观的坏消息业绩预告。因为乐观的坏消息业绩预告就算事后被证明是有偏的，对股价的影响只是平滑下降的趋势，而不是异常波动。同时就业绩预告信息偏差本身而言，难以有效区分是出于偶然的难以预期到的偏差还是管理层有意为之的预测偏差，管理层被诉讼的风险较低。

对于好消息业绩预告而言，管理层不会乐观披露，因为乐观的好消息业绩预告如果事后被证明是有偏的，会引起股价的异常变动，也会受到监管部门和媒体的广泛关注。因此，管理层会更为小心谨慎，从而提高了业绩预告的准确性。

基于以上分析，本章提出以下研究假设：

假设7.5：监管程度提高了并购前管理层业绩预告披露的准确性。

假设7.5a：对于好消息业绩预告，监管程度强化了并购前管理层发布高准确性业绩预告的动机，表现为好消息业绩预告准确性提高了。

假设7.5b：对于坏消息业绩预告，监管程度弱化了并购前管理层发布高准确性业绩预告的动机，表现为坏消息业绩预告准确性降低了。

第二节 研究设计

一、样本选择与数据来源

本章仍以2009~2018年间中国沪深两市的A股上市公司发生的并购事件和业绩预告为观测对象，并按照第四章的样本处理方法，先分别对并购样本和业绩预告样本进行筛选处理，接着按照公司代码将业绩预告样本与并购样本进行匹配，重点考察每个并购事件在并购公告日前（-90，-30）和与之相对应的并购完成日后（30，90）两个窗口的公司业绩预告披露准确性，最后得到了7102个有效并购预告样本。数据来源同第四章一样，除"同属管辖"并购特征数据是笔者手工收集外，其余数据均来自 CSMAR 和 Wind 金融数据库。由于本章研究的是业绩预告披露的准确性，不披露业绩预告的样本被剔除。为了控制异常值的影响，本章对连续变量1%以下和99%以上的分位数进行缩尾处理。

二、变量定义

本章的因变量是业绩预告披露的准确性，采用业绩预告误差来度量，业绩预告误差为预告净利润与实际净利润之差，与上期末权益市值的比值取绝对值。在计算预告净利润时，点估计预测取点，闭区间预测取中间值。自变量与本书第五章相同，其具体定义和说明见表5-1。而相关控制变量在本书第四章已作定义和说明，见表4-1。

三、研究模型

为检验研究假设，构建了以下研究模型：

$$fe = \beta_0 + \beta_1 AcquProxy + \beta_2 pre + \beta_3 AcquProxy \times pre + \gamma_i controls + \varepsilon$$

$$(7-1)$$

其中，$AcquProxy$ 为并购特征变量包括支付方式、关联性、管辖同属性、竞价形式和监管程度。pre 为预告时间，并购前90天为1，否则为0。$controls$ 为控制变量，包括公司规模、公司成长性、资产负债率、公司盈利能力、公司盈余变化、盈余波动性、盈余惯性、盈余管理、管理层持股比例、股权集中度、机构持股比例、行业、季度和年份等。

第三节　实证结果与分析

一、描述性统计分析

表 7 - 1 统计了样本上市公司主要变量的描述性统计。从表 7 - 1 可以看出，在管理层业绩预告披露准确性方面，样本上市公司业绩预告披露准确性均值为 0.008、中位数为 0.003、最小值为 0、最大值为 0.045，说明样本公司中业绩预告的准确性差异较大。

表 7 - 1　　　　　　　　　　样本的描述性统计

变量	样本数	均值	中位数	最小值	最大值	标准差
fe	3423	0.008	0.003	0.000	0.045	0.005
$rlatrd$	7102	0.368	0.000	0.000	1.000	0.482
$mpart$	7102	0.376	0.000	0.000	1.000	0.484
$pstock$	7102	0.305	0.000	0.000	1.000	0.461
$mode$	7102	0.126	0.000	0.000	1.000	0.332
bma	7102	0.252	0.000	0.000	1.000	0.434
$size$	7102	21.820	21.720	19.560	24.990	1.018
mb	7102	4.697	3.640	0.761	24.260	3.775
lev	7102	0.453	0.472	0.032	1.206	0.238
roa	7102	0.022	0.017	-0.074	0.149	0.032
hpr	7102	0.355	0.174	-0.555	2.929	0.687
sd	7102	0.034	0.032	0.013	0.067	0.012
em	7102	0.060	0.028	-4.456	5.570	11.987
$epsup$	7102	0.648	1.000	0.000	1.000	0.478
$fhrz$	3502	5.214	5.204	1.077	5.765	0.816
$adslist$	7102	0.743	1.000	0.000	1.000	0.437

续表

变量	样本数	均值	中位数	最小值	最大值	标准差
mhld	7102	0.053	0.000	0.000	0.638	0.165
shfst	7102	0.351	0.339	0.043	0.990	0.170
inst	7102	0.290	0.216	0.000	0.873	0.102

二、相关分析

由于本章控制变量较多，限于研究篇幅，笔者只报告了因变量和自变量之间的相关关系，而对控制变量的相关关系没有报告。表 7 – 2 相关分析检验的结果显示，业绩预告误差与并购的管辖同属性、关联性和股票支付方式显著正相关，这初步表明股票支付方式、管辖同属性和关联并购降低了业绩预告的准确性。重大并购和公开竞价并购分别与业绩预告误差显著负相关，表明重大并购和公开竞价并购提高了业绩预告的准确性。同时，所有变量的相关系数都低于 0.5，变量之间不存在高相关关系，说明本章的实证检验模型受多重共线性影响较小。

表 7 – 2   **主要变量的 Pearson 相关分析**

变量	fe	rlatrd	mpart	pstock	mode	bma
fe	1					
rlatrd	0.119 ***	1				
mpart	0.041 ***	0.159 ***	1			
pstock	0.024 **	0.346 ***	0.015 *	1		
mode	− 0.030 *	− 0.026 ***	− 0.037 **	− 0.025 ***	1	
bma	− 0.006 *	0.314 ***	− 0.009	0.035 ***	− 0.141 ***	1

注：*、**、*** 分别表示双尾显著性水平为 10%、5%、1%。

三、多元回归分析

表 7 – 3 至表 7 – 7 分别列示了并购特征对于管理层业绩预告披露的准确

性具有何种影响。

表 7 - 3   并购支付方式与业绩预告的准确性

变量	总体样本		坏消息样本		好消息样本	
	模型 1	模型 2	模型 3	模型 4	模型 5	模型 6
pre	0.001 * (1.71)	0.001 (1.53)	0.001 (0.89)	0.002 * (1.69)	0.001 * (1.83)	0.001 (0.76)
pstock	0.017 *** (3.99)	0.018 *** (3.13)	0.015 ** (2.34)	0.017 ** (2.02)	0.016 *** (3.57)	0.018 *** (3.03)
pre × pstock	0.007 ** (2.24)	0.008 ** (2.01)	0.005 * (1.69)	0.005 * (1.93)	0.006 ** (2.50)	0.008 ** (2.26)
size		0.001 (0.89)		0.001 (0.97)		0.001 (0.83)
mb		0.002 ** (2.34)		0.001 * (1.78)		0.002 *** (2.97)
lev		0.005 ** (2.39)		0.004 * (1.79)		0.005 ** (2.28)
roa		- 0.061 *** (- 3.78)		- 0.095 *** (- 3.43)		- 0.055 *** (- 3.10)
hpr		- 0.001 (- 0.99)		- 0.001 (- 1.60)		- 0.002 * (- 1.69)
sd		0.006 * (1.77)		0.016 * (1.79)		0.007 * (1.94)
epsup		0.001 (0.46)		0.001 (0.71)		0.002 (0.83)
fhrz		0.011 * (1.91)		0.013 * (1.73)		0.017 * (1.76)
adslist		- 0.001 (- 0.95)		- 0.000 (- 0.29)		- 0.002 (- 1.44)
mhld		0.156 (1.24)		0.342 (0.96)		0.147 (0.98)

续表

变量	总体样本		坏消息样本		好消息样本	
	模型1	模型2	模型3	模型4	模型5	模型6
shfst		0.002 (0.55)		0.003 (0.69)		0.002 (0.48)
inst		-0.006* (-1.75)		-0.004* (-1.71)		-0.005* (-1.94)
em		0.026 (1.64)		0.039 (1.55)		0.031 (1.43)
年度、季度、行业	控制	控制	控制	控制	控制	控制
_cons	-0.001* (-1.71)	0.001 (0.37)	0.001* (1.82)	-0.014 (-1.14)	-0.002* (-1.93)	0.016 (1.62)
N	3423	3423	856	856	2567	2567
r2_a	0.086	0.124	0.096	0.136	0.089	0.123
F	5.324	2.458	2.169	2.414	3.879	2.984

注：括号内 t 值是经 Huber/White/Sandwich 稳健估计调整；*、**、*** 分别表示双尾显著性水平为 10%、5%、1%。

表7-4　　　　　　　　**并购关联性与业绩预告的准确性**

变量	总体样本		坏消息样本		好消息样本	
	模型7	模型8	模型9	模型10	模型11	模型12
pre	0.002* (1.75)	0.002 (1.19)	0.001 (1.64)	0.003* (1.71)	0.001* (1.89)	0.001 (0.76)
rlatrd	0.013*** (2.77)	0.013** (2.32)	-0.012* (-1.85)	-0.013 (-1.56)	0.012** (2.37)	0.012* (1.89)
pre × rlatrd	0.003** (2.26)	0.005* (1.72)	-0.002* (-1.94)	-0.003* (-1.66)	0.001** (2.32)	0.002* (1.78)
size		0.001 (1.25)		0.001 (0.96)		0.001 (0.84)

续表

变量	总体样本		坏消息样本		好消息样本	
	模型 7	模型 8	模型 9	模型 10	模型 11	模型 12
mb		0.002 * (1.79)		0.001 * (1.76)		0.002 ** (2.44)
lev		0.005 ** (2.23)		0.004 * (1.76)		0.006 ** (2.39)
roa		−0.057 *** (−3.82)		−0.093 *** (−3.34)		−0.052 ** (−2.48)
hpr		−0.001 (−0.78)		0.002 (1.35)		−0.002 * (−1.74)
sd		0.005 * (1.87)		0.007 * (1.76)		0.004 * (1.93)
epsup		0.001 (0.64)		0.001 (0.84)		0.002 (1.43)
fhrz		0.012 * (1.79)		0.015 * (1.69)		0.018 * (1.80)
adslist		−0.001 (−0.93)		0.001 (0.25)		−0.002 (−1.61)
mhld		0.143 (1.52)		0.217 (1.08)		0.126 (1.34)
shfst		0.002 (0.77)		0.002 (0.92)		0.001 (0.83)
inst		−0.007 * (−1.85)		−0.005 * (−1.75)		−0.006 ** (−2.08)
em		0.024 (1.54)		0.035 (1.50)		0.038 (1.63)
年度、季度、行业	控制	控制	控制	控制	控制	控制
_cons	−0.001 (−0.82)	−0.003 (−0.87)	0.002 ** (2.27)	−0.016 (−1.44)	−0.001 (−1.56)	0.012 (1.22)

续表

变量	总体样本		坏消息样本		好消息样本	
	模型 7	模型 8	模型 9	模型 10	模型 11	模型 12
N	3423	3423	856	856	2567	2567
r2_a	0.090	0.131	0.098	0.159	0.091	0.157
F	2.984	2.361	2.035	2.231	2.247	2.654

注：括号内 t 值是经 Huber/White/Sandwich 稳健估计调整；＊、＊＊、＊＊＊分别表示双尾显著性水平为 10%、5%、1%。

表 7 – 5　　　　　　　　　并购管辖同属性与业绩预告的准确性

变量	总体样本		坏消息样本		好消息样本	
	模型 13	模型 14	模型 15	模型 16	模型 17	模型 18
pre	0.001＊ (1.76)	0.002 (0.46)	0.001 (0.82)	0.003 (0.53)	0.001＊ (1.87)	0.002 (0.41)
mpart	0.012＊＊ (2.45)	0.013＊ (1.66)	0.011＊ (1.91)	0.011 (0.87)	0.013＊ (1.76)	0.012 (0.68)
pre × mpart	0.004＊＊ (2.50)	0.003＊ (1.74)	0.001＊＊ (2.44)	0.002＊ (1.71)	0.005＊＊ (2.38)	0.004＊ (1.69)
size		0.001 (1.34)		0.001 (0.86)		0.001 (0.27)
mb		0.002＊ (1.83)		0.001 (0.77)		0.002＊＊ (2.32)
lev		0.006＊＊ (2.39)		0.005＊ (1.68)		0.007＊＊ (2.46)
roa		− 0.052＊＊＊ (− 3.71)		− 0.091＊＊＊ (− 3.23)		− 0.043＊＊ (− 2.35)
hpr		− 0.001 (− 1.10)		0.002 (1.48)		− 0.002＊ (− 1.69)
sd		0.005＊ (1.87)		0.009＊ (1.78)		0.005＊ (1.94)
epsup		0.001 (0.54)		0.001 (0.72)		0.003 (1.43)

续表

变量	总体样本		坏消息样本		好消息样本	
	模型 13	模型 14	模型 15	模型 16	模型 17	模型 18
fhrz		0.021 * (1.68)		0.012 * (1.77)		0.017 * (1.93)
adslist		-0.002 (-0.81)		-0.001 (-0.99)		-0.003 (-1.22)
mhld		0.193 (1.55)		0.176 (0.81)		0.187 (1.36)
shfst		0.002 (0.79)		0.003 (0.43)		0.002 (0.68)
inst		-0.008 * (-1.83)		-0.009 * (-1.88)		-0.006 * (-1.93)
em		0.034 (1.24)		0.055 (1.60)		0.046 (1.57)
年度、季度、 行业	控制	控制	控制	控制	控制	控制
_cons	-0.002 ** (-2.38)	-0.003 (-0.84)	0.001 (0.59)	-0.013 (-0.88)	-0.002 ** (-2.53)	0.008 (0.99)
N	3423	3423	856	856	2567	2567
r2_a	0.092	0.174	0.105	0.181	0.097	0.169
F	2.354	2.147	2.087	2.258	2.369	2.534

注：括号内 t 值是经 Huber/White/Sandwich 稳健估计调整；*、**、*** 分别表示双尾显著性水平为 10%、5%、1%。

表 7-6　　　　　　　　　公开竞价并购与业绩预告的准确性

变量	总体样本		坏消息样本		好消息样本	
	模型 19	模型 20	模型 21	模型 22	模型 23	模型 24
pre	0.002 * (1.81)	0.004 (0.42)	0.002 (0.75)	0.003 (1.01)	0.001 * (1.90)	0.002 (1.22)
mode	-0.011 * (-1.83)	-0.013 * (-1.66)	0.009 * (1.68)	0.010 (0.27)	-0.014 ** (-2.21)	-0.017 * (-1.70)

续表

变量	总体样本		坏消息样本		好消息样本	
	模型 19	模型 20	模型 21	模型 22	模型 23	模型 24
$pre \times mode$	-0.001 ** (-2.51)	-0.002 * (-1.91)	0.001 * (1.94)	0.003 * (1.67)	-0.003 ** (-2.42)	-0.005 * (-1.84)
$size$		0.001 (1.30)		0.001 (0.86)		0.001 (0.57)
mb		0.002 * (1.87)		0.001 * (1.69)		0.002 ** (2.27)
lev		0.006 ** (2.29)		0.004 * (1.71)		0.006 ** (2.33)
roa		-0.063 *** (-3.56)		-0.096 *** (-3.31)		-0.066 ** (-2.48)
hpr		-0.001 (-1.05)		0.002 (1.49)		-0.002 * (-1.88)
sd		0.005 * (1.75)		0.009 * (1.67)		0.004 * (1.88)
$epsup$		0.001 (0.41)		0.001 (0.56)		0.003 (1.27)
$fhrz$		0.011 * (1.78)		0.016 * (1.71)		0.019 * (1.67)
$adslist$		-0.002 (-0.71)		-0.003 (-0.84)		-0.003 (-1.36)
$mhld$		0.193 (1.51)		0.226 (0.93)		0.174 (1.24)
$shfst$		0.002 (0.74)		0.003 (0.76)		0.003 (0.87)
$inst$		-0.008 * (-1.86)		-0.008 * (-1.75)		-0.007 ** (-1.99)
em		0.034 (1.44)		0.055 (1.36)		0.046 (1.58)

续表

变量	总体样本		坏消息样本		好消息样本	
	模型 19	模型 20	模型 21	模型 22	模型 23	模型 24
年度、季度、行业	控制	控制	控制	控制	控制	控制
_cons	− 0.002 ** (− 2.25)	− 0.004 (− 0.57)	0.002 (1.19)	− 0.014 (− 1.04)	− 0.003 *** (− 3.16)	0.009 (0.94)
N	3423	3423	856	856	2567	2567
r2_a	0.101	0.137	0.103	0.185	0.098	0.133
F	2.177	2.276	2.044	2.369	2.120	2.298

注：括号内 t 值是经 Huber/White/Sandwich 稳健估计调整； * 、 ** 、 *** 分别表示双尾显著性水平为 10% 、 5% 、 1% 。

表 7 – 7　　　　　　　　　监管程度与业绩预告的准确性

变量	总体样本		坏消息样本		好消息样本	
	模型 25	模型 26	模型 27	模型 28	模型 29	模型 30
pre	0.002 * (1.84)	0.002 (1.27)	0.002 (0.94)	0.003 (1.16)	0.002 * (1.87)	0.001 (0.57)
bma	− 0.009 *** (− 3.66)	− 0.014 ** (− 2.26)	0.004 ** (2.14)	0.007 (1.58)	− 0.010 *** (− 3.57)	− 0.017 ** (− 2.46)
pre × bma	− 0.009 ** (− 2.49)	− 0.011 ** (− 2.08)	0.003 * (1.91)	0.007 * (1.67)	− 0.010 *** (− 2.95)	− 0.013 ** (− 2.34)
size		0.001 (0.92)		0.001 (0.79)		0.001 (0.68)
mb		0.001 ** (2.08)		0.001 * (1.84)		0.001 *** (2.82)
lev		0.005 ** (2.32)		0.004 * (1.76)		0.005 ** (2.21)
roa		− 0.061 *** (− 4.12)		− 0.097 *** (− 3.56)		− 0.069 *** (− 2.94)

续表

变量	总体样本		坏消息样本		好消息样本	
	模型 25	模型 26	模型 27	模型 28	模型 29	模型 30
hpr		−0.001 （−1.07）		0.003 （1.57）		−0.002* （−1.82）
sd		0.008* （1.75）		0.011* （1.81）		0.008* （1.92）
epsup		0.001 （0.56）		0.002 （0.86）		0.003 （1.54）
fhrz		0.013* （1.81）		0.015* （1.74）		0.018* （1.69）
adslist		−0.002 （−0.97）		−0.001 （−0.35）		−0.003 （−1.41）
mhld		0.142 （1.28）		0.347 （0.96）		0.151 （1.25）
shfst		0.002 （0.47）		0.003 （0.78）		0.002 （0.52）
inst		−0.007* （−1.82）		−0.003* （−1.69）		−0.005** （−2.01）
em		0.051 （1.46）		0.048 （1.56）		0.043 （1.51）
年度、季度、行业	控制	控制	控制	控制	控制	控制
_cons	−0.001 （−0.94）	−0.001 （−0.28）	0.002 （1.53）	−0.015 （−1.06）	−0.002 （−1.60）	0.015 （1.34）
N	3423	3423	856	856	2567	2567
r2_a	0.079	0.147	0.095	0.179	0.082	0.098
F	5.013	3.736	2.059	2.325	4.645	2.737

注：括号内 t 值是经 Huber/White/Sandwich 稳健估计调整；*、**、*** 分别表示双尾显著性水平为 10%、5%、1%。

表7-3显示，对业绩预告全样本而言，根据模型1和模型2可知，股票支付方式与并购前区间的交互项均在5%的水平上显著为正，这说明相比其他支付方式的并购，股票支付方式对并购前业绩预告误差具有显著的正向影响。即是在股票支付方式的并购前，管理层会发布准确性较低的业绩预告。进一步，根据业绩预告的消息属性将业绩预告全样本分为坏消息业绩预告样本和好消息业绩预告样本分别进行检验。对坏消息业绩预告样本而言，根据模型3和模型4可知，股票支付方式与并购前区间的交互项均在10%的水平上显著为正，这表明在股票支付方式并购前管理层会发布较其他支付方式更低准确性的坏消息业绩预告。而对好消息业绩预告样本而言，根据模型5和模型6可知，股票支付方式与并购前区间的交互项均在5%的水平上显著为正，这表明在股票支付方式并购前管理层会披露准确性更低的好消息业绩预告。这一实证结果支持了假设7.1、假设7.1a和假设7.1b。

表7-4显示，对业绩预告全样本而言，根据模型7可知，关联并购与并购前区间的交互项在5%的水平上显著为正；根据模型8可知，关联并购与并购前区间的交互项在10%的水平上显著为正。这些说明相比非关联并购，关联并购对并购前业绩预告误差具有显著的正向影响。即是在关联并购前，管理层会发布准确性较低的业绩预告。进一步，根据业绩预告的消息属性将业绩预告全样本分为坏消息业绩预告样本和好消息业绩预告样本分别进行检验。对坏消息业绩预告样本而言，根据模型9和模型10可知，关联并购与并购前区间的交互项均在10%的水平上显著为负。这表明在关联并购前管理层会发布较非关联并购更高准确性的坏消息业绩预告。而对好消息业绩预告样本而言，根据模型11可知，关联并购与并购前区间的交互项在5%的水平上显著为正；根据模型12可知，关联并购与并购前区间的交互项在10%的水平上显著为正。这些表明在关联并购前管理层会披露准确性更低的好消息业绩预告。上述实证结果基本支持了假设7.2、假设7.2a和假设7.2b。

表7-5显示，对业绩预告全样本而言，根据模型13可知，管辖同属并购与并购前区间的交互项在5%的水平上显著为正；根据模型14可知，管辖同属并购与并购前区间的交互项在10%的水平上显著为正。这些说明相比异地并购，管辖同属并购对并购前业绩预告误差具有显著的正向影响。即是在管辖同属并购前，管理层会发布准确性较低的业绩预告。进一步，根据业绩预告的消息属性将业绩预告全样本分为坏消息业绩预告样本和好消息业绩预

告样本分别进行检验。对坏消息业绩预告样本而言，根据模型 15 可知，管辖同属并购与并购前区间的交互项在 5% 的水平上显著为正；根据模型 16 可知，管辖同属并购与并购前区间的交互项在 10% 的水平上显著为正。这表明在管辖同属并购前管理层会发布较异地并购更低准确性的坏消息业绩预告。而对好消息业绩预告样本而言，根据模型 17 可知，管辖同属并购与并购前区间的交互项在 5% 的水平上显著为正；根据模型 18 可知，管辖司属并购与并购前区间的交互项在 10% 的水平上显著为正。这些表明在管辖同属并购前管理层会披露准确性更低的好消息业绩预告。上述结果基本支持了假设 7.3、假设 7.3a 和假设 7.3b。

表 7-6 显示，对业绩预告全样本而言，根据模型 19 可知，公开竞价并购与并购前区间的交互项在 5% 的水平上显著为负；根据模型 20 可知，公开竞价并购与并购前区间的交互项在 10% 的水平上显著为负。这些说明相比非公开竞价并购，公开竞价并购对并购前业绩预告误差具有显著的负向影响。即是在公开竞价并购前，管理层会发布准确性较高的业绩预告。进一步，根据业绩预告的消息属性将业绩预告全样本分为坏消息业绩预告样本和好消息业绩预告样本分别进行检验。对坏消息业绩预告样本而言，根据模型 21 和模型 22 可知，公开竞价并购与并购前区间的交互项均在 10% 的水平上显著为正。这表明在公开竞价并购前管理层会发布较非公开竞价并购准确性更低的坏消息业绩预告。而对好消息业绩预告样本而言，根据模型 23 可知，公开竞价并购与并购前区间的交互项在 5% 的水平上显著为负；根据模型 24 可知，公开竞价并购与并购前区间的交互项在 10% 的水平上显著为负数。这些表明在公开竞价并购前管理层会披露准确性更高的好消息业绩预告。上述结果基本支持了假设 7.4、假设 7.4a 和假设 7.4b。

表 7-7 显示，对业绩预告全样本而言，根据模型 25 和模型 26 可知，重大并购与并购前区间的交互项均在 5% 的水平上显著为负，这说明相比非重大并购，重大并购对并购前业绩预告误差具有显著的负向影响。即在重大并购前，管理层会发布准确性较高的业绩预告。进一步，根据业绩预告的消息属性将业绩预告全样本分为坏消息业绩预告样本和好消息业绩预告样本分别进行检验。对坏消息业绩预告样本而言，根据模型 27 和模型 28 可知，重大并购与并购前区间的交互项均在 10% 的水平上显著为正，这表明在重大并购前管理层会发布较非重大并购准确性更低的坏消息业绩预告。而对好消息业

绩预告样本而言，根据模型 29 可知，重大并购与并购前区间的交互项在 1% 的水平上显著为负；根据模型 30 可知，重大并购与并购前区间的交互项在 5% 的水平上显著为负。这些表明在重大并购前管理层会披露准确性更高的好消息业绩预告。上述结果基本支持了假设 7.5、假设 7.5a 和假设 7.5b。

综观上述实证研究结果，可以看出，市场化水平较高的公开竞价并购，其并购前管理层业绩预告披露的准确性相对较高，而市场化水平较低的重大并购，其并购前管理层业绩预告披露的准确性也较高。这说明市场的竞争机制有助于提高业绩预告披露的质量，同时在缺乏市场机制的情况下，外部监督机制对业绩预告质量的提升也存在一定的治理作用。

四、稳健性检验

（一）Heckman 两阶段回归解决支付方式选择的内生性问题

并购支付方式选择是公司内部的一项重要决策，因此支付方式的选择会受到公司本身一些特征因素的影响。为解决支付方式产生的内生性问题，本章根据赫克曼（Heckman, 1979）的方法，首先通过 Probit 模型计算出逆米尔斯比率，然后将其作为控制变量代入业绩预告披露准确性的研究模型进行回归分析。其实证结果如表 7-8 所示。表 7-8 显示，其实证结果跟前述基本保持一致，这说明本章结论是稳健的。

表 7-8　　并购支付方式与业绩预告披露准确性 Heckman 两阶段回归

变量	一阶段 Probit 回归	二阶段（OLS）		
	模型 1	模型 2（全）	模型 3（bn）	模型 4（gn）
pre		0.002 (1.12)	0.003 * (1.81)	0.001 (0.75)
pstock		0.016 *** (4.89)	0.009 ** (2.25)	0.016 *** (5.01)
pre × pstock		0.008 ** (2.32)	0.005 * (1.70)	0.008 *** (2.82)

续表

变量	一阶段 Probit 回归	二阶段（OLS）		
	模型 1	模型 2（全）	模型 3（bn）	模型 4（gn）
size		0.002 * （1.76）	0.001 （0.95）	0.001 * （1.74）
lev		0.005 ** （2.33）	0.004 * （1.76）	0.006 ** （2.42）
roa		−0.063 *** （−4.36）	−0.092 *** （−3.57）	−0.055 *** （−3.42）
mb	0.003 ** （2.13）	0.001 *** （3.03）	0.001 （0.24）	0.001 *** （3.64）
tval	0.657 *** （23.34）			
cash	−0.325 *** （−11.86）			
hpr	0.016 *** （5.03）	−0.001 （−1.19）	0.001 （1.35）	−0.001 * （−1.78）
sd		0.009 * （1.67）	0.013 * （1.79）	0.008 * （1.89）
epsup		0.001 （0.49）	0.001 （0.76）	0.001 （0.98）
fhrz		0.012 * （1.71）	0.011 * （1.66）	0.015 * （1.83）
adslist		−0.002 （−1.05）	−0.001 （−0.27）	−0.003 （−1.58）
mhld		0.064 （0.98）	0.445 （0.94）	0.057 （0.67）
shfst		0.002 （0.21）	0.003 （0.55）	0.001 （0.08）
inst		−0.007 * （−1.77）	−0.006 * （−1.67）	−0.007 * （−1.91）

续表

变量	一阶段 Probit 回归	二阶段（OLS）		
	模型 1	模型 2（全）	模型 3（bn）	模型 4（gn）
em		0.061 （1.39）	0.058 （1.47）	0.072 （1.55）
lambda		0.006 *** （3.97）	0.001 * （1.69）	0.006 *** （4.18）
_cons	− 3.146 *** （− 4.63）	− 0.008 （− 1.01）	− 0.014 （− 1.14）	0.006 （0.75）
N	7102	3423	856	2567
r2_p/r2_a	0.082	0.109	0.124	0.113
F	—	2.985	2.346	2.873

注：括号内 t 值和 z 值经 Huber/White/Sandwich 稳健估计调整；＊、＊＊、＊＊＊表示双尾显著性水平为 10%、5%、1%。

（二）更换业绩预告准确性替代变量

在前文的实证检验中，本章仅用了一个业绩预告准确度的替代变量。为了使本章的结果更为稳健，本章分别用以下两个指标来替代先前业绩预告准确性的度量指标，重新检验了研究模型，所得结果基本保持一致。这两个指标分别是：第一，预告净利润与实际净利润之差取绝对值与总资产的比值；第二，度量业绩预告乐观程度，首先计算业绩预告绝对误差，为预告净利润与实际净利润之差与实际净利润的比值。接着如果业绩预告绝对误差大于10%，定义为乐观；如果业绩预告绝对误差小于 − 10%，定义为悲观；如果业绩预告绝对误差不超过10%，定义为准确。最后对乐观业绩预告赋值为1，否则为0。限于研究篇幅，本章没有在此报告实证结果。

第四节　本　章　小　结

管理层业绩预告是投资者信息的潜在价值源泉，它给投资者提供了公司未来前景的信息。管理层业绩预告对投资者的有用性与业绩预告的质量密切相关。管理层业绩预告是一种前瞻性信息，不可避免具有事前不确定性和管理层主观性，为此信息使用者会更加关注业绩预告准确性。业绩预告越符合公司未来真实盈余，业绩预告信息质量就越高，信息使用者就越有可能根据业绩预告做出合理决策。相反，若是业绩预告与公司未来真实盈余情况相差甚远，信息使用者不仅不能获得决策有用的信息，反而会被误导。本章通过围绕并购的交易特征来研究管理层发布的业绩预告的准确性，不同的交易特征体现了不同的激励约束机制。

本章结合并购特征，深入研究管理层业绩预告披露准确性选择的影响因素，从而回答"不同并购特征下，并购公司管理层业绩预告披露准确度是否存在差异性？"这一基础问题。为了研究这一基础问题，本章考察了管理层业绩预告披露准确性是如何在不同披露情境下而表现出异质性。由于不同并购特征表征了不同的并购情境，因此本章从并购特征出发，分析了"支付方式、关联并购、同属管辖、竞争属性和监管程度"五种重要并购特征对于并购公司管理层业绩预告披露准确性的影响情况。为了更清晰地梳理本章的研究结果，笔者将本章实证结果汇总如表7-9所示。

表7-9 本章实证结果汇总

研究内容	研究假设	研究假设描述	研究结果
并购支付方式与业绩预告披露准确性	7.1	股票支付方式降低了并购前管理层业绩预告披露的准确性	支持
	7.1a	对于好消息业绩预告，股票支付方式弱化了并购前管理层发布高准确性业绩预告动机，表现为好消息业绩预告准确性降低了	支持
	7.1b	对于坏消息业绩预告，股票支付方式弱化了并购前管理层发布高准确性业绩预告的动机，表现为坏消息业绩预告准确性降低了	支持
关联并购与业绩预告披露准确性	7.2	关联并购降低了并购前管理层业绩预告披露的准确性	支持
	7.2a	对于好消息业绩预告，关联并购弱化了并购前管理层发布高准确性业绩预告动机，表现为好消息业绩预告准确性降低了	支持
	7.2b	对于坏消息业绩预告，关联并购强化了并购前管理层发布高准确性业绩预告动机，表现为坏消息业绩预告准确性提高了	支持

续表

研究内容	研究假设	研究假设描述	研究结果
同属管辖关系与业绩预告披露准确性	7.3	同属管辖降低了并购前管理层业绩预告披露的准确性	支持
	7.3a	对于好消息业绩预告，同属管辖弱化了并购前管理层发布高准确性业绩预告的动机，表现为好消息业绩预告准确性降低了	支持
	7.3b	对于坏消息业绩预告，同属管辖弱化了并购前管理层发布高准确性业绩预告的动机，表现为坏消息业绩预告准确性降低了	支持
竞争属性与业绩预告披露准确性	7.4	竞争属性提高了并购前管理层业绩预告披露的准确性	支持
	7.4a	对于好消息业绩预告，竞争属性强化了并购前管理层发布高准确性业绩预告的动机，表现为好消息业绩预告准确性提高了	支持
	7.4b	对于坏消息业绩预告，竞争属性弱化并购前管理层发布高准确性业绩预告的动机，表现为坏消息业绩预告准确性下降了	支持
监管程度与业绩预告披露准确性	7.5	监管程度提高了并购前管理层业绩预告披露的准确性	支持
	7.5a	对于好消息业绩预告，监管程度强化了并购前管理层发布高准确性业绩预告的动机，表现为好消息业绩预告准确性提高了	支持
	7.5b	对于坏消息业绩预告，监管程度弱化了并购前管理层发布高准确性业绩预告的动机，表现为坏消息业绩预告准确性降低了	支持

第一，支付方式。本章研究发现，整体而言，股票支付显著降低了并购前管理层业绩预告披露的准确性。进一步对业绩预告按消息属性进行分类，研究发现，对于好消息业绩预告，股票支付方式弱化了并购前管理层发布高准确性业绩预告的动机，表现为好消息业绩预告准确性降低了；对于坏消息业绩预告，股票支付方式减弱了并购前管理层发布高准确性业绩预告的动机，表现为坏消息业绩预告准确性降低了。因此，研究假设得到了实证检验支持。

第二，关联并购。本章研究发现，总体而言，关联并购显著降低了并购前管理层业绩预告披露准确性。进一步对业绩预告按消息属性进行分类，研究发现，对于好消息业绩预告，关联并购弱化了并购前管理层发布高准确性业绩预告的动机，表现为好消息业绩预告准确性降低了；对于坏消息业绩预告，关联并购由于在控股股东的治理下并购前管理层会披露更准确的业绩预告，表现为坏消息业绩预告的准确性提高了。因此，研究假设得到了实证检验支持。

第三，同属管辖。本章研究发现，总体而言，同属管辖显著降低了并购前管理层业绩预告披露的准确性。进一步对业绩预告按消息属性进行分类，研究发现，对于好消息业绩预告，同属管辖减弱了并购前管理层发布高准确性业绩预告的动机，表现为好消息业绩预告准确性降低了；对于坏消息业绩预告，同属管辖也弱化了并购前管理层发布高准确性业绩预告的动机，表现为坏消息业绩预告准确性降低了。因此，研究假设得到了实证检验支持。

第四，竞争属性。本章研究发现，总体而言，竞争属性显著提高了并购前管理层业绩预告披露准确性。进一步对业绩预告按消息属性进行分类，研究发现，对于好消息业绩预告，竞争属性强化了并购前管理层发布高准确性业绩预告的动机，表现为好消息业绩预告准确性提高了；对于坏消息业绩预告，竞争属性弱化了并购前管理层发布高准确性业绩预告的动机，表现为坏消息业绩预告准确性降低了。因此，研究假设得到了实证检验支持。

第五，监管程度。本章研究发现，总体而言，监管程度显著提高了并购前管理层业绩预告披露准确性。进一步对业绩预告按消息属性进行分类，研究发现，对于好消息业绩预告，监管程度强化了并购前管理层发布高准确性业绩预告的动机，表现为好消息业绩预告准确性提高了；对于坏消息业绩预告，监管程度弱化了并购前管理层发布高准确性业绩预告的动机，表现为坏消息业绩预告准确性降低了。因此，研究假设得到了实证检验支持。

本章的重要研究意义在于：一方面，本章结合并购特征，深入研究了不同并购特征下管理层业绩预告披露所表现的准确性情况，丰富了管理层业绩预告的研究文献，有助于增进对管理层业绩预告披露行为的理解；另一方面，本章的实证结果不仅揭示了市场的竞争机制有利于提升业绩预告披露的准确性，而且加强政府监管也有助于增进业绩预告披露的准确性。在法律执行机制不完善的转轨经济中，政府监管有助于维护市场有序发展（Pistor and Xu，2002）。并且已有文献发现，中国监管机构的行为具有治理效力，能够提高公司信息披露质量（沈洪涛和冯杰，2012；沈红波等，2014；李晓溪等，2019）。因此，管理层会为缓解监管压力和违规风险，提高业绩预告披露的准确性。

第八章

管理层业绩预告的经济后果研究

　　并购是公司业务增长和资源配置的重要战略决策，通过并购公司能在国内和国外市场上实现快速增长，从而对公司未来的发展产生深远影响。成功并购能够实现经营协同效应和财务协同效应，进而提高资源配置率。与此同时，并购也增加了管理层可控资源。并购的直接后果是公司规模的扩大。公司规模的扩大会使管理层可以控制更多的资源，并增强了管理层职位的稳定性和安全性，同时也会提高管理层的在职消费、社会地位和薪酬。因此，管理层无论基于公司利益还是个人利益，都有强烈的动机增加并购成功的可能性。获得投资者的支持是公司并购交易成功的关键（Moore et al.，1998）。投资者在并购前与管理层存在信息问题，管理层对并购交易拥有信息优势，并有动机夸大并购交易的协同效应和收益。而投资者难以识别并购交易的真正价值。这种信息不对称最终会导致投资者高估无价值并购，而低估有价值并购，不利于并购的成功。此时，增加信息披露，尤其是前瞻性信息的披露，可以降低管理层与投资者之间的信息不对称，因为股票价值是未来现金流量现值，前瞻性信息对投资者的决策更具有用性。

　　定期财务报告提供了被审计的历史信息，缓解了管理层和股东之间的代理问题，但在提供未来新信息方面的作用还十分有限（Ball et al.，2012）。而管理层业绩预告提供了面向未来的公司盈余预期的信息，对投资者决策更为重要，更为相关，因为投资决策的制定是基于对公司未来前景的预测。就并购决策而言，其整个决策过程都离不开管理层的预测。首先，管理层需要确定并购的目标公司，要确定目标公司管理层必须对目标公司进行有效的估值。对目标公司收益率的合理预测是对目标公司有效估值的基础。其次，并购公司还必须估计目标公司能带来的协同效应的价值。并购公司与目标公司产生的协同效应有可能是因为成本节约也有可能是因为收入的增加。管理层要进行准确的预测就需要对公司所处的经济环境、经营环境的竞争情况以及公司运营过程中成本收入结构有清晰的认识。最后，管理层需要确定收购价格，目标公司价值和其所能带来的潜在协同效应的价值是并购公司收购价格的基础。管理层的预测能力在并购决策中具有关键作用。

基于企业家能力理论，企业家或者管理层的经营能力对于其评估投资项目价值具有重要作用。公司投资决策需要管理层对未来潜在投资项目的预期收益进行预测，其预测能力对于投资决策有效性影响重大。萨莫拉（Zamora，2009）的研究认为，CFO 的预测能力与其人力资本市场上的价值相关，具有卓越预测能力的 CFO 更可能谋求到高薪酬的职位，更可能在内部晋升和工作转换中得到升职。但是，外在投资者无法直接观察到管理层预测能力。此时，外在投资者可能借助管理层其他方面的外显行为，来推测管理层对投资项目的预测能力，从而对投资项目进行商业评估。管理层业绩预告披露是典型的管理层能力外显行为。无论是投资决策还是业绩预告，都需要管理层对于未来投资环境和投资收益进行预测和判断。如果管理层有能力发展和维持能提供可靠数据的高质量会计信息系统，并且有能力预测公司商业环境的变化及其对盈余的影响，那么管理层业绩预告披露的质量就高。由于预测能力将会影响到业绩预告披露质量，而业绩预告是外显的，因此投资者可以通过管理层业绩预告披露质量分析，借此认识管理层预测能力，从而对管理层投资决策发表意见。例如，李（Lee et al.，2012）的研究认为，董事会将管理层业绩预告的准确性作为 CEO 对公司未来环境预测和反应的能力一个测度，通过检验 CEO 更替与管理层业绩预告误差的关系，他们发现，CEO 更替的概率与业绩预告误差的绝对值正相关，并且在公司业绩较差和 CEO 的壕沟能力较弱时，这种关系更强。鲍伊克等（Baik et al.，2013）直接考察了 CEO 的能力与管理层业绩预告披露的关系，研究发现，管理层业绩预告披露的频率与 CEO 的能力正相关，相比较能力差的 CEO，能力强的 CEO 会发布更准确的业绩预告，并且市场对能力强的 CEO 发布的业绩预告反应更大。赵峰和高明华（2013）研究发现，企业家能力能够提高信息披露水平。进一步研究发现，企业家关系网络能力、社会责任能力和战略管理能力越高，上市公司信息披露水平也越高。

此外，一些研究探索了信息的外部披露对内部决策制定的关系，例如，海默和拉布罗（Hemmer and Labro，2008）从理论上分析了财务报告系统对管理会计信息系统的影响，进而影响到公司的投资决策的质量。类似的，随后的学者进一步检验了外部报告与投资决策的关系（Durnev and Mangen，2009；Biddle et al.，2009；Bens et al.，2012；Badertscher et al.，2013；Shroff et al.，2014）。管理层业绩预告彰显出管理层把握信息能力、预期盈余能力和预测环境能力，是管理层业绩预告披露重要动机之一（Trueman，1986）。业绩预告预测和投资决策预测都需要管理层掌握充分信息和具备信息处理能力，因此管理层业绩预告能力能够有效信号管理层预测能力，业绩预告质量彰显出预测质量，能够作为外显指标用于度量管理层的预测能力，分析其对投资决策的影响。管理层预测能力要有效发挥，需要具备两个条件。一是发展和维持高质量的内部信息系统运作和获得充分的外部环境的信息；二是具有处理信息以用来预测未来的能力。而且，信息处理能力本身比信息资源多少更为重要（Simon，1973）。

对于投资者，公司内部的决策过程是无法观测到，他们所能获得的预测信息就只是管理层业绩预告。无疑管理层业绩预告在并购前成为投资者关注的重点。这不仅是因为管理层业绩预告提供了公司未来盈余的预期，而且更重要的是它揭示了管理层对公司经营环境认识的信息和预测公司未来前景能力的信息（Trueman，1986），这对并购决策过程具有重要作用。那么，基于管理层业绩预告对投资者的决策有用性和管理层对并购成功的追求，管理层在并购前会通过业绩预告的发布影响并购成功的概率吗？管理层业绩预告的发布提高了并购的效率和并购的公告效应吗？这是本章重点考察的问题。

第一节　理论分析与假设的提出

一、管理层业绩预告与并购的公告效应

管理层通过业绩预告可以降低与公司股东之间的信息不对称程度（Verrecchia，2001）。当公司发布并购公告时，市场对并购交易能产生的协同价值

存在一定程度的不确定性（Officer et al.，2009）。对并购交易的收益不对称信息可能导致并购公司股东对本来具有正的净现值的并购交易公告反应为负，因为公司股东对难以识别有价值并购交易和价值毁损的并购交易（Officer et al.，2009）。因此，并购前管理层会通过发布业绩预告作为信号工具来增强公司股东对并购的信心，从而获得公司股东对并购的支持。同时，管理层业绩预告也向目标公司的股东展示了并购公司的发展前景以及传递了管理层能力的信号。特鲁曼（Trueman，1986）基于理论模型的分析发现，有能力的管理者为了显示他们的经营能力，倾向于自愿披露公司业绩预告信息。公司股价可以被看成是"投资者对管理者能力认知程度的函数"。其中，该能力为管理层预测公司所处经济环境的变化以及据此调整公司生产计划的能力。如果投资者认识到管理层具有非凡能力，就会对管理者的预测能力和应变能力持乐观的态度，自然也会对其并购决策给予较好评价。此外，管理层业绩预告有助于缓解管理层与股东之间的代理问题（Healy and Palepu，2001），前人研究发现，在并购决策中存在代理问题（Morck et al.，1990）。一些并购交易是基于管理层效用最大化而不是股东财富最大化，这种并购比无代理问题并购存在更多负效应（Moeller et al.，2005）。管理层业绩预告提供了公司未来前景的信息能在一定程度上缓解代理问题。

管理层业绩预告的精确性不仅体现了管理层对公司未来前景的预测能力和准确判断，而且也向市场传递了管理层对公司未来前景把握的确定性情况。管理层对公司未来前景的情况越确定，其所做出的投资决策对公司带来的风险就越小。这样公司的并购决策就越能得到投资者的认同和支持，由此也能产生更大的市场反应。

由于管理层业绩预告的准确性需要由后续定期财务报告发布的实际盈利结果才能加以验证，因此在管理层发布业绩预告时，投资者是难以确定业绩预告的准确性。预测误差不是随机的，会随着管理层接受的激励机制和市场识别其预测误差能力的变化而变化（Rogers and Stocken，2005）。当市场对管理层预测误差的识别能力较强时，管理层会发布准确度较高的预测信息；当市场对管理层预测误差的识别能力较弱时，管理层有激励发布偏差的预测信息。在并购前，管理层受到的激励机制发生了变化，管理层为了获得投资者和目标公司对并购的支持，需要向市场传递较好的收入和盈利信息，从而彰显公司的实力。管理层有动机以高精确度形式发布乐观的业绩预告。而此时市场的投资者很难以去评价管理层业绩预告的可靠性，即市场对管理层预测误差的识别能力变弱了。由此投资者可能会错误地认为业绩预告是可靠的，从而对管理层的并购决策形成乐观的预期。

基于上述分析，本章提出以下研究假设：

假设8.1a：并购前管理层业绩预告的发布与并购的公告效应正相关。

假设8.1b：并购前管理层业绩预告披露的精确度和与并购公告效应正相关。

假设8.1c：并购前管理层业绩预告的乐观偏差和与并购公告效应正相关。

二、管理层业绩预告与并购完成时间

并购的完成时间是指并购公告到并购完成的期间。这期间越短，并购的完成效率越高，期间越长说明并购进行中受到的阻碍越大。并购完成时间的长短更多地取决于并购交易层面的一些因素，例如，并购的支付方式、并购的溢价和目标公司的业绩承诺等。梅耶斯和马基卢夫（Myers and Majluf，1984）认为，收购方如果采用股票支付方式进行收购，就会向市场传递其自身股票价格被高估的信息。为了缓解这种信息不对称问题，公司的管理层有动机去自愿发布业绩预告信息。业绩预告是管理层对公司未来盈利前景做出的估计，而未来盈利前景不仅是公司价值的重要体现，而且也彰显了公司的实力和把握未来投资机会的能力。业绩预告的披露有助于减少并购交易中的信息不对称，进而降低了与资本成本有关的评估风险，也消除了被收购企业对收购公司支付并购溢价能力的质疑。同时并购公司的实力和未来发展前景也影响了被收购企业在并购交易中是否会做出合理的业绩承诺。业绩承诺有助于降低并购交易过程中的谈判成本，也可以提高收购方对目标公司的选择能力和风险判断能力，提升并购效率。并且被并购企业如果对未来业绩做出承诺并承担相应的补偿责任，那么这种承诺就会对被收购企业产生一种压力，从而激励被收购公司的管理层更加积极地参与公司并购后的整合过程，进而降低并购的整合成本。此外，由于管理层业绩预告给投资者提供了决策有用的信息，在一定程度上有助于缓解公司股东和目标公司股东对并购的反对和抵制情绪，影响并购双方对并购的预期，从而增强了并购双方股东对并购的信心。

管理层业绩预告的精确程度越高，投资者会认为业绩预告信息越可信，从而市场反应越强烈（Baginski et al.，2007；王玉涛和王颜超，2012）。恩格等（Ng et al.，2013）的研究认为，管理层业绩预告越可靠，其市场反应也越大。因此，高精确度的业绩预告具有的信息含量更大，对投资者的决策有用性也更强。同时，管理业绩预告的精确度不仅体现了管理层对公司未来前景的预测能力和准确判断，而且也向市场传递了管理层对公司未来发展前景把握的确定性情况。管理层对公司未来发展前景的情况越确定，其所做出的投资决策对公司带来的风险就越小。这样公司的并购决策就越能获得公司股东和目标公司股东的认同和支持，形成对并购的乐观预期，从而提高并购的效率。

由于管理层业绩预告的准确性需要由后续定期财务报告发布的实际盈利结果才能加以验证，因此在管理层发布业绩预告时，投资者是难以确定业绩预告的准确性。在并购前，管理层受到的激励机制发生了变化，管理层为了获得投资者和目标公司对并购的支持，增强并购双方对并购的信心，需要向市场传递较好的收入和盈利信息，从而彰显公司的实力。管理层有动机以高精确度形式发布乐观的业绩预告。而此时市场的投资者看到的是高精确度的业绩预告，却难以去评价业绩预告的准确性，即市场对管理层预测误差的识别能力变弱了。由此投资者可能会被管理层误导，从而积极支持管理层的并购决策。乐观的业绩预告即使在后续的并购进程中，被证实存在乐观偏差，但由于预测信息的偏差无论是出于偶然的不能预期到的预测偏差，还是管理层有意为之的预测偏差，投资者是难以有效区分的，尤其在并购情境下情况更是如此，从而对并购产生的影响较小。此外，从并购监管上看，好公司的并购交易不是监管部门监管的重点，更容易获得审批。

基于上述分析，本章提出以下研究假设：

假设8.2a：并购前管理层业绩预告的发布缩短了并购完成时间。

假设8.2b：并购前管理层业绩预告披露的精确度与并购完成时间呈负相关。

假设8.2c：并购前管理层业绩预告的乐观偏差与并购完成时间呈负相关。

三、管理层业绩预告与并购成功概率

并购双方股东对并购的支持，对并购的成败有重要影响。布伦南（Brennan，1999）通过将并购分成善意并购、敌意并购和竞争性并购三类的研究发现，与善意并购相比，敌意并购和竞争性并购成功完成的概率更低。这说明目标公司股东抵制并购会影响并购成功的可能性。为了减少公司股东对并购的反对和目标公司股东对并购的抵制，管理层在并购前会通过业绩预告来影响并购双方股东对并购的信心。投资者的投资决策依赖于投资项目的投资收益的预期，而投资收益的预期取决于对公司未来成长性和产品需求的预期，公司未来盈余的预期又是公司未来成长性预期的基础（McNichols and Stubben，2008）。管理层业绩预告是对公司未来盈余的预期，对投资者具有决策有用性。管理层业绩预告一方面向公司股东提供了公司未来发展前景的信息，消除了股东对并购的疑虑；另一方面它给目标公司股东提供了未来协同效应的预期，降低了目标公司股东对并购的抵制。更重要的是，管理层业绩预告的披露向投资者揭示了管理层对公司经营环境变化的认知和预测公司未来发展前景的能力（Trueman，1986）。业绩预告的发布对管理层的预测能力向市场传递了信号，而管理层的预测能力是并购决策的重要因素，那么投资者会认为发布业绩预告的管理层所进行的并购更有价值，从而支持其并购。如果说业绩预告的发布信号了管理层的预测能力，那么业绩预告的精确度则反映了管理层的预测能力大小。管理层业绩预告精确度越高，则管理层预测能力越强。预测能力强的管理层所进行的并购更容易获得投资者的支持和信任，从而能提高并购的成功概率。

管理层业绩预告的准确性往往需要由后续定期财务报告发布的实际盈利结果才能加以验证，因此在管理层发布业绩预告时，投资者是难以确定业绩预告的准确性。在并购前，管理层受到的激励机制发生了变化，管理层为了获得投资者和目标公司对并购的支持，增强并购双方对并购的信心，需要向市场传递较好的收入和盈利信息，从而彰显公司的实力。因此，为提高并购成功的概率，管理层有动机以高精确度形式发布乐观的业绩预告。而此时市场的投资者看到的是高精确度的业绩预告，却难以去评价业绩预告的准确性，即市场对管理层预测误差的识别能力变弱了。由此投资者可能会被管理层误导，从而积极支持管理层的并购决策。虽然在后续的并购进程中，管理层的业绩预告会被证实存在乐观偏差，但由于预测信息的偏差无论是出于偶然的不能预期到的预测偏差，还是管理层有意为之的预测偏差，投资者是难以有效区分的，尤其在并购情境下更是如此，从而对并购产生的影响较小。

基于上述分析，本章提出以下研究假设：

假设8.3a：并购前管理层业绩预告的发布提高了并购成功的概率。

假设 8.3b：并购前管理层业绩预告披露的精确度与并购成功的概率正相关。

假设 8.3c：并购前管理层业绩预告披露的乐观偏差与并购成功的概率正相关。

第二节 研究设计

一、样本选择与数据来源

本章仍以 2009～2018 年间中国沪深两市的 A 股上市公司发生的并购事件和业绩预告为观测对象。首先对并购事件样本进行筛选。除了在并购事件样本中保留了并购失败的样本外，其余均按照第四章的并购事件样本处理方法对并购样本进行了筛选处理；其次对业绩预告样本进行筛选，其处理方法与第四章一样；接着按照公司代码将业绩预告样本与并购样本进行匹配，重点考察每个并购事件在并购公告日前（-90，-30）窗口的公司业绩预告披露行为的经济后果（见图 8-1）。数据来源和第四章一样，除"同属管辖"并购特征数据是笔者手工收集外，其余数据均来自 CSMAR 和 Wind 金融数据库。为了控制异常值的影响，本章对连续变量 1% 以下和 99% 以上的分位数进行缩尾处理。

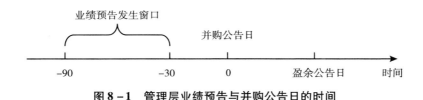

图 8-1 管理层业绩预告与并购公告日的时间

二、变量的定义和研究模型

（一）变量定义

本章考察的是并购前管理层披露的业绩预告对并购完成效率的影响。并购的完成效率主要体现在并购的公告效应、并购的完成时间和并购的完成概率。因此本章的因变量包括：第一，并购的公告效应，用并购公告日前后一天共三天的 CAR（-1，1）来度量，CAR 的计算采用市场模型法，估计窗口为并购公告日前（-30，-150）；第二，并购的完成时间，以并购完成日与并购公告日之差度量；第三，并购完成的概率，设立为哑变量，并购完成为 1，并购失败为 0。自变量为业绩预告披露意愿、精确度和准确性。其中，业绩预告披露意愿为哑变量，并购前（-90，-30）披露业绩预告为 1，否则为 0；业绩预告披露精确度为哑变量，点估计预测为 1，其他估计预测类型为 0；业绩预告披露准确性为哑变量，预告绝对误差大于 10% 为 1，否则为 0。因变量和自变量的代码和文献支持详见表 8-1。而相关控制变量在本书第四章已作定义和说明，见表 4-1。

表 8-1 　　　　　　　　　　　　　　**变量定义和度量**

变量类型	变量名称	代码	变量的定义和度量	文献支持
因变量	经济后果	CAR	CAR（-1，1）	Kimbrough et al.，2011
		$ctime$	ln（并购完成日 - 并购公告日 +1）	
		$compn$	并购完成 1，否则为 0	
自变量	披露意愿	f	并购前（-90，-30）披露业绩预告为 1，否则为 0	Choi et al.，2010；Ajinkya et al.，2005；Baginski and Hassell，1997；Baginski et al.，1993
	精确度	$preci$	点估计预测为 1，其他估计预测类型为 0	
	准确度	fe	预告绝对误差大于 10% 为 1，否则为 0	

注：预告绝对误差 =（预告净利润 - 实际净利润）/实际净利润。

（二）研究模型

为了检验前述的研究假设，笔者构建了研究模型（8-1），模型（8-2）和模型（8-3）。

$$CAR(-1，+1) = \beta_0 + \beta_1 DiscProxy + \gamma_i controls + \varepsilon \qquad (8-1)$$

$$ctime = \beta_0 + \beta_1 DiscProxy + \gamma_i controls + \varepsilon \qquad (8-2)$$

$$\text{Probit}(compn = 1) = \beta_0 + \beta_1 DiscProxy + \gamma_i controls + \varepsilon \qquad (8-3)$$

其中，*DiscProxy* 为披露意愿、披露精确度或披露准确性；*controls* 为控制变量，包括公司规模、公司盈利能力、公司成长性、资产负债率、盈余波动性、盈余惯性、行业、季度和年份等。

第三节　实证结果与分析

一、描述性统计分析和相关分析

表 8 - 2 列示了样本中主要变量的描述性统计。从表中可以看出，*CAR* 值的均值为 0.015，最小值为 - 0.567，最大值为 0.624，这说明样本公司中并购的公告效应差异性较大。同时进一步检验了各个变量之间的相关关系，由于变量比较多，本章没有报告变量的相关分析表。笔者检验相关分析的结果是，各个变量之间的相关系数均低于 0.5，可见多重共线性对本章回归分析影响较小。

表 8 - 2　　　　　　　　　　主要变量的描述性统计

变量	样本数	均值	中位数	最小值	最大值	标准差
CAR	4265	0.015	0.001	- 0.567	0.624	0.089
ctime	3551	5.231	5.640	0.000	9.212	1.597
f	4539	0.498	0.000	0.000	1.000	0.500
preci	2270	0.138	0.000	0.000	1.000	0.366
fe	2225	0.292	0.000	0.000	1.000	0.450
mpart	4539	0.364	0.000	0.000	1.000	0.475
mode	4539	0.145	0.000	0.000	1.000	0.386
pstock	4539	0.246	0.000	0.000	1.000	0.446
bma	4539	0.221	0.000	0.000	1.000	0.401
relatrd	4539	0.344	0.000	0.000	1.000	0.462
rsize	4539	0.079	0.032	0.000	1.317	0.149

续表

变量	样本数	均值	中位数	最小值	最大值	标准差
size	4539	21.850	21.740	19.120	25.400	1.241
mb	4539	4.487	3.640	0.432	24.260	2.854
lev	4539	0.385	0.406	0.043	0.827	0.202
roa	4539	0.021	0.016	-0.074	0.186	0.122
hpr	4539	0.356	0.178	-0.510	3.141	0.764
sd	4539	0.032	0.029	0.011	0.079	0.053
epsup	4539	0.639	1.000	0.000	1.000	0.473
loss	4539	0.146	0.000	0.000	1.000	0.324
fhrz	2270	0.692	1.000	0.000	5.765	0.499
adslist	4539	0.731	1.000	0.000	1.000	0.442
mhd	4539	0.049	0.000	0.000	0.638	0.187
shfst	4539	0.321	0.317	0.035	0.990	0.192
inst	4539	0.250	0.226	0.000	0.903	0.163

二、多元回归分析

管理层业绩预告披露决策不是随机的，而是内生决定的，要检验业绩预告披露选择的经济后果，必须先控制住业绩预告披露的内生性问题。因此本章采用了 Heckman 两阶段回归模型检验研究假设。

表 8-3 给出了业绩预告披露对并购的公告效应的影响。其中，模型 1、模型 3 和模型 5 分别是一阶段回归。从表 8-3 可以看出，业绩预告的披露意愿、业绩预告披露精确度和业绩预告的乐观偏差分别与 CAR 在 5% 的水平上显著正相关，这说明相对于没有披露业绩预告的公司，披露业绩预告的公司其并购的公告效应更大；相对于业绩预告披露精确度低的公司，披露高精确度业绩预告的公司其并购的公告效应更大；业绩预告乐观偏差大的公司其并购的公告效应更大。

表 8 - 3   业绩预告对并购公告效应的影响

变量	Probit (f)	CAR	Probit ($preci$)	CAR	Probit (fe)	CAR
	模型 1	模型 2	模型 3	模型 4	模型 5	模型 6
f		0.005 ** (2.33)				
$preci$				0.002 ** (2.15)		
fe						0.053 ** (2.36)
$size$	− 0.076 * (− 1.83)	− 0.009 (− 1.52)	− 0.231 *** (− 2.86)	− 0.003 (− 1.53)	0.003 (0.23)	− 0.008 * (− 1.91)
mb	− 0.042 (− 1.51)	− 0.004 ** (− 2.15)	− 0.075 (− 1.58)	− 0.005 ** (− 2.47)	0.007 (0.67)	− 0.005 ** (− 2.24)
roa	1.317 * (2.01)	0.043 (0.76)	4.851 (1.43)	− 0.035 (− 0.56)	4.032 (1.45)	0.053 (0.56)
lev	0.107 (0.71)	− 0.005 (− 0.34)	1.765 *** (3.62)	− 0.021 (− 1.43)	− 0.841 ** (− 2.19)	− 0.005 (− 0.55)
hpr	0.165 *** (3.73)	− 0.004 (− 1.22)	0.005 (0.45)	0.006 (0.87)	0.067 (0.94)	− 0.005 (− 0.73)
sd	− 1.184 * (− 1.89)	0.005 (0.27)	− 3.174 ** (− 2.44)	0.097 (1.51)	− 0.562 ** (− 2.36)	0.122 * (1.70)
$shfst$	− 0.177 (− 0.77)	− 0.014 (− 1.16)	− 0.367 (− 0.74)	0.031 (0.80)	0.519 (0.83)	− 0.003 (− 0.06)
$inst$	− 0.445 (− 0.85)	− 0.046 (− 1.23)	− 12.565 (− 1.46)	0.037 (0.47)	3.532 * (1.69)	− 0.039 (− 0.58)
$pstock$	0.283 * (1.81)	0.084 *** (5.13)	− 0.786 * (− 1.76)	0.064 ** (2.34)	− 0.873 * (− 1.70)	0.005 ** (2.18)
$mpart$	− 0.008 ** (− 2.30)	− 0.007 * (− 1.87)	− 0.054 * (− 1.90)	− 0.004 * (− 1.82)	− 0.115 (− 1.61)	− 0.003 ** (− 2.06)
bma	0.226 ** (2.25)	0.034 * (1.72)	− 0.577 * (− 1.84)	0.024 (1.51)	− 0.067 ** (− 2.24)	0.052 * (1.74)

续表

变量	Probit （f）	CAR	Probit （preci）	CAR	Probit （fe）	CAR
	模型 1	模型 2	模型 3	模型 4	模型 5	模型 6
relatrd	-0.127 * （-1.70）	-0.005 （-1.38）	-0.127 * （-1.73）	-0.034 ** （-2.16）	-0.010 ** （-2.19）	-0.007 * （-1.87）
mode	0.065 * （1.83）	-0.004 （-1.29）	0.098 （1.60）	-0.009 （-1.52）	0.112 * （1.76）	-0.014 （-1.59）
rsize		0.058 *** （4.40）		0.087 *** （2.84）		0.105 *** （4.97）
epsup	-0.065 （-0.63）		-0.185 （-0.91）		-0.027 （-0.29）	
loss	-0.135 * （-1.71）		-0.443 * （-1.91）		-0.253 * （-1.85）	
adslist	0.452 *** （6.32）		0.342 （1.53）		0.475 ** （2.46）	
mhd	0.656 *** （3.74）		-4.234 *** （-3.23）		0.562 （1.40）	
fhrz			-0.712 *** （-5.12）		-0.262 * （-1.81）	
lambda		-0.002 （-0.87）		0.003 （0.81）		-0.043 （-1.07）
年度、季度、行业	控制	控制	控制	控制	控制	控制
N	4539	4265	2270	2270	2225	2225
r2_a	—	0.102	—	0.109	—	0.112
r2_p	0.088	—	0.092	—	0.097	—

注：限于篇幅，省略了截距项和 F 值；括号内 t 值或 z 值是经 Huber/White/Sandwich 稳健估计调整；*、**、*** 分别表示双尾显著性水平为 10%、5%、1%。

表 8-4 给出了业绩预告披露对并购完成时间的影响。从中可以看出，业绩预告披露意愿、披露精确度和业绩预告的乐观偏差与并购的完成时间在

10%的水平上显著负相关，这表明相比较不披露业绩预告的公司，披露业绩预告公司并购的完成时间更短；相比较业绩预告披露精确度低的公司，业绩预告披露精确度高的公司并购的完成时间更短；业绩预告乐观偏差大的公司其并购的完成时间更短。

表 8 - 4　　　　　　　　　业绩预告对并购完成时间的影响

变量	Probit (f)	$ctime$	Probit ($preci$)	$ctime$	Probit (fe)	$ctime$
	模型 1	模型 2	模型 3	模型 4	模型 5	模型 6
f		− 0. 578 * （ − 1. 90）				
$preci2$				− 0. 376 * （ − 1. 85）		
$facc$						− 0. 794 * （ − 1. 94）
$size$	− 0. 076 * （ − 1. 83）	0. 042 （0. 73）	− 0. 231 *** （ − 2. 86）	0. 134 （1. 55）	0. 003 （0. 23）	0. 125 （1. 33）
mb	− 0. 042 （ − 1. 51）	0. 042 （0. 93）	− 0. 075 （ − 1. 58）	0. 084 ** （2. 11）	0. 007 （0. 67）	0. 078 * （1. 93）
roa	1. 317 * （2. 01）	− 1. 675 （ − 1. 45）	4. 851 （1. 43）	− 1. 687 （ − 0. 64）	4. 032 （1. 45）	− 1. 174 （ − 0. 69）
lev	0. 107 （0. 71）	− 0. 125 （ − 0. 76）	1. 765 *** （3. 62）	− 0. 825 （ − 1. 54）	− 0. 841 ** （ − 2. 19）	0. 577 （0. 92）
hpr	0. 165 *** （3. 73）	− 0. 012 （ − 0. 46）	0. 005 （0. 45）	− 0. 097 （ − 1. 05）	0. 067 （0. 94）	− 0. 128 （ − 1. 26）
sd	− 1. 184 * （ − 1. 89）	0. 825 （0. 78）	− 3. 174 ** （ − 2. 44）	0. 213 （0. 39）	− 0. 562 ** （ − 2. 36）	− 0. 713 （ − 0. 65）
$shfst$	− 0. 177 （ − 0. 77）	− 0. 826 *** （ − 2. 85）	− 0. 367 （ − 0. 74）	− 0. 647 *** （ − 3. 16）	0. 519 （0. 83）	− 0. 497 * （ − 1. 82）
$inst$	− 0. 445 （ − 0. 85）	2. 435 * （1. 91）	− 12. 565 （ − 1. 46）	0. 725 （0. 57）	3. 532 * （1. 69）	0. 746 （0. 46）

续表

变量	Probit (f)	ctime	Probit (preci)	ctime	Probit (fe)	ctime
	模型 1	模型 2	模型 3	模型 4	模型 5	模型 6
pstock	0.283 * (1.81)	0.047 (0.39)	− 0.786 * (− 1.76)	0.687 (1.36)	− 0.873 * (− 1.70)	0.737 (1.47)
mpart	− 0.008 ** (− 2.30)	− 0.365 *** (− 3.47)	− 0.054 * (− 1.90)	− 0.253 * (− 1.89)	− 0.115 (− 1.61)	− 0.525 * (− 1.87)
bma	0.226 ** (2.25)	0.869 *** (5.97)	− 0.577 * (− 1.84)	0.429 * (1.83)	− 0.067 ** (− 2.24)	0.241 ** (2.43)
relatrd	− 0.127 * (− 1.70)	− 0.624 *** (− 5.67)	− 0.127 * (− 1.73)	− 0.478 *** (− 3.37)	− 0.010 ** (− 2.19)	− 0.728 *** (− 2.96)
mode	0.065 * (1.83)	0.638 *** (5.37)	0.098 (1.60)	0.628 *** (3.54)	0.112 * (1.76)	0.851 *** (3.25)
rsize		0.126 * (1.85)		0.473 * (1.82)		0.629 (0.98)
epsup	− 0.065 (− 0.63)		− 0.185 (− 0.91)		− 0.027 (− 0.29)	
loss	− 0.135 * (− 1.71)		− 0.443 * (− 1.91)		− 0.253 * (− 1.85)	
adslist	0.452 *** (6.32)		0.342 (1.53)		0.475 ** (2.46)	
mhd	0.656 *** (3.74)		− 4.234 *** (− 3.23)		0.562 (1.40)	
fhrz			− 0.712 *** (− 5.12)		− 0.262 * (− 1.81)	
lambda		0.593 * (1.90)		− 0.225 (− 0.99)		− 0.687 (− 1.15)
年度、季度、行业	控制	控制	控制	控制	控制	控制
N	4539	4265	2270	2270	2225	2225

续表

变量	Probit（f）	ctime	Probit（preci）	ctime	Probit（fe）	ctime
	模型1	模型2	模型3	模型4	模型5	模型6
r2_a	—	0.122	—	0.126	—	0.124
r2_p	0.088	—	0.092	—	0.097	—

注：限于篇幅，省略了截距项和 F 值；括号内 t 值或 z 值是经 Huber/White/Sandwich 稳健估计调整；＊、＊＊、＊＊＊分别表示双尾显著性水平为10%、5%、1%。

表8-5列示了业绩预告披露对并购完成的概率的影响。具体而言，业绩预告的披露意愿、披露精确度和披露的乐观偏差均与业绩预告完成的概率在10%的水平上显著正相关。这表明相比不披露业绩预告的公司，披露业绩预告的公司提高了并购完成的可能性；相比披露低精确度业绩预告的公司，披露高精确度业绩预告的公司提高了并购完成的可能性；业绩预告乐观偏差大的公司其并购完成的可能性更大。

表8-5　　　　　　　　　　业绩预告对并购完成可能性的影响

变量	Probit（f）	compn	Probit（preci）	compn	Probit（fe）	compn
	模型1	模型2	模型3	模型4	模型5	模型6
f		0.796＊ (1.95)				
preci				3.457＊ (1.71)		
fe						2.889＊ (1.89)
size	−0.076＊ (−1.83)	0.146 (0.83)	−0.231＊＊＊ (−2.86)	−0.551 (−1.33)	0.003 (0.23)	0.162 (0.72)
mb	−0.042 (−1.51)	−0.048＊ (−1.80)	−0.075 (−1.58)	−0.313＊＊ (−2.42)	0.007 (0.67)	−0.064 (−0.56)
roa	1.317＊ (2.01)	5.742 (1.06)	4.851 (1.43)	8.673 (1.06)	4.032 (1.45)	−7.623 (−0.79)

续表

变量	Probit（f） 模型1	compn 模型2	Probit（preci） 模型3	compn 模型4	Probit（fe） 模型5	compn 模型6
lev	0.107 (0.71)	0.576 (0.74)	1.765*** (3.62)	-3.612** (-2.18)	-0.841** (-2.19)	2.436 (1.18)
hpr	0.165*** (3.73)	-0.584** (-2.25)	0.005 (0.45)	0.037 (0.28)	0.067 (0.94)	-0.176 (-0.57)
sd	-1.184* (-1.89)	-0.826 (-0.46)	-3.174** (-2.44)	0.985 (0.38)	-0.562** (-2.36)	-7.363 (-1.27)
shfst	-0.177 (-0.77)	0.974 (1.12)	-0.367 (-0.74)	1.243 (0.89)	0.519 (0.83)	-0.283 (-0.75)
inst	-0.445 (-0.85)	2.926 (0.82)	-12.565 (-1.46)	-0.769 (-0.35)	3.532* (1.69)	0.945 (0.52)
pstock	0.283* (1.81)	-2.178*** (-4.59)	-0.786* (-1.76)	-2.764* (-1.87)	-0.873* (-1.70)	-1.148* (-1.73)
mpart	-0.008** (-2.30)	0.187* (1.90)	-0.054* (-1.90)	0.049** (2.17)	-0.115 (-1.61)	0.142** (2.34)
bma	0.226** (2.25)	-1.355* (-1.84)	-0.577* (-1.84)	-2.624* (-1.92)	-0.067** (-2.24)	-2.047* (-1.84)
relatrd	-0.127* (-1.70)	0.316 (0.67)	-0.127* (-1.73)	0.327 (1.08)	-0.010** (-2.19)	0.573 (1.17)
mode	0.065* (1.83)	-0.489* (-2.09)	0.098 (1.60)	-0.194** (-2.49)	0.112* (1.76)	-0.005* (-1.90)
rsize		-0.067 (-0.68)		0.122 (0.59)		-1.567 (-0.96)
epsup	-0.065 (-0.63)		-0.185 (-0.91)		-0.027 (-0.29)	
loss	-0.135* (-1.71)		-0.443* (-1.91)		-0.253* (-1.85)	
adslist	0.452*** (6.32)		0.342 (1.53)		0.475** (2.46)	

续表

变量	Probit（f）	compn	Probit（preci）	compn	Probit（fe）	compn
	模型1	模型2	模型3	模型4	模型5	模型6
mhd	0.656 *** （3.74）		− 4.234 *** （− 3.23）		0.562 （1.40）	
fhrz			− 0.712 *** （− 5.12）		− 0.262 * （− 1.81）	
lambda		− 0.457 （− 0.94）		2.875 * （1.83）		1.653 （0.97）
年度、季度、行业	控制	控制	控制	控制	控制	控制
N	4539	4265	2270	2270	2225	2225
r2_p	0.088	0.121	0.092	0.129	0.097	0.114

注：括号内 z 值是经 Huber/White/Sandwich 稳健估计调整； * 、 ** 、 *** 分别表示双尾显著性水平为10% 、5% 、1% 。

综上所述，本章的研究假设均得到了支持。这表明了管理层为提高并购的完成效率，在并购前存在通过业绩预告发布以及对业绩预告的精确度和准确性的选择性披露，来促进公司并购完成效率的提升。

三、稳健性检验①

（一）利用 Cox 风险比例模型对假设 8.3a、假设 8.3b 和假设 8.3c 检验

Cox 风险比例模型是半参数模型，模型应用的约束条件较少，因此本章使用该模型重新检验了假设 8.3a、假设 8.3b 和假设 8.3c。所得结果基本保持一致，这说明本章实证结果较为稳健。

（二）更换样本重新检验本章的研究结论

由于季度报表没有经过审计，而年度报表需要经过审计，这两类监管程

---

① 限于篇幅实证结果没有报告。

度不同的报表有可能导致其业绩预告也有所差异。为此，本章将两类报表的业绩预告分开重新检验了本章的所有假设，所得的实证结果基本保持一致，进一步增强了本章研究结论的稳健性。

第四节　本章小结

并购是公司业务增长和资源配置的重要战略决策，通过并购公司能在国内和国外市场上实现快速增长，从而对公司未来的发展产生深远影响。成功并购能够实现经营协同效应、财务协同效应和控制价值，进而提高资源配置效率。增加信息披露，尤其是前瞻性信息的披露，可以降低管理层与投资者之间的信息不对称。

定期财务报告提供了被审计的历史信息，缓解了管理层和股东之间的代理问题，但在提供未来新信息方面的作用还十分有限（Ball et al.，2012）。而管理层业绩预告提供了面向未来的公司盈余预期的信息，对投资者决策更为重要，更为相关，因为投资决策的制定是基于对公司未来前景的预测。基于管理层业绩预告对投资者的决策有用性和管理层对并购成功的追求，本章考察了管理层在并购前的业绩预告发布及其业绩预告的精确度和准确性对于并购的公告效应、完成时间和完成概率的影响，实证结果证实了这些研究假设。具体而言：第一，在公告效应方面，并购前管理层业绩预告的发布与并购的公告效应正相关；并购前管理层业绩预告披露的精确度和乐观偏差与并购公告效应正相关。第二，在并购完成时间方面，并购前管理层业绩预告的发布缩短了并购完成时间；并购前管理层业绩预告披露的精确度和乐观偏差与并购完成时间呈负相关。第三，在并购完成概率方面，并购前管理层业绩预告的发布提高了并购完成的概率；并购前管理层业绩预告披露的精确度和乐观偏差与并购完成的概率正相关。实证检验结果均支持了本章提出的研究假设。这表明在并购前公司管理层存在通过业绩预告发布及对业绩预告的精确度和准确性的选择性披露，来影响公司并购完成的效率（见表 8 - 6）。

本章的研究贡献如下。第一，通过业绩预告质量考察管理层预测能力，拓展了公司资本性投资（特别是公司并购）、管理层预测能力的研究视角和研究文献。第二，实证检验了特鲁曼（Trueman，1986）的研究观点，即管理层有动机通过业绩预告来彰显出其能力水平，以促使投资者更加正面评价其预测环境变化和调整投资决策的能力水平。

表 8 – 6 本章实证结果汇总

研究内容	研究假设	研究假设描述	研究结果
并购公告效应与业绩预告披露意愿、精确度和准确性	8.1a	并购前管理层业绩预告的发布与并购的公告效应正相关	支持
	8.1b	并购前管理层业绩预告披露的精确度和与并购公告效应正相关	支持
	8.1c	并购前管理层业绩预告的乐观偏差和与并购公告效应正相关	支持
并购完成时间与业绩预告披露意愿、精确度和准确性	8.2a	并购前管理层业绩预告的发布缩短了并购完成时间	支持
	8.2b	并购前管理层业绩预告披露的精确度与并购完成时间呈负相关	支持
	8.2c	并购前管理层业绩预告的乐观偏差与并购完成时间呈负相关	支持
并购成功概率与业绩预告披露意愿、精确度和准确性	8.3a	并购前管理层业绩预告的发布提高了并购成功的概率	支持
	8.3b	并购前管理层业绩预告披露的精确度与并购成功的概率正柜关	支持
	8.3c	并购前管理层业绩预告披露的乐观偏差与并购成功的概率正相关	支持

并购公司管理层业绩预告披露的
内外部治理机制

　　本书的前述研究发现，并购公司管理层在并购前对业绩预告进行了选择性披露，倾向于乐观披露业绩预告。针对并购公司管理层在并购前对业绩预告的选择性披露行为，本章试图探讨相应的治理机制来约束管理层的这种机会主义行为。内部控制、外部监督作为重要的内外部公司治理机制，都将对公司业绩预告质量产生影响。美国 COSO 于 1992 年发布了《内部控制——整合框架》，随后许多国家参考 COSO 的内部控制框架制定了与本国相适应的内部控制规范。中国也于 2008 年 5 月出台了《企业内部控制基本规范》，而后相关部门又于 2010 年 4 月制定了企业内部控制配套指引。2012 年《企业内部控制基本规范》及配套指引在沪深两市主板上市公司施行。已有研究认为，有效的内部控制有助于降低公司代理成本、约束管理者或控股股东谋取私利的行为，合理保证财务报告的可靠性，抑制其披露虚假会计信息或盈余管理（Ashbaugh-Skaife et al. , 2008；张龙平等，2010；Goh and Li，2010；Altamuro and Beatty，2010；董望和陈汉文，2011）。业绩预告作为减少企业与外部投资者信息不对称的一种前瞻性信息，其相关财务信息的产出离不开企业的内部控制制度。童丽静和姜佳（2016）的研究认为，上市公司的内部控制水平越高，业绩预告信息的可靠性越高。

　　除了内部控制之外，在中国外部治理机制（媒体监督和分析师监督）是否也会影响并购公司的业绩预告质量并发挥公司治理效应？近年来，大众媒体在中国经济生活各个领域的影响力与日俱增，媒体监督也被看作是新兴资本市场上对司法保护不足有效替代的一项重要的制度安排（贺建刚等，2008），媒体的监督职能已受到普遍认可。与此同时，中国的证券分析师市场也不断发展成熟和完善。分析师作为信息中介，对上市公司的信息进行深度加工和解读，并向投资者提供新信息。不仅上市公司的管理层会影响分析师的盈余预测；而且分析师的盈余预测也会对管理层的业绩预告披露决策产生影响。本章同时选择分析师和媒体作为研究对象的原因在于：一方面，是媒体和分析师监督在中国经济生活中发挥了越来越重要的作用，受到理论和实务界的广泛关注（Dyck and Zingales，2004；Miller，2006；Joe，2009）；另一方面，媒体和分析师在资本市场中同为信息中介，并同上市公司一起都是信息发布者，存在竞争与制约的双重关系，这也使得媒体和分析师监督成为一种重要外部治理机制。

现有文献对于上市公司业绩预告治理机制的研究范围较为局限。大多仅考察某一类公司治理机制的治理效应，或者虽然已考虑了内外部公司治理机制但却割裂了这些治理机制之间可能存在的有机联系。基于此，本章从内部控制与外部监督的双重视角出发，将内部控制和外部监督这两种内、外部公司治理机制纳入统一的分析框架来探讨其对并购公司业绩预告质量的影响，并考察了外部监督（媒体监督和分析师监督）作为外部治理对于改善内部治理的积极作用。本章的研究不仅有助于加深对不同公司治理机制治理效率的理解，也丰富了业绩预告治理机制的相关文献。

本章的结构安排如下：第一节是理论分析和研究假设；第二节是研究设计；第三节是实证结果与分析；第四节是本章小结。

第一节　理论分析和研究假设

公司治理是为了解决公司制企业所有权和经营权分离问题的一系列制度安排（Shleifer and Vishny，1997），公司的业绩预告作为这些制度安排下解决公司与投资者之间信息不对称问题的一种重要机制，显然与公司治理具有紧密联系。因此，无论是属于内部治理的内部控制，还是属于外部治理制度安排的外部监督（媒体监督和分析师监督），都将对并购公司治理效率产生作用，进而影响并购公司的业绩预告披露质量。

一、内部控制与业绩预告质量

内部控制本质上是一项企业管理活动，其目标之一是合理保证财务报告的可靠性，降低财务报表的重大错报风险。而业绩预告作为减少公司与外部投资者信息不对称的一种信息披露方式，其相关财务信息的产出也离不开公司的内部控制。内部控制可能会增加并购公司业绩预告质量，理由至少包括以下两个方面。

第一，有效的内部控制有助于合理保证公司产生的会计信息具有真实性和可靠性。现有研究发现，良好的内部控制改善了财务报告的质量（Hermanson，2000），因为良好的内部控制不仅能有效防止并减少非故意性和故意性会计错报，提高会计信息质量，而且能够及时发现和抑制财务舞弊。同时，如果公司内部控制存在缺陷，将会降低内部控制质量，从而增加财务报告产生过程中的故意性和非故意性错报，相应降低会计盈余质量（Doyle et al.，2007）。若公司内部控制缺陷得到整改并由经相应审计鉴证后，投资者一般会预期公司的盈余质量将提高（He and Thornton，2013）。而业绩预告作为减少公司与外部投资者信息不对称的前瞻性信息，其相关财务信息（如预测净利润，每股收益等）的产出依赖于公司会计期间的业绩表现。业绩预告作为公司会计信息的预告，其信息质量也同样受内部控制的影响。

第二，内部控制可以有效防止和抑制管理层的业绩操纵行为，从而提高业绩预告的质量。业绩预告通常是管理层基于公司在会计期间的业绩表现做出的盈余预测，由此业绩预告信息具有管理层预测的主观性，容易受到管理层私利动机的影响。而健全有效执行的内部控制能够有效地查错防弊，能够对管理层权力进行制衡，降低管理层凌驾于内部控制之上对会计信息进行操纵的可能性，从而提高了业绩预告信息的可靠性，抑制了管理层舞弊，降低了管理层欺诈和更改会计记录的可能性。方红星和金玉娜（2011）的研究认为，公司的内部控制越健全，内部控制目标实现也越好，从而公司的盈余信息质量也相应越高，而会计盈余管理的程度也会相应降低。因为有效的内部控制能较好地抑制会计盈余管理和真实活动盈余管理。阿什巴夫·斯卡伊夫等（Ashbaugh-Skaife et al.，2008）的研究认为，存在内部控制缺陷的公司，应计质量较低，应计盈余噪音和异常应计盈余均较高。

因此，无论从内部控制对会计信息质量合理保证方面看，还是从内部控制对管理层的监督和制约方面看，并购公司高质量的内部控制都会提高业绩预告质量。何玉等（2018）发现高质量的内部控制能够降低上市公司对业绩预告进行修正的可能性，并且会减少上市公司业绩预告修正的次数。童丽静和姜佳（2016）发现内部控制的质量越高，上市公司业绩预告信息的可靠性也就越高。

基于上述分析，本章提出以下研究假设：

假设9.1：其他条件不变，并购公司内部控制水平越高，并购前披露的业绩预告质量越高。

二、外部监督与业绩预告质量

企业的内部控制是影响业绩预告信息可靠性的内部治理因素，而企业的外部监督也会影响到业绩预告披露的质量。在信息不对称和市场有效性较低的情形下，外部监督有利于市场建立有效的激励以促进公司披露投资者需要的信息，从而提高信息透明度，降低市场价值偏离，增强资本市场的配置效率。媒体监督和分析师监督作为两种外部监督机制，在一定程度能约束管理层对信息披露的操控行为，从而提高公司业绩预告质量。

（一）媒体监督与业绩预告质量

媒体在资本市场中发挥了信息解读和公司治理两种功能。一方面，大众媒体利用自身的信息搜集优势，对上市公司的信息进行搜集和加工分析，并在社会公众中广泛传播，对减少信息不对称并增强投资者识别能力起了重要作用（Merton，1987）。另一方面，媒体监督作为一项重要的法律替代机制，在中国转型经济背景下积极扮演着资本市场监督者的角色（戴亦一等，2013）。作为信息与舆论的传播和导向的主体，中国媒体对上市公司的业绩预告行为给予了充分关注，例如，《证券时报》《上海证券报》等每年均会对中国上市公司的业绩预告情况进行梳理，同时指出一些业绩预告违规行为。近年来，媒体关注的治理职能已得到国内外学者的广泛关注。一方面，为树立自身的社会形象和获得商业利益，媒体有动力去揭示公司经营过程中存在的问题（Miller，2006），从而推动公司改善内部治理（贺建刚和魏明海，2012），降低公司信息披露违规行为。媒体的揭露功能是一股强大的社会监督力量，大股东或管理层为树立公司良好的社会声誉，也迫于舆论压力不得不减少机会主义行为的实施。媒体监督在公司治理中发挥了重要作用，是改善公司治理环境的有益补充（Rajan and Zingales，2003）。乔等（Joe et al.，2009）通过对美国《商业周刊》评选出的美国最差董事会进行研究，发现媒体报道对加强董事会的效率有显著作用，尤其对低效的董事会其效果更为明显。沃尔奇科娃和辛格尔（Volchkova and Zingales，2008）的研究分析了俄罗斯新兴资本市场中媒体监督对公司治理效率以及其对规范股东行为的作用，发现媒体监督在没有有效司法保护和外部市场约束机制背景下，能够降低控制权私人收益，并可促进公司改正其不当行为。另一方面，媒体的关注给监管机构带来压力，促进其增加行政惩罚的可能性与惩罚力度来遏制公司的违规行为（李培功和沈艺峰，2010；于忠泊等，2011）。李培功与沈艺峰（2010）的研究以"最差董事会"公司为样本，发现媒体监督有助于促使公司纠正违规行为，同时认为中国媒体发挥治理作用的机制是因为其可以提高行政机构介入的可能性，从而由行政机构的介入最终降低公司的违规概率。由于业绩预告质量容易识别，监管机构、投资者、分析师和媒体都可通过业绩预告预测业绩与实际业绩的对比来评价公司的业绩预告质量，媒体监督可以在监管机构介入前对上市公司的业绩预告违规行为进行揭示，给监管机构产生压力，从而增加监管机构对业绩预告违规行为处罚的可能性和处罚程度，进而降低上市公司业绩预告违规的概率。此外，即便监管机构未发挥其应有的监管职能，媒体监督也会引起投资者的注意，进而影响上市公司的社会形象，并影响股票的交易量和交易额，引起股价波动（Barber and Odean，2008；Tetlock，2011）。为避免公司社会声誉受到影响，管理层会提高业绩预告披露的质量。在并购情境下，管理层为了获得并购成功，有动机对业绩预告进行选择性披露。但若并购公司受到媒体关注，管理层会为维护公司的社会形象和声誉而减少选择性披露业绩预告，从而提高业绩预告的质量。

基于以上分析，本章提出以下研究假设：

假设9.2：其他条件不变，媒体监督提高了并购公司并购前的业绩预告质量。

（二）分析师监督与业绩预告质量

证券分析师通过公开和私人渠道收集信息，不仅对其跟踪公司的当前业绩进行评估，也对其未来发展前景作出预测，并向投资者进行推荐（Healy and Palepu，2001）。证券分析师作为信息中介，对公司的信息披露进行市场监督和专业分析，其所发布的研究报告是公司相关信息的有益补充，降低了投资者信息收集和处理成本，促进了信息在资本市场上的传递，从而能够有效地降低信息不对称，提高资本市场效率，并影响证券的市场定价。分析师在资本市场上发挥着信息中介和外部公司治理的双重作用。分析师跟进对上市公司的影响是其发挥公司治理作用的基础。现有文献发现，分析师能够对上市公司的信息披露发挥有效的治理效应。例如，分析师跟进能够有效缓解上市公司的代理冲突（Moyer，1989），减少管理层的机会主义行为，提升公司价值（Chung and Jo，1996）。布什曼（Bushman，2004）的研究认为，分析师能够获得公司尚未披露的信息，或是已披露信息背后更深层次的内容，因此有助于降低公司的信息不对称程度。由于分析师在信息获取方面的优势，使其比监管机构更易于发现公司的财务舞弊问题（Dycket，2010）。同时分析师也可以在对公司经营信息的收集和分析处理过程中发现并抑制管理层的违规行为，降低代理成本（Healy and Palepu，2001）。郑建明等（2015）的研究认为，分析师监管作用的发挥是因为明星分析师较高的专业胜任能力和较为端正的职业操守，会对其关注的上市公司产生一定的治理和监督效力。最后分析师跟踪还可以部分替代制度与公司治理的作用，如降低上市公司的盈余管理行为，优化投资决策等（Knyazeva，2007；Yu，2008；李春涛等，2014）。因此，本章认为在并购情境下分析师跟踪能在一定程度上抑制公司的盈余管理和业绩操控行为，提高会计信息披露质量，从而增强业绩预告信息质量。同时在并购情境下，并购公司通常会有较多的分析师跟踪，媒体报道的信息就可能更多地被分析师利用，媒体关注将给管理层带来更大的市场压力，此时管理层倾向于提高业绩预告的质量。同时分析师跟进获得的相关信息也会通过媒体这一传播渠道在资本市场上扩散，从而加强分析师的监督作用。因此，分析师跟踪与媒体关注表现为互补的关系。

基于以上分析，本章提出以下研究假设：

假设9.3：其他条件不变，分析师监督提高了并购公司并购前的业绩预告披露质量。

假设9.4：在提升并购公司并购前业绩预告质量方面，媒体关注与分析师跟踪之间存在互补关系。

三、内部控制、外部监督和业绩预告质量

并购情境下，公司的管理层为获得并购成功，一方面，并购前有动机操控业绩预告的披露，以此给投资者和目标公司股东传递公司实力强大并具有广阔发展前景的信息，从而增强其对并购的信心，并赢得投资者的支持，消除目标公司的抵制情绪。另一方面，公司管理层有强烈维护公司社会形象和社会声誉的诉求。因为如果公司的社会声誉受到负面影响，会引起投资者和目标公司股东关注，并引起公司股价下跌，此时管理层的并购决策可能会遭到投资者的反对，也会受到目标公司的抵制，并购达成阻力增加。当并购公司存在媒体关注或有分析师跟进时，在外部监督机制的压力下，公司的管理层会减少机会主义行为，增加业绩预告的质量，以此来维护公司的社会声誉。因此，公司的内部控制与外部监督在提高业绩预告信息质量方面具有互补作用。即当公司的外部监督较为有效时，业绩预告质量对内部控制的依赖程度较低。也就是说当公司存在媒体关注或有分析师跟进时，这些外部监督机制会减弱内部控制对业绩预告信息质量的正向影响。基于此，本章提出以下研究假设：

假设9.5：在提升并购公司并购前业绩预告质量方面，媒体监督会弱化内部控制对业绩预告质量的正向影响。

假设9.6：在提升并购公司并购前业绩预告质量方面，分析师监督会弱化内部控制对业绩预告质量的正向影响。

第二节　研究设计

一、样本选择与数据来源

本章仍以2009～2018年间中国沪深两市的A股上市公司发生的并购事件

和业绩预告为观测对象。首先对并购事件样本进行筛选。由于分析师数据仅有年度数据，对于多次并购事件样本按年度而不再按季度处理。其余均按照第四章的并购事件样本处理方法对并购样本进行了筛选处理；其次对业绩预告样本进行筛选，其处理方法除了仅保留年度业绩预告样本外，其余均与第四章一样；最后按照公司代码将业绩预告样本与并购样本进行匹配，重点考察公司内部控制和外部监督对并购公司并购前业绩预告披露质量的治理效应。内部控制资料来自迪博数据库，"同属管辖"并购特征数据是笔者手工收集，其余数据来源和第四章一样，均来自 CSMAR 和 Wind 金融数据库。为了控制异常值的影响，本章对连续变量 1% 以下和 99% 以上的分位数进行缩尾处理。

二、变量的定义和研究模型

（一）变量的定义

1. 因变量。

根据宋云玲和罗玫（2017）及高敬忠和周晓苏（2013）的研究，本章采用业绩预告准确性来度量业绩预告质量。业绩预告的准确性定义为预告净利润与定期财务报告中的实际净利润之差，与实际净利润的比值并取绝对值。该指标反映了业绩预告的准确程度，业绩预告误差越小表示业绩预告的准确程度越高。

2. 解释变量。

（1）内部控制（ic）。本章借鉴林钟高等（2016）以及李常青等（2018）等的相关研究，采用迪博公司发布的内部控制指数作为内部控制质量的度量指标，内部控制指数越高，表明公司的内部控制越有效，内部控制质量越高。

（2）媒体监督（med）。以上公司在 CSMAR 的新闻数据库中新闻条数加 1 取自然对数作为度量指标。该指标越大，表示媒体监督力度越强。

（3）分析师监督（ana）。借鉴李春涛等（2014）以及于（Yu，2008）等的相关研究，本章将分析师监督定义为跟踪一个上市公司的券商数目。具体为分析师跟踪人数加 1 取自然对数。相关控制变量在本书第四章已作定义和说明，见表 4 - 1。

（二）研究模型

为了检验前述的研究假设，笔者构建了以下基础研究模型：

$$fq = \beta_0 + \beta_1 ic + \gamma_i controls + \varepsilon \qquad (9-1)$$

$$fq = \beta_0 + \beta_1 med + \gamma_i controls + \varepsilon \qquad (9-2)$$

$$fq = \beta_0 + \beta_1 ana + \gamma_i controls + \varepsilon \qquad (9-3)$$

$$fq = \beta_0 + \beta_1 ana + \beta_2 med + \beta_3 ana \times med + \gamma_i controls + \varepsilon \qquad (9-4)$$

$$fq = \beta_0 + \beta_1 ic + \beta_2 med + \beta_3 ic \times med + \gamma_i controls + \varepsilon \qquad (9-5)$$

$$fq = \beta_0 + \beta_1 ic + \beta_2 ana + \beta_3 ic \times ana + \gamma_i controls + \varepsilon \qquad (9-6)$$

其中，$controls$ 为控制变量，包括公司规模、公司盈利能力、公司成长性、资产负债率、盈余波动性、盈余惯性、行业、季度和年份等。

第三节　实证结果与分析

一、描述性统计分析和相关分析

表 9 - 1 给出了样本中主要变量的描述性统计。业绩预告质量的最小值为 0.001，最大值为 2.286，表明样本公司的预告净利润与实际净利润的误差的差异性较大，即是样本公司业绩预告的准确性差异较大。同时，进一步检验了各个变量之间的相关关系，由于变量比较多，本章没有报告变量的相关分析表。笔者检验相关分析的结果是，各个变量之间的相关系数均低于 0.5，可见多重共线性对本章回归分析影响较小。

表 9 - 1　　　　　　　　　　主要变量的描述性统计

变量	样本数	均值	中位数	最小值	最大值	标准差
fq	1480	0.266	0.120	0.001	2.286	0.331
ic	2953	6.231	6.204	5.940	6.754	0.102
med	2953	6.034	5.986	1.386	8.924	1.031

续表

变量	样本数	均值	中位数	最小值	最大值	标准差
ana	2953	1.438	1.124	0.000	4.125	1.165
mpart	2953	0.373	0.000	0.000	1.000	0.480
mode	2953	0.138	0.000	0.000	1.000	0.382
pstock	2953	0.258	0.000	0.000	1.000	0.453
bma	2953	0.234	0.000	0.000	1.000	0.409
relatrd	2953	0.337	0.000	0.000	1.000	0.476
rsize	2953	0.083	0.040	0.000	1.334	0.281
size	2953	21.861	21.763	19.134	25.512	1.257
mb	2953	4.364	3.704	0.453	24.260	2.803
lev	2953	0.362	0.396	0.0451	0.817	0.195
roa	2953	0.024	0.018	−0.070	0.183	0.117
hpr	2953	0.343	0.186	−0.507	3.093	0.741
sd	2953	0.034	0.031	0.013	0.068	0.015
epsup	2953	0.668	1.000	0.000	1.000	0.471
loss	2953	0.115	0.000	0.000	1.000	0.324
fhrz	1506	0.673	1.000	0.000	1.000	0.499
adslist	2953	0.731	1.000	0.000	1.000	0.446
mhd	2953	0.046	0.000	0.000	0.672	0.171
shfst	2953	0.364	0.353	0.059	0.963	0.192
inst	2953	0.237	0.219	0.000	0.897	0.159

二、多元回归分析

表9-2和表9-3分别列示了内部控制、媒体监督和分析师监督对业绩预告质量影响的回归结果。

表 9 - 2　　　　　　　　　　　　内外部治理对业绩预告质量的影响

变量	fq（OLS 回归分析）		
	模型 1	模型 2	模型 3
ic	-0.837^{***} (-5.36)		
med		-0.053^{**} (-2.35)	
ana			-0.076^{***} (-2.89)
$size$	0.017^{**} (2.03)	0.016^{**} (2.26)	0.016^{**} (2.20)
mb	0.042^{*} (1.76)	0.075^{*} (1.88)	0.058^{*} (1.69)
roa	-0.617^{**} (-2.21)	-0.851^{*} (-1.83)	-0.732^{*} (-1.94)
lev	0.107^{*} (1.71)	0.135^{**} (2.03)	0.131^{**} (2.19)
hpr	-0.093^{**} (-2.21)	$-0$085^{**}$ (-2.05)	-0.079^{*} (-1.94)
sd	0.984^{**} (2.09)	0.774^{**} (2.46)	0.862^{**} (2.27)
$shfst$	0.245 (1.43)	0.372 (0.94)	0.472 (1.53)
$inst$	-0.496^{**} (-2.05)	-0.565^{*} (-1.76)	-0.532^{*} (-1.89)
$pstock$	0.264^{*} (1.91)	0.371^{*} (1.85)	0.403^{*} (1.90)
$mpart$	0.017^{**} (2.30)	0.014^{*} (1.93)	0.016^{*} (1.89)
bma	-0.346^{**} (-2.35)	-0.401^{**} (-2.29)	-0.397^{**} (-2.40)

续表

变量	fq（OLS 回归分析）		
	模型 1	模型 2	模型 3
relatrd	0.627 ** (2.51)	0.583 ** (2.46)	0.610 ** (2.33)
mode	-0.067 * (-1.94)	-0.078 * (-1.89)	-0.072 * (-1.86)
epsup	0.079 (0.96)	0.085 (1.01)	0.088 (0.99)
loss	0.068 * (1.92)	0.047 * (1.94)	0.059 * (1.89)
adslist	0.582 *** (4.57)	0.548 *** (4.53)	0.495 *** (3.46)
mhd	0.056 (1.04)	0.034 (1.23)	0.049 (1.30)
fhrz	0.085 ** (2.13)	0.079 *** (3.12)	0.082 *** (2.81)
年度、行业	控制	控制	控制
N	1480	1480	1480
r2_a	0.058	0.072	0.067

注：限于篇幅，省略了截距项和 F 值；括号内 t 值是经 Huber/White/Sandwich 稳健估计调整； * 、 ** 、 *** 分别表示双尾显著性水平为 10% 、 5% 、 1% 。

表 9 - 3　　　　　　　内外部治理对业绩预告质量的影响

变量	fq（OLS 回归分析）		
	模型 4	模型 5	模型 6
ic		-0.746 ** (-2.33)	-0.758 ** (-2.42)
med	-0.039 * (-1.73)	-0.043 * (-1.85)	
ana	-0.102 ** (-2.42)		-0.076 ** (-2.01)

续表

变量	fq（OLS 回归分析）		
	模型 4	模型 5	模型 6
$med \times ana$	−0.147 ** (−2.51)		
$ic \times med$		0.013 * (1.91)	
$ic \times ana$			0.031 * (1.89)
$size$	0.015 ** (2.13)	0.014 ** (2.28)	0.017 ** (2.31)
mb	0.041 * (1.81)	0.070 (1.58)	0.052 * (1.72)
roa	−0.617 ** (−2.03)	−0.834 (−1.63)	−0.694 * (−1.75)
lev	0.106 * (1.71)	0.115 ** (2.12)	0.141 ** (2.20)
hpr	−0.097 ** (−2.09)	−0.089 ** (−1.99)	−0.082 * (−1.84)
sd	0.887 * (1.89)	0.694 ** (2.03)	0.813 ** (2.00)
$shfst$	0.237 (1.37)	0.379 (0.96)	0.434 (1.39)
$inst$	−0.503 * (−1.87)	−0.573 (−1.55)	−0.526 * (−1.71)
$pstock$	0.270 * (1.69)	0.386 (1.56)	0.473 * (1.71)
$mpart$	0.015 ** (2.26)	0.014 * (1.90)	0.015 * (1.79)
bma	−0.334 ** (−2.09)	−0.377 ** (−2.02)	−0.367 ** (−2.21)

续表

变量	fq （OLS 回归分析）		
	模型 4	模型 5	模型 6
$relatrd$	0.624 ** （2.00）	0.597 ** （2.11）	0.608 ** （2.05）
$mode$	− 0.064 * （− 1.70）	− 0.075 * （− 1.67）	− 0.069 * （− 1.71）
$epsup$	0.074 （1.03）	0.083 （0.97）	0.079 （0.65）
$loss$	0.065 * （1.71）	0.043 * （1.73）	0.053 * （1.69）
$adslist$	0.572 *** （3.32）	0.553 *** （3.01）	0.525 *** （2.96）
mhd	0.063 （1.34）	0.039 （1.23）	0.052 （1.28）
$fhrz$	0.87 ** （2.21）	0.077 ** （2.12）	0.085 ** （2.51）
年度、行业	控制	控制	控制
N	1480	1480	1480
$r2\_a$	0.081	0.098	0.087

注：限于篇幅，省略了截距项和 F 值；括号内 t 值是经 Huber/White/Sandwich 稳健估计调整；﹡、﹡﹡、﹡﹡﹡分别表示双尾显著性水平为 10%、5%、1%。

表 9 - 2 显示，从模型 1 可知，并购公司在并购前的管理层业绩预告披露误差在 1% 水平上与内部控制（ic）显著负相关，这支持了研究假设 9.1。这说明并购公司的内部控制质量越高，就越能有效减少管理层在并购前对业绩预告披露的选择性行为，从而提高并购前管理层业绩预告的披露质量。从模型 2 可知，并购公司在并购前的业绩预告披露误差在 5% 水平上与媒体监督（med）显著负相关，这支持了研究假设 9.2。这说明媒体对并购公司的关注度越高，就越能有效约束管理层在并购前对业绩预告披露的操纵，从而提高并购前管理层业绩预告的披露质量。从模型 3 可知，并购公司在并购前的业

绩预告披露误差在5%水平上与分析师监督（*ana*）显著负相关，这支持了研究假设9.3。这说明分析师对并购公司的关注度越高，就越能有效束缚管理层在并购前对业绩预告的选择性披露，从而提高并购前管理层业绩预告的披露质量。因此，不仅有效的内部控制能提高管理层业绩预告披露的质量，而且外部监督也在一定程度上能够约束管理层的机会主义行为，从而促使其披露准确性高的业绩预告。

表9-3显示，从模型4可知，媒体监督与分析师监督的交乘项（*med* × *ana*）在5%水平上显著为负，这说明在提高并购公司并购前业绩预告方面，媒体监督和分析师监督会互相强化其监督效果，促进并购公司管理层在并购前披露高质量的业绩预告，这支持了研究假设9.4。从模型5可知，内部控制和媒体监督的交乘项（*ic* × *med*）在10%的水平上显著为正，这说明当并购公司存在媒体关注时，其内部控制对其在并购前业绩预告披露的治理作用减弱了，这支持了研究假设9.5。从模型6可知，内部控制和分析师监督的交乘项（*ic* × *med*）在10%的水平上显著为正，这说明分析师跟踪减弱了并购公司内部控制对其在并购前业绩预告披露的治理作用，这支持了研究假设9.6。

总结前文中对内部控制、外部监督和并购公司在并购前业绩预告的披露质量相互关系的实证结果，显然本章的研究假设都得到了支持。根据上述实证结果，本章的主要发现有以下几点：

第一，内部控制和外部监督（媒体监督、分析师监督）都对并购公司在并购前业绩预告质量的提高有显著作用。这说明在并购情境下，要减少管理层对业绩预告的选择性披露，并提高业绩预告质量，可以从内部和外部治理机制两方面来加强。一方面可以通过提高并购公司的内部控制质量，以此来约束管理层在业绩预告披露的机会主义行为，从而提高业绩预告的质量。另一方面可以通过大力发展媒体和分析师市场，使资本市场上充斥更多的相关信息，从而提高其对并购公司的外部监督力度，进而促使并购公司管理层在并购前发布质量更高的业绩预告。

第二，现有研究大多分割了不同公司治理机制之间可能存在的有机联系，本章将内部控制和外部监督（媒体监督、分析师监督）这两种内外部公司治理机制纳入同一分析框架来探讨其对并购公司并购前的业绩预告质量的影响，有助于加深对不同公司治理机制之间相互作用的理解。首先，本章发现，媒体监督和分析师监督对提高并购公司并购前业绩预告质量的作用存在互补关系。即当媒体关注和分析师关注共同作用时，并购公司业绩预告质量会得到更大程度的提升。一方面，分析师可以将其获得的更多公司特质信息传导给媒体，并通过媒体这一渠道释放和传递到资本市场上，使资本市场上充斥更多的相关信息，这样媒体放大了分析师的治理作用；另一方面，媒体关注的信息，被分析师充分利用，会加大媒体对管理层的压力，从而增大媒体的治理作用。其次，本章发现，存在媒体关注时，内部控制对并购公司管理层在并购前业绩预告质量的提升作用减弱了，表现为媒体监督对内部控制治理作用的替代效应。最后，本章发现分析师监督也弱化了内部控制对并购公司管理层在并购前业绩预告质量提高的作用，也表现为分析师监督对内部控制治理作用的替代效应。究其原因可能是外部的监督力量有效抑制了并购公司管理层在并购前对业绩预告披露的选择性行为，使得业绩预告质量的提升较少地依赖公司的内部控制，相应内部控制的治理作用也就减弱了。

三、稳健性检验①

（一）更换业绩预告质量的代理变量

由于并购公司管理层在并购前倾向于披露乐观倾向的业绩预告，本章用反映业绩预告偏差的指标重新度量业绩预告质量。指标构建如下：首先计算业绩预告绝对误差，为预告净利润与实际净利润之差与实际净利润的比值。接着如果业绩预告绝对误差大于 10%，定义为乐观；如果业绩预告绝对误差小于 –10%，定义为悲观；如果业绩预告绝对误差不超过 10%，定义为准确。最后对乐观业绩预告赋值为 1，否则为 0。该指标度量了业绩预告的乐观倾向。本章用该指标度量业绩预告质量，并运用 Logit 回归模型重新检验了前文的研究假设，其实证结果基本保持一致。

（二）分组检验本章的研究假设

一方面，借鉴权小锋和吴世农（2012）的方法，以样本公司受媒体监督

---

① 限于篇幅，稳健性检验的结果均未报告。

力度强弱为标准对全体样本进行分组。将新闻报道数量作为度量公司受媒体监督力度强弱的指标，把新闻报道数量高于新闻报道数量平均值的样本公司作为受媒体监督力度强组，而把新闻报道数量低于新闻报道数量平均值的样本公司作为受媒体监督力度弱组。以此分组重新检验本章的假设9.2，所得结论与前文保持一致。另一方面，借鉴郑建明等（2015）和张娆等（2017）的做法，以样本公司受分析师监督力度强弱为标准对全体样本进行分组。在分析师跟踪的样本公司中，将跟进分析师是上一年明星分析师的样本公司作为受分析师监督力度强组，而将跟进分析师不是上一年明星分析师的样本公司划分为受分析师监督力度弱组。以此分组重新检验本章的假设9.3，所得结论与前文保持一致。

（三）内生性问题

1. 考虑到内部控制的质量高低由企业本身内生决定的，因此内部控制会受到公司本身的一些特征因素的影响。为解决内部控制的内生性问题，本章根据赫克曼（Heckman，1979）的方法，首先将影响内部控制的公司特征因素通过 Probit 模型计算出逆米尔斯比率，然后将其作为控制变量代入业绩预告质量的研究模型进行回归分析。其实证结果跟前述基本保持一致，这说明本章实证结果是稳健的。

2. 考虑到媒体监督和分析师监督均不是完全外生的，媒体和分析师都可能会选择性地对上市公司进行跟踪和报道。为了缓解内生性问题，本章分别借鉴李春涛等（2014）及陈泽艺和李常青（2019）的方法，采用上市公司是否属于沪深300成分股作为分析师人数的工具变量，采用公司所在行业的平均媒体关注作为媒体监督的工具变量，重新估计了前述模型，其实证结果跟前述基本保持一致。

第四节　本章小结

本章围绕内部控制、外部监督（媒体和分析师监督）与并购公司并购前管理层业绩预告质量的关系进行了较为深入的研究。本章主要考察了两个问题：第一，内部控制和外部监督是否影响并购公司并购前管理层业绩预告质量？本章的研究发现，内部控制和外部监督（媒体监督和分析师监督）都对并购公司在并购前业绩预告质量的提高有显著作用。通过加强内外部治理机制能够提升并购公司并购前的业绩预告质量。第二，内外部治理机制对提升并购公司并购前业绩预告质量的相互作用如何？本章研究发现，媒体监督和分析师监督对提高并购公司并购前业绩预告质量的作用存在互补关系。媒体和分析师监督对内部控制治理作用表现为替代效应。为了更清晰地梳理本章的研究结果，笔者将本章实证结果汇总于表9－4。

表9－4   本章实证结果汇总

研究内容	研究假设	研究假设描述	研究结果
内部控制与业绩预告质量	9.1	其他条件不变，并购公司内部控制水平越高，并购前披露的业绩预告质量越高	支持
媒体监督与业绩预告质量	9.2	其他条件不变，媒体监督提高了并购公司并购前的业绩预告质量	支持
分析师监督与业绩预告质量	9.3	其他条件不变，分析师监督提高了并购公司并购前的业绩预告披露质量	支持
媒体监督、分析师监督与业绩预告质量	9.4	在提升并购公司并购前业绩预告质量方面，媒体关注与分析师跟踪之间存在互补关系	支持
内部控制、媒体监督与业绩预告质量	9.5	在提升并购公司并购前业绩预告质量方面，媒体监督会弱化内部控制对业绩预告质量的正向影响	支持
内部控制、分析师监督与业绩预告质量	9.6	在提升并购公司并购前业绩预告质量方面，分析师监督会弱化内部控制对业绩预告质量的正向影响	支持

本章的重要研究意义在于：第一，对并购公司管理层在并购前的选择性披露行为治理机制进行了探索，发现内部控制、媒体监督和分析师监督都对其有相应的治理作用。第二，将内部控制和外部监督（媒体监督和分析师监督）这两种内外部公司治理机制纳入统一的分析框架进行探讨其对并购公司管理层并购前业绩预告质量的影响，证实了内外部公司治理机制之间并不是相互分割的，而是存在重要的相互作用关系。本章的实证结果具有一定的政

策意义：首先，内部控制对管理层业绩预告披露可以发挥积极的治理效应，因此对中国而言进一步推行内部控制审计，健全内部控制并有效执行内部控制制度，对公司信息披露质量的提升具有非常积极的意义。其次，推进媒体和分析师市场的发展和完善，能够使资本市场充斥更多的相关信息，从而增强其对公司的监督力度，进而有助于提升公司的信息披露质量。

第十章

研究结论与展望

本章将对全书的研究进行总结，具体结构安排如下。第一节概述本书的主要研究结论；第二节围绕本书研究发现提炼相关启示，并进一步提出政策建议；第三节剖析本书可能存在的不足，以及未来的研究方向。

第一节　研究结论

本书借鉴国内外文献并深入结合管理层业绩预告和并购相关制度背景，以中国 A 股市场 2009～2018 年上市公司发生的并购事件和管理层业绩预告为研究对象，首次较为系统地考察了并购公司管理层业绩预告披露行为的相关问题。在全面统计分析管理层业绩预告与并购行为发展现状的基础上，本书研究了并购事件对管理层业绩预告披露行为的影响，探讨了并购公司相比非并购公司管理层业绩预告披露行为的差异，考察了不同并购特征下管理层业绩预告披露行为的差异，进一步检验了业绩预告披露行为对并购产生的经济后果。本书研究结论有以下四点。

1. 并购公司管理层业绩预告披露行为存在选择性。

基于信息不对称理论、代理理论、信号传递理论和印象管理理论，本书研究发现：与非并购公司相比，并购公司管理层在并购前倾向于发布好消息业绩预告、高精确度业绩预告和乐观性业绩预告；并购公司管理层好消息业绩预告披露意愿在并购前比并购后显著更高；并购公司管理层坏消息业绩预告披露意愿在并购前比并购后显著更低。进一步研究发现，并购前，自愿性披露公司的业绩预告披露行为与强制性披露公司的业绩预告披露行为存在差异。

通过本书研究，我们发现，在并购这一重大交易事件中，并购公司较之非并购公司将会采取显著不同的管理层业绩预告披露行为，并且自愿性披露和强制性披露下并购公司管理层业绩预告披露行为也存在差异。本书研究发现有助于投资者正确识别管理层业绩预告的可靠性，也有助于市场监管者认识并购公司在并购交易事件中可能采取的业绩预告披露行为，从而采取相应策略来完善管理层业绩预告制度。

2. 不同并购特征下并购公司管理层业绩预告披露行为存在差异性。

支付方式方面。本书研究发现，就管理层业绩预告披露意愿而言，股票支付显著增强了并购前管理层业绩预告披露意愿。进一步对业绩预告按消息属性进行分类，研究发现，对于好消息业绩预告，股票支付增强了并购前管理层发布好消息业绩预告披露意愿，表现为更多披露好消息业绩预告。对于坏消息业绩预告，股票支付显著减弱了并购前管理层发布坏消息业绩预告披露意愿，表现为更少披露坏消息业绩预告。就管理层业绩预告披露精确度方面，整体而言，股票支付显著提高了并购前管理层业绩预告披露精确度。进一步对业绩预告按消息属性进行分类，研究发现，对于好消息业绩预告，股票支付显著提高了并购前管理层好消息业绩预告披露精确度，表现为好消息业绩预告精确度提高了。对于坏消息业绩预告，股票支付显著降低了并购前管理层坏消息业绩预告披露精确度，表现为坏消息业绩预告精确度降低了。就管理层业绩预告披露准确性方面，整体而言，股票支付显著降低了并购前管理层业绩预告披露准确性。进一步对业绩预告按消息属性进行分类，研究发现，对于好消息业绩预告，股票支付弱化了并购前管理层发布高准确性业绩预告的动机，表现为好消息业绩预告准确性降低了。对于坏消息业绩预告，股票支付降低了并购前管理层业绩预告准确性。

关联并购方面。本书研究发现，就管理层业绩预告披露意愿而言，关联并购显著减弱了并购前管理层业绩预告披露意愿。进一步对业绩预告按消息属性进行分类，研究发现，对于好消息业绩预告，关联并购减弱了并购前管理层发布好消息业绩预告披露意愿，表现为更少披露好消息业绩预告。对于坏消息业绩预告，关联并购显著增强了并购前管理层发布坏消息业绩预告披露意愿，表现为更多披露坏消息业绩预告。就业绩预告精确度方面，关联并购显著减弱了并购前管理层业绩预告披露精确度。就业绩预告准确性方面，总体而言，关联并购显著降低了并购前管理层业绩预告披露准确性。进一步对业绩预告按消息属性进行分类，研究发现，对于好消息业绩预告，关联并购弱化了并购前管理层发布高准确性业绩预告动机，表现为好消息业绩预告准确性降低了。对于坏消息消息业绩预告，关联并购增加了并购前管理层发布业绩预告的准确性。

同属管辖方面。本书研究发现，总体而言，同属管辖显著减弱了并购前管理层业绩预告披露意愿。进一步对业绩预告按消息属性进行分类，研究发现，对于好消息业绩预告，同属管辖减弱了并购前管理层发布好消息业绩预告披露意愿，表现为更少披露好消息业绩预告。对于坏消息业绩预告，同属管辖显著增强了并购前管理层发布坏消息业绩预告披露意愿，表现为更多披露坏消息业绩预告。就业绩预告披露精确度方面，同属管辖显著减弱了并购前管理层业绩预告披露精确度。就业绩预告披露准确性方面，总体而言，同属管辖显著减弱了并购前管理层业绩预告披露准确性。进一步对业绩预告按消息属性进行分类，研究发现，对于好消息业绩预告，同属管辖减弱了并购前管理层发布高准确性业绩预告动机，表现为好消息业绩预告准确性降低了。对于坏消息业绩预告，同属管辖降低了并购前管理层发布业绩预告的准确性。

竞争属性方面。本书研究发现，总体而言，竞争属性显著增强了并购前管理层业绩预告披露意愿。进一步对业绩预告按消息属性进行分类，研究发现，对于好消息业绩预告，竞争属性增强了并购前管理层发布好消息业绩预告披露意愿，表现为更多披露好消息业绩预告。对于坏消息业绩预告，竞争属性降低了对并购公司管理层业绩预告披露意愿。就业绩预告披露精确度方面，竞争属性显著增强了并购前管理层业绩预告披露精确度。就业绩预告准确性方面，总体而言，竞争属性显著提高了并购前管理层业绩预告披露准确性。进一步对业绩预告按消息属性分类，研究发现，对于好消息业绩预告，竞争属性提高了并购前管理层发布业绩预告的准确性，表现为好消息业绩预告准确性提高了。对于坏消息业绩预告，竞争属性降低了并购前管理层发布业绩预告的准确性。

监管程度方面。本书研究发现，总体而言，监管程度显著增强了并购前管理层业绩预告披露意愿。进一步对业绩预告按消息属性进行分类，研究发现，对于好消息业绩预告，监管程度减弱了并购前管理层发布好消息业绩预告披露意愿，表现为更少披露好消息业绩预告。对于坏消息业绩预告，监管程度显著增强了并购前管理层发布坏消息业绩预告披露意愿，表现为更多披露坏消息业绩预告。就业绩预告披露精确度方面，监管程度显著减弱了并购前管理层业绩预告披露精确度。就业绩预告披露准确性方面，总体而言，监管程度显著提高了并购前管理层业绩预告披露的准确性。进一步对业绩预告按消息属性进行分类，研究发现，对于好消息业绩预告，监管程度增强了并购前管理层发布高准确性业绩预告的动机，表现为好消息业绩预告准确性提高了。对于坏消息业绩预告，监管程度降低了并购前管理层发布业绩预告准确性。

综观上述实证研究结论，对于市场化水平较高的并购交易，管理层在并购前业绩预告披露的意愿更强，业绩预告披露的质量也相对较高；而对于非市场化的并购交易，管理层在并购前业绩预告的披露意愿和披露质量也更低。因此，业绩预告制度对于投资者保护就显得更为重要。在新兴市场环境下，并购交易市场化水平低，市场对管理层提供业绩预测信息的激励较弱。在此情况下，具有信息弱势的中小投资者，相比"大户"和机构投资者，在信息获取的数量、质量和时间上都处于劣势地位。从本书有关监管程度对并购前管理层业绩预告披露行为影响的研究结果来看，加强监管有助于提高管理层业绩预告披露意愿和准确性，但在提高业绩预告披露精确度上作用有限。

3. 并购公司管理层借助管理层业绩预告披露提高了并购完成效率。

管理层业绩预告提供了面向未来的公司盈余预期的信息，对投资者决策更为重要，因为投资决策的制定是基于对公司未来前景的预测。基于管理层业绩预告对投资者的决策有用性和管理层对并购成功的追求，本书考察了管理层在并购前的业绩预告披露意愿及其精确度和准确性对于并购的公告效应、完成时间和完成概率的影响情况，实证结果证实了这些研究假设，表明并购公司管理层通过业绩预告的发布影响了投资者对并购的支持，从而提高了并购的完成效率。

4. 内部控制和外部监督（媒体和分析师）对并购公司管理层业绩预告选择性披露行为具有治理作用。

内部控制、外部监督作为重要的内外部公司治理机制，都将对公司业绩预告质量产生影响。本书从内部控制与外部监督的双重视角出发，将内部控制和外部监督这两种内外部公司治理机制纳入统一的分析框架来探讨其对并购公司业绩预告质量的影响，并考察了外部监督（媒体监督和分析师监督）作为外部治理对于改善内部治理的积极作用。实证结果表明，内部控制和外部监督（媒体监督和分析师监督）都对并购公司在并购前业绩预告质量的提升有显著作用。通过加强内外部治理机制能够提升并购公司并购前的业绩预告质量。媒体监督和分析师监督对提高并购公司并购前业绩预告质量的作用存在互补关系。媒体监督和分析师监督对内部控制治理作用表现为替代效应。

第二节　研究启示与政策建议

本书系统地研究了并购公司并购前业绩预告的披露行为，并进一步从并购支付方式、竞价形式、关联性、同属性和监管程度五个方面探索了并购公司业绩预告的披露行为。最后还检验了并购公司业绩预告披露行为的经济后果和探讨了并购公司管理层业绩预告披露的治理机制。本书研究结论对于优化投资者投资决策、完善上市公司业绩预告披露政策，以及推动中国证券市场的稳定和健康发展，有以下几点启示和政策建议。

一、对投资者的启示

第一，管理层业绩预告是投资者获取潜在价值的信息源泉。基于现阶段中国业绩预告制度不完善，投资者在对待公司业绩预告时，应持有谨慎态度。不仅要关注业绩预告是好消息还是坏消息，同时还要关注业绩预告的可靠性，包括业绩预告的精确度和准确度。精确度一般从形式上很好判断，而准确性就需要投资者关注公司前期业绩预告是否发生过修正，是否发生过"变脸"，以及业绩预告披露的形式。通常自愿披露的业绩预告修正概率更低。

第二，管理层业绩预告对投资者具有决策有用性。管理层业绩预告越准确说明管理层的能力越强。投资者在进行投资决策时，不能仅仅关注公司的业绩状况，对管理层的能力也需要考虑。业绩预告在一定程度上可以体现管理层能力，投资者可以根据业绩预告质量来考察管理层能力，从而提高投资效率。

二、对上市公司的启示

第一，管理层业绩预告增进了投资者信心。当市场环境不确定性时，投资者往往受困于无法预测公司的未来发展前景，管理层可以通过发布业绩预告向市场明确公司的未来发展前景，以此来增强投资者对公司的信心，进而吸引更多的潜在投资者。因此，并购公司管理层应该善于利用业绩预告来增进市场投资者对其并购行为的理解和认可，从而提高并购交易的完成效率。

第二，管理层业绩预告信号了管理层能力。当管理层在发布业绩预告时，不能仅单纯追求某种意图而随意操纵业绩预告发布。发布业绩预告是有成本的，虚假不实的业绩预告被随后的定期报告验证是有误时，管理层会遭到声誉损失，并且其能力和品行都将受到投资者的质疑，甚至可能遭到解聘。因此，管理层应该综合考虑业绩预告各种不同披露行为所具有的不同影响作用，从而提高业绩预告效果。

三、对监管机构的启示

第一，从全面监管到重点监管。本书研究表明，并购事件下并购公司管理层业绩预告披露存在选择性行为，对业绩预告具有操控行为。由于兼并收购是公司重大战略决策，将影响到行业发展，因此市场监管机构应该针对重大公司并购重点关注，切实保障中小投资者的信息知情权。此外，本书研究还表明，市场机制在一定程度上能够促进并购公司管理层进行业绩预告披露，政府过分干预不利于业绩预告披露。因此，在"简政放权"背景下，我们应该深刻认识和把握市场机制对于并购行为和业绩预告披露行为的影响，提高市场对于并购交易的资源配置。

第二，加大处罚力度，提高监管能力和水平。本书研究表明，政府监管力度不够，导致政府监管的情境下，不但市场机制难以发挥应有的作用，而且政府监管效果低下，难以提高业绩预告披露质量。究其原因，在于对于业绩预告处罚不力，上市公司违规成本过低。因此，政府不仅需要提高监管力度，而且还需要着力提高监管能力。

第三，建立业绩预告预测记录。诚信制度是一个国家发展的重要基础，也是一个企业发展的精神基石。基于经济学基础理论，市场监管部门应该摆正位置，不直接干预企业的市场行为，但是需要发挥好监督管理功能，为市场经济"保驾护航"。因此，在管理层业绩预告制度方面，有必要建立起业绩预告预测记录，从而减少管理层操纵业绩预告披露，提高业绩预告市场化水平。

第三节 研究局限性和未来研究方向

管理层业绩预告研究是信息披露研究的一个重要话题。由于业绩预告披露带有主观性和可选择性，对业绩预告一般性研究难以检验业绩预告的披露动机。笔者基于并购事件，较为系统地研究了上市公司业绩预告披露行为。笔者试图沿着"动机—行为—结果—治理"这一路径，较为深入地对管理层业绩预告披露行为进行研究。虽然力求完善，但仍存在局限性。

第一，业绩预告披露动机方面。本书基于信息不对称等各种理论和信号传递等各种假说，分析了不同并购特征下管理层业绩预告披露行为的差异性及其经济后果。然而，业绩预告披露行为作为一项重要的公司行为，需要深入分析其背后的动机所在。在其他的情境下，管理层业绩预告披露动机是否不同，什么因素主导了业绩预告的披露？未来研究可以继续拓展。

第二，业绩预告的预测绩效方面。管理层业绩预告给投资者提供的预测信息并不是针对并购绩效的预测，因此对并购产生的影响是间接的。由于并购绩效预测信息数据的不足和时间区间不够长，本书没有进行这部分预测信息的检验。未来研究可以直接检验并购绩效的预测信息对并购绩效的短期和长期影响。

第三，考虑分析师预测的影响作用。分析师作为市场的另一发布预测信息的主体，他们对于并购前管理层业绩预告披露行为如何反应，本书尚未探讨。随着中国分析师行业的发展壮大和其规范性的加强，可以预见在未来对分析师预测的研究会越来越多。此外，管理层业绩预告不仅受披露背景的影响，同时也会受披露时期的影响。本书研究没有对连续多期的业绩预告披露行为进行分析。管理层业绩预告披露的持续性，是未来的一个研究方向。

　　第四，并购交易是由多个市场主体共同参与的，本书仅仅从并购公司角度来分析并购特征对于管理层业绩预告的影响作用，而没有考察目标公司甚至社会大众的影响作用。未来可以在本书研究基础上，借助于博弈论，系统分析并购公司和目标公司两者在业绩预告披露方面的博弈行为，从而更加系统和全面地分析并购情境下管理层业绩预告披露行为。

附　　录

附表 1　　　管理层业绩预告各报告期的披露类型与消息属性统计　　　单位：件

年度	报告期	强制披露					自愿披露			不确定
		坏消息			好消息		好消息		坏消息	
		首亏	续亏	预减	扭亏	预增	续盈	略增	略减	
2009	一季度	94	18	59	11	54	1	5	13	0
	中期	186	106	153	49	168	33	99	75	9
	三季度	135	91	132	67	193	65	78	47	9
	年报	122	67	110	174	373	74	129	48	6
	小计	537	282	454	301	788	173	311	133	24
2010	一季度	15	27	14	58	172	1	3	4	0
	中期	45	136	67	130	383	87	141	32	9
	三季度	46	111	55	95	326	85	189	37	7
	年报	85	27	86	154	518	85	259	52	10
	小计	191	301	222	437	1399	258	592	125	26
2011	一季度	44	74	35	33	206	0	6	3	0
	中期	67	107	78	57	386	89	274	70	12
	三季度	48	82	84	55	341	105	264	81	6
	年报	110	39	181	74	415	115	432	171	5
	小计	269	301	378	219	1348	309	976	325	23
2012	一季度	116	101	132	39	152	27	179	65	2
	中期	158	101	204	51	194	139	396	243	13
	三季度	144	81	217	42	200	117	397	273	10
	年报	172	32	312	125	295	148	359	263	7
	小计	590	315	865	257	841	431	1331	849	32

续表

年度	报告期	强制披露					自愿披露			不确定
		坏消息			好消息		好消息		坏消息	
		首亏	续亏	预减	扭亏	预增	续盈	略增	略减	
2013	一季度	89	132	120	89	199	30	174	81	3
	中期	123	130	184	98	265	127	393	223	13
	三季度	107	127	157	88	280	125	379	219	17
	年报	162	37	192	178	395	106	443	238	8
	小计	481	426	653	453	1139	388	1389	761	41
2014	一季度	122	145	102	74	238	51	187	91	10
	中期	132	144	154	100	344	147	396	161	15
	三季度	101	122	147	95	312	139	399	199	19
	年报	185	43	214	164	433	141	432	208	14
	小计	540	454	617	433	1327	478	1414	659	58
2015	一季度	140	198	115	76	258	65	215	82	13
	中期	162	158	178	105	415	166	465	185	13
	三季度	184	145	165	86	379	131	401	200	20
	年报	254	57	235	169	512	165	441	230	13
	小计	740	558	693	436	1564	527	1522	697	59
2016	一季度	101	224	116	124	310	49	205	84	21
	中期	113	163	174	148	467	151	405	186	46
	三季度	98	156	127	162	497	166	441	180	53
	年报	150	51	188	266	711	193	567	198	23
	小计	462	594	605	700	1985	559	1618	648	143
2017	一季度	94	202	94	158	460	60	310	91	10
	中期	88	146	133	143	697	187	574	200	35
	三季度	79	111	141	130	663	177	615	226	50
	年报	147	33	215	176	862	199	628	264	27
	小计	408	492	583	607	2682	623	2127	781	122

续表

年度	报告期	强制披露					自愿披露			不确定
		坏消息			好消息		好消息		不消息	
		首亏	续亏	预减	扭亏	预增	续盈	略增	略减	
2018	一季度	119	182	171	124	479	55	270	115	8
	中期	131	110	201	120	609	184	563	228	37
	三季度	147	101	205	100	532	177	578	249	32
	年报	350	59	330	158	606	199	572	234	23
	小计	747	452	907	502	2226	615	1983	826	100
合计		4965	4175	5977	4345	15299	4361	13263	5854	628
占披露总数比例（％）		8.43	7.09	10.15	7.38	25.99	7.41	22.53	9.94	1.07

资料来源：笔者根据 Wind 数据库资料整理。

附表 2　　管理层业绩预告各报告期披露精确度的统计情况　　单位：件

年度	报告期	强制披露				自愿披露				合计			
		定量			定性	定量			定性	定量			定性
		点预测	闭区间	开区间	趋势性	点预测	闭区间	开区间	趋势性	点预测	闭区间	开区间	趋势性
2009	一季度	87	77	38	34	2	14	2	1	89	91	40	35
	中期	228	237	83	114	11	178	7	20	239	415	90	134
	三季度	210	243	65	100	6	168	2	23	216	411	67	123
	年报	220	318	162	146	15	214	3	25	235	532	165	171
	小计	745	875	348	394	34	574	14	69	779	1449	362	463
2010	一季度	76	145	48	17	0	7	0	1	76	152	48	18
	中期	217	353	98	93	10	236	2	21	227	589	100	114
	三季度	158	336	60	79	1	304	0	13	159	640	60	92
	年报	157	466	142	105	8	373	1	24	165	839	143	129
	小计	608	1300	348	294	19	920	3	59	627	2220	351	353

续表

年度	报告期	强制披露				自愿披露				合计			
		定量			定性	定量			定性	定量			定性
		点预测	闭区间	开区间	趋势性	点预测	闭区间	开区间	趋势性	点预测	闭区间	开区间	趋势性
2011	一季度	110	241	36	4	2	7	0	0	112	248	36	4
	中期	132	439	75	49	8	414	2	21	140	853	77	70
	三季度	115	405	40	50	3	427	0	26	118	832	40	76
	年报	129	468	128	94	16	688	3	16	145	1156	131	110
	小计	486	1553	279	197	29	1536	5	63	515	3089	284	260
2012	一季度	92	428	15	7	7	261	3	0	99	689	18	7
	中期	118	473	52	66	9	764	2	20	127	1237	54	86
	三季度	81	500	32	73	8	770	1	16	89	1270	33	89
	年报	183	675	53	27	18	741	2	14	201	1416	55	41
	小计	474	2076	152	173	42	2536	8	50	516	4612	160	223
2013	一季度	82	538	7	2	2	282	2	2	84	820	9	4
	中期	93	622	24	63	9	715	1	29	102	1337	25	92
	三季度	80	590	19	72	2	706	0	30	82	1296	19	102
	年报	146	770	27	22	23	754	1	16	169	1524	28	38
	小计	401	2520	77	159	36	2457	4	77	437	4977	81	236
2014	一季度	62	615	4	0	2	333	2	2	64	948	6	2
	中期	83	717	18	56	4	687	4	24	87	1404	22	80
	三季度	61	644	12	60	4	706	4	42	65	1350	16	102
	年报	115	896	15	13	7	748	1	39	122	1644	16	52
	小计	321	2872	49	129	17	2474	11	107	338	5346	60	236
2015	一季度	66	717	3	1	4	359	1	11	70	1076	4	12
	中期	74	874	9	61	10	769	3	47	84	1643	12	108
	三季度	53	812	9	85	4	714	2	32	57	1526	11	117
	年报	146	1054	17	10	16	805	4	24	162	1859	21	34
	小计	339	3457	38	157	34	2647	10	114	373	6104	48	271

续表

年度	报告期	强制披露				自愿披露				合计			
		定量			定性	定量			定性	定量			定性
		点预测	闭区间	开区间	趋势性	点预测	闭区间	开区间	趋势性	点预测	闭区间	开区间	趋势性
2016	一季度	61	812	2	0	6	349	0	4	67	1161	2	4
	中期	74	927	13	51	8	731	1	48	82	1658	14	99
	三季度	53	897	11	79	7	777	2	54	60	1674	13	133
	年报	146	1209	8	3	25	904	4	48	171	2113	12	51
	小计	334	3845	34	133	46	2761	7	154	380	6606	41	287
2017	一季度	62	945	1	0	12	457	1	1	74	1402	2	1
	中期	86	1066	8	47	16	918	4	58	102	1984	12	105
	三季度	49	995	10	70	11	988	2	67	60	1983	12	137
	年报	185	1238	4	6	22	1069	0	27	207	2307	4	33
	小计	382	4244	23	123	61	3432	7	153	443	7676	30	276
2018	一季度	49	1026	0	0	2	445	1	0	51	1471	1	0
	中期	74	1060	2	35	9	956	1	46	83	2016	3	81
	三季度	42	982	3	58	6	971	1	58	48	1953	4	116
	年报	165	1334	0	4	27	978	0	23	192	2312	0	27
	小计	330	4402	5	97	44	3350	3	127	374	7752	8	224
合计		4420	27144	1353	1856	362	22687	72	973	4782	49831	1425	2829
占披露总数比例（％）		7.51	46.11	2.30	3.15	0.61	38.54	0.12	1.65	8.12	84.65	2.42	4.81

资料来源：笔者根据 Wind 数据库资料整理。

附表3　　管理层业绩预告各报告期的披露精确度与消息属性统计情况　　单位：件

年度	报告期	好消息业绩预告				坏消息业绩预告			
		定量			定性	定量			定性
		点预测	闭区间	开区间	趋势性	点预测	闭区间	开区间	趋势性
2009	一季度	20	22	24	5	69	69	16	30
	中期	80	205	49	15	159	209	41	111
	三季度	91	238	44	30	125	171	23	86
	年报	135	400	126	89	100	132	39	76
	小计	326	865	243	139	453	581	119	303
2010	一季度	49	134	43	8	27	18	5	10
	中期	119	480	90	52	108	109	10	53
	三季度	73	525	57	40	86	115	3	45
	年报	112	701	120	83	53	137	23	37
	小计	353	1840	310	183	274	379	41	145
2011	一季度	57	157	30	2	55	92	6	2
	中期	66	660	60	20	74	193	16	39
	三季度	62	632	32	39	56	200	8	31
	年报	72	833	86	45	73	323	45	60
	小计	257	2282	208	106	258	808	75	132
2012	一季度	24	362	11	0	77	323	7	7
	中期	39	708	22	11	89	527	32	63
	三季度	30	700	14	12	59	567	19	70
	年报	94	785	29	19	107	629	26	17
	小计	187	2555	76	42	332	2046	84	157
2013	一季度	41	439	10	2	44	376	0	2
	中期	48	793	18	24	53	543	7	57
	三季度	43	787	18	24	39	506	2	63
	年报	95	982	23	22	72	540	8	9
	小计	227	3001	69	72	208	1965	17	131

年度	报告期	好消息业绩预告				坏消息业绩预告			
		定量			定性	定量			定性
		点预测	闭区间	开区间	趋势性	点预测	闭区间	开区间	趋势性
2014	一季度	15	529	6	0	49	410	0	1
	中期	40	909	15	23	47	489	7	48
	三季度	29	867	11	38	36	477	5	51
	年报	45	1086	10	29	77	555	5	13
	小计	129	3391	42	90	209	1931	17	113
2015	一季度	19	582	3	10	51	481	1	2
	中期	34	1072	8	37	50	564	4	65
	三季度	17	953	5	22	40	569	6	79
	年报	60	1203	14	10	102	653	7	14
	小计	130	3810	30	79	243	2267	18	160
2016	一季度	27	660	1	0	40	484	1	0
	中期	41	1103	6	21	41	544	7	44
	三季度	33	1198	7	28	27	464	5	65
	年报	97	1605	8	27	74	506	2	5
	小计	198	4566	22	76	182	1998	15	114
2017	一季度	46	939	2	1	28	453	0	0
	中期	69	1479	8	45	33	500	4	30
	三季度	42	1472	10	61	18	499	2	38
	年报	135	1718	3	9	72	581	1	5
	小计	292	5608	23	116	151	2033	7	73
2018	一季度	32	895	1	0	19	568	0	0
	中期	56	1391	3	26	27	613	0	30
	三季度	34	1313	1	39	14	632	3	53
	年报	97	1428	0	10	95	876	0	2
	小计	219	5027	5	75	155	2689	3	85

续表

年度	报告期	好消息业绩预告				坏消息业绩预告			
		定量			定性	定量			定性
		点预测	闭区间	开区间	趋势性	点预测	闭区间	开区间	趋势性
合计		2318	32945	1028	978	2465	16697	396	1413
占披露总数比例（%）		3.98	56.57	1.77	1.68	4.23	28.67	0.68	2.43

资料来源：笔者根据 Wind 数据库资料整理。

附表 4　　管理层业绩预告各报告期披露频率的统计情况　　单位：件

年度	报告期	业绩预告披露次数				合计	
		强制披露		自愿披露			
		1 次	多于 1 次	1 次	多于 1 次	1 次	多于 1 次
2009	一季度	234	3	18	0	252	3
	中期	508	154	183	33	691	187
	三季度	538	80	178	21	716	101
	年报	642	204	229	28	871	232
	小计	1922	441	608	82	2530	523
2010	一季度	283	3	8	0	291	3
	中期	627	134	242	27	869	161
	三季度	554	79	303	15	857	94
	年报	683	187	362	44	1045	231
	小计	2147	403	915	86	3062	489
2011	一季度	388	3	9	0	397	3
	中期	566	129	388	57	954	186
	三季度	532	78	418	38	950	116
	年报	640	179	643	80	1283	259
	小计	2126	389	1458	175	3584	564

续表

年度	报告期	业绩预告披露次数				合计	
		强制披露		自愿披露			
		1 次	多于 1 次	1 次	多于 1 次	1 次	多于 1 次
2012	一季度	517	23	265	8	782	31
	中期	585	123	727	69	1312	192
	三季度	598	86	752	45	1350	131
	年报	705	231	709	68	1414	299
	小计	2405	463	2453	190	4858	653
2013	一季度	606	23	285	3	891	26
	中期	655	145	672	84	1327	229
	三季度	682	77	714	26	1396	103
	年报	695	269	727	68	1422	337
	小计	2638	514	2398	181	5036	695
2014	一季度	641	40	309	30	950	70
	中期	721	153	672	47	1393	200
	三季度	680	97	708	48	1388	145
	年报	754	285	706	89	1460	374
	小计	2796	575	2395	214	5191	789
2015	一季度	740	47	360	15	1100	62
	中期	807	211	737	92	1544	303
	三季度	825	134	707	45	1532	179
	年报	862	365	764	85	1626	450
	小计	3234	757	2568	237	5802	994
2016	一季度	842	33	351	8	1193	41
	中期	847	218	734	54	1581	272
	三季度	904	136	800	40	1704	176
	年报	963	403	884	97	1847	500
	小计	3556	790	2769	199	6325	989

续表

年度	报告期	业绩预告披露次数				合计	
		强制披露		自愿披露			
		1次	多于1次	1次	多于1次	1次	多于1次
2017	一季度	959	49	453	18	1412	67
	中期	992	215	910	86	1902	301
	三季度	1007	117	1018	50	2025	167
	年报	1019	414	1002	116	2021	530
	小计	3977	795	3383	270	7360	1065
2018	一季度	1045	30	442	6	1487	36
	中期	932	239	939	73	1871	312
	三季度	964	121	1002	34	1966	155
	年报	1027	476	936	92	1963	568
	小计	3968	866	3319	205	7287	1071
合计		28769	5993	22266	1839	51035	7832
占披露总数比例（%）		48.87	10.18	37.82	3.12	86.70	13.30

资料来源：笔者根据 Wind 数据库资料整理。

附表5　管理层业绩预告各报告期披露"变脸"的统计情况　　单位：件

年度	报告期	业绩预告是否变脸				合计	
		强制披露		自愿披露			
		是	否	是	否	是	否
2009	一季度	0	236	0	19	0	255
	中期	54	608	23	193	77	801
	三季度	22	596	12	187	34	783
	年报	48	798	15	242	63	1040
	小计	124	2238	50	641	174	2879

续表

年度	报告期	业绩预告是否变脸				合计	
		强制披露		自愿披露			
		是	否	是	否	是	否
2010	一季度	0	286	0	8	0	294
	中期	39	722	19	250	58	972
	三季度	9	624	9	309	18	933
	年报	45	825	24	382	69	1207
	小计	93	2457	52	949	145	3406
2011	一季度	0	391	0	9	0	400
	中期	48	647	35	410	83	1057
	三季度	20	590	28	428	48	1018
	年报	62	757	46	677	108	1434
	小计	130	2385	109	1524	239	3909
2012	一季度	7	533	3	270	10	803
	中期	57	651	42	754	99	1405
	三季度	30	654	30	767	60	1421
	年报	81	855	47	730	128	1585
	小计	175	2693	122	2521	297	5214
2013	一季度	2	627	3	285	5	912
	中期	56	744	60	696	116	1440
	三季度	14	745	17	723	31	1468
	年报	68	896	37	758	105	1654
	小计	140	3012	117	2462	257	5474
2014	一季度	5	676	18	321	23	997
	中期	63	811	27	692	90	1503
	三季度	30	747	30	726	60	1473
	年报	70	969	53	742	123	1711
	小计	168	3203	128	2481	296	5684

续表

年度	报告期	业绩预告是否变脸				合计	
		强制披露		自愿披露			
		是	否	是	否	是	否
2015	一季度	8	779	4	371	12	1150
	中期	94	924	56	773	150	1697
	三季度	35	924	27	725	62	1649
	年报	101	1126	46	803	147	1929
	小计	238	3753	133	2672	371	6425
2016	一季度	7	868	3	356	10	1224
	中期	65	1000	33	755	98	1755
	三季度	35	1005	23	817	58	1822
	年报	88	1278	49	932	137	2210
	小计	195	4151	108	2860	303	7011
2017	一季度	7	1001	8	463	15	1464
	中期	67	1140	46	950	113	2090
	三季度	23	1101	20	1048	43	2149
	年报	121	1312	60	1058	181	2370
	小计	218	4554	134	3519	352	8073
2018	一季度	7	1068	2	446	9	1514
	中期	108	1063	46	966	154	2029
	三季度	29	1056	19	1017	48	2073
	年报	179	1324	60	968	239	2292
	小计	323	4511	127	3397	450	7908
合计		1804	32957	1080	23026	2884	55983
占披露总数比例（%）		3.06	55.99	1.83	39.12	4.90	95.10

资料来源：笔者根据 Wind 数据库资料整理。

附表6　　　　　管理层业绩预告各报告期披露的时间统计情况　　　单位：件

年度	报告期	业绩预告披露时间（报告期结束日为基准）				合计	
		强制披露		自愿披露			
		前	后	前	后	前	后
2009	一季度	9	227	1	18	10	245
	中期	417	245	205	11	622	256
	三季度	439	179	196	3	635	182
	年报	398	448	214	43	612	491
	小计	1263	1099	616	75	1879	1174
2010	一季度	39	247	2	6	41	253
	中期	429	332	254	15	683	347
	三季度	438	195	315	3	753	198
	年报	397	473	365	41	762	514
	小计	1303	1247	936	65	2239	1312
2011	一季度	15	376	0	9	15	385
	中期	376	319	421	24	797	343
	三季度	377	233	448	8	825	241
	年报	380	439	470	253	850	692
	小计	1148	1367	1339	294	2487	1661
2012	一季度	247	293	244	29	491	322
	中期	361	347	516	280	877	627
	三季度	447	237	533	264	980	501
	年报	458	478	498	279	956	757
	小计	1513	1355	1791	852	3304	2207
2013	一季度	257	372	157	131	414	503
	中期	430	370	507	249	937	619
	三季度	455	304	494	246	949	550
	年报	496	468	486	309	982	777
	小计	1638	1514	1644	935	3282	2449

续表

年度	报告期	业绩预告披露时间（报告期结束日为基准）				合计	
		强制披露		自愿披露			
		前	后	前	后	前	后
2014	一季度	305	376	194	145	499	521
	中期	484	390	465	254	949	644
	三季度	490	287	491	265	981	552
	年报	531	508	495	300	1026	808
	小计	1810	1561	1645	964	3455	2525
2015	一季度	240	547	177	198	417	745
	中期	526	492	545	284	1071	776
	三季度	570	389	464	288	1034	677
	年报	608	619	495	354	1103	973
	小计	1944	2047	1681	1124	3625	3171
2016	一季度	251	624	165	194	416	818
	中期	559	506	496	292	1055	798
	三季度	599	441	546	294	1145	735
	年报	679	687	593	388	1272	1075
	小计	2088	2258	1800	1168	3888	3426
2017	一季度	302	706	200	271	502	977
	中期	629	578	597	399	1226	977
	三季度	648	476	651	417	1299	893
	年报	682	751	632	486	1314	1237
	小计	2261	2511	2080	1573	4341	4084
2018	一季度	344	731	172	276	516	1007
	中期	583	588	608	404	1191	992
	三季度	580	505	622	414	1202	919
	年报	701	802	535	493	1236	1295
	小计	2208	2626	1937	1587	4145	4213

年度	报告期	业绩预告披露时间（报告期结束日为基准）				合计	
		强制披露		自愿披露			
		前	后	前	后	前	后
合计		17176	17585	15469	8637	32645	26222
占披露总数比例（%）		29.18	29.87	26.28	14.67	55.46	44.54

注："前"指的是"报告期结束日前"，"后"指的是"报告期结束日后"。
资料来源：笔者根据 Wind 数据库资料整理。

附表 7　　　管理层业绩预告各报告期披露载体的统计情况　　　单位：件

年度	报告期	业绩预告披露载体				合计	
		强制披露		自愿披露			
		定期	临时	定期	临时	定期	临时
2009	一季度	9	227	1	18	10	245
	中期	417	245	205	11	622	256
	三季度	439	179	196	3	635	182
	年报	398	448	214	43	612	491
	小计	1263	1099	616	75	1879	1174
2010	一季度	39	247	2	6	41	253
	中期	429	332	254	15	683	347
	三季度	438	195	315	3	753	198
	年报	397	473	365	41	762	514
	小计	1303	1247	936	65	2239	1312
2011	一季度	15	376	0	9	15	385
	中期	376	319	421	24	797	343
	三季度	377	233	448	8	825	241
	年报	380	439	470	253	850	692
	小计	1148	1367	1339	294	2487	1661

年度	报告期	业绩预告披露载体				合计	
		强制披露		自愿披露			
		定期	临时	定期	临时	定期	临时
2012	一季度	247	293	244	29	491	322
	中期	361	347	516	280	877	627
	三季度	447	237	533	264	980	501
	年报	458	478	498	279	956	757
	小计	1513	1355	1791	852	3304	2207
2013	一季度	257	372	157	131	414	503
	中期	430	370	507	249	937	619
	三季度	455	304	494	246	949	550
	年报	496	468	486	309	982	777
	小计	1638	1514	1644	935	3282	2449
2014	一季度	305	376	194	145	499	521
	中期	484	390	465	254	949	644
	三季度	490	287	491	265	981	552
	年报	531	508	495	300	1026	808
	小计	1810	1561	1645	964	3455	2525
2015	一季度	240	547	177	198	417	745
	中期	526	492	545	284	1071	776
	三季度	570	389	464	288	1034	677
	年报	608	619	495	354	1103	973
	小计	1944	2047	1681	1124	3625	3171
2016	一季度	251	624	165	194	416	818
	中期	559	506	496	292	1055	798
	三季度	599	441	546	294	1145	735
	年报	679	687	593	388	1272	1075
	小计	2088	2258	1800	1168	3888	3426

年度	报告期	业绩预告披露载体				合计	
		强制披露		自愿披露			
		定期	临时	定期	临时	定期	临时
2017	一季度	302	706	200	271	502	977
	中期	629	578	597	399	1226	977
	三季度	648	476	651	417	1299	893
	年报	682	751	632	486	1314	1237
	小计	2261	2511	2080	1573	4341	4084
2018	一季度	344	731	172	276	516	1007
	中期	583	588	608	404	1191	992
	三季度	580	505	622	414	1202	919
	年报	701	802	535	493	1236	1295
	小计	2208	2626	1937	1587	4145	4213
合计		17176	17585	15469	8637	32645	26222
占披露总数比例（％）		29.18	29.87	26.28	14.67	55.46	44.54

资料来源：笔者根据 Wind 数据库资料整理。

参考文献

［1］白晓宇．上市公司信息披露政策对分析师预测的多重影响研究［J］．金融研究，2009（4）：92－112．

［2］白雪莲，张俊瑞，王鹏．分析师预测与上市公司业绩预告策略选择［J］．山西财经大学学报，2012（7）：87－95．

［3］陈冬华，章铁生，李翔．法律环境，政府管制与隐性契约［J］．经济研究，2008（3）：60－72．

［4］陈国辉，李长群．论会计市场失灵与政府监管［J］．会计研究，2000（8）：24－28．

［5］陈骏，徐玉德．并购重组是掏空还是支持——基于资产评估视角的经验研究［J］．财贸经济，2012（9）：76－84．

［6］陈涛，李善民．支付方式与收购公司财富效应［J］．证券市场导报，2011（2）：49－53．

［7］陈信元，张田余．资产重组的市场反应——1997年沪市资产重组实证分析［J］．经济研究，1999（9）：47－55．

［8］陈泽艺，李常青．媒体关注与内部控制缺陷修正：市场压力或信息透明［J］．当代财经，2019（11）：72－81．

［9］程亚琼，宋蔚．预亏公告对股价影响的实证研究［J］．统计与信息论坛，2005（3）：78－81．

［10］戴亦一，潘越，陈芬．媒体监督，政府质量与审计师变更［J］．会计研究，2013（10）：89－95＋97．

［11］董南雁，梁巧妮，林青．管理层业绩预告策略与隐含资本成本［J］．南开管理评论，2017（2）：45－57．

［12］董望，陈汉文. 内部控制、应计质量与盈余反应——基于中国 2009 年 A 股上市公司的经验证据 ［J］. 审计研究，2011（4）：68 - 78.

［13］杜兴强，聂志萍. 中国上市公司并购的短期财富效应实证研究 ［J］. 证券市场导报，2007（1）：29 - 38.

［14］方红星，金玉娜. 高质量内部控制能抑制盈余管理吗？——基于自愿性内部控制鉴证报告的经验研究 ［J］. 会计研究，2011（8）：53 - 60 + 96.

［15］方军雄. 政府干预，所有权性质与企业并购 ［J］. 管理世界，2008（9）：118 - 123 + 148 + 188.

［16］冯根福，吴林江. 我国上市公司并购绩效的实证研究 ［J］. 经济研究，2001（1）：54 - 61.

［17］高敬忠，韩传模，王英允. 控股股东行为与管理层业绩预告披露策略——以我国 A 股上市公司为例 ［J］. 审计与经济研究，2013（4）：75 - 83.

［18］高敬忠，王英允. 管理层业绩预告披露策略选择：影响机制与经济后果——基于投资者决策有用观视角的分析框架 ［J］. 财经论丛，2013（1）：61 - 68.

［19］高敬忠，王英允. 强制或自愿：哪种披露政策下的业绩预告可靠性更高？——基于中国 A 股上市公司的经验研究 ［J］. 财贸研究，2014（1）：149 - 156.

［20］高敬忠，周晓苏，王英允. 机构投资者持股对信息披露的治理作用研究——以管理层盈余预告为例 ［J］. 南开管理评论，2011（5）：129 - 140.

［21］郭娜，祁怀锦. 业绩预告披露与盈余管理关系的实证研究——基于中国上市公司的经验证据 ［J］. 经济与管理研究，2010（2）：81 - 88.

［22］韩传模，杨世鉴. 自愿披露能提高上市公司信息披露质量吗——基于我国上市公司业绩预告的分析 ［J］. 山西财经大学学报，2012（7）：67 - 74.

［23］何德旭，王轶强，王洁. 上市公司信息披露"预警制度"的实证分析——兼论我国证券市场的有效性和过度反应 ［J］. 当代经济科学，2002（3）：30 - 36 + 93.

［24］贺建刚，魏明海，刘峰. 利益输送，媒体监督与公司治理：王粮液案例研究 ［J］. 管理世界，2008（10）：141 - 150 + 164.

［25］贺建刚，魏明海. 控制权，媒介功用与市场治理效应：基于财务报告重述的实证研究 ［J］. 会计研究，2012（4）：36 - 43 + 94.

［26］贺小刚，李新春. 企业家能力与企业成长：基于中国经验的实证研究 ［J］. 经济研究，2005（10）：101 - 111.

［27］贺小刚. 企业家能力，组织能力与企业绩效 ［M］. 上海：上海财经大学出版社，2006.

［28］洪剑峭，皮建屏. 预警制度的实证研究——一项来自中国股市的证据 ［J］. 证券市场导报，2002（9）：4 - 14.

［29］黄兴孚，沈维涛．掏空或支持——来自我国上市公司关联并购的实证分析［J］. 经济管理，2006（12）：57－64.

［30］黄兴孚，沈维涛．政府干预，内部人控制与上市公司并购绩效［J］. 经济管理，2009（6）：70－76.

［31］纪新伟，宋云玲．"扭亏"公司业绩预告的"变脸"研究［J］. 投资研究，2011（9）：103－115.

［32］蒋义宏，童驯，杨霞．业绩公告的信息含量［J］. 中国会计与财务研究，2003（4）：145－183.

［33］李常青，陈泽艺，黄玉清．内部控制与业绩快报质量［J］. 审计与经济研究，2018（1）：21－33.

［34］李常青，滕明慧．并购公司管理层业绩预告的披露策略研究［J］. 投资研究，2013（5）：94－107.

［35］李春涛，宋敏，张璇．分析师跟踪与企业盈余管理——来自中国上市公司的证据［J］. 金融研究，2014（7）：124－139.

［36］李培功，沈艺峰．媒体的公司治理作用：中国的经验证据［J］. 经济研究，2010（4）：14－27.

［37］李善民，陈玉罡．上市公司兼并与收购的财富效应［J］. 经济研究，2002（11）：27－35＋93.

［38］李善民，毛雅娟，赵晶晶．高管持股，高管的私有收益与公司的并购行为［J］. 管理科学，2009（6）：2－12.

［39］李善民，朱滔，陈玉罡，曾昭灶，王彩萍．收购公司与目标公司配对组合绩效的实证分析［J］. 经济研究，2004（6）：96－104.

［40］李增泉，叶青，贺卉．企业关联，信息透明度与股价特征［J］. 会计研究，2011（1）：44－51＋95.

［41］李增泉，余谦，王晓坤．掏空，支持与并购重组——来自我国上市公司的经验证据［J］. 经济研究，2005（1）：95－105.

［42］李志生，李好，马伟力，林秉旋．融资融券交易的信息治理效应［J］. 经济研究，2017（11）：150－164.

［43］李志文，宋云玲．中国上市公司盈余和盈余构成的错误定价——来自A股市场的经验证据［J］. 中国会计评论，2009（1）：53－66.

［44］梁卫彬．我国企业并购与政府的职能定位［D］. 上海：复旦大学，2005.

［45］林钟高，徐虹，芮晨．外部盈利压力，内部控制与上市公司并购［J］. 审计与经济研究，2016（3）：21－30.

［46］刘锡良．上市公司并购融资安排的理论研究［R］．上证联合研究计划第七期课题报告，2003．

［47］刘星，吴雪姣．政府干预，行业特征与并购价值创造——来自国有上市公司的经验证据［J］．审计与经济研究，2011（6）：95－103．

［48］刘永泽，陈艳．政府监管与行业自律导向的现实选择——对美国注册会计师行业监管模式的剖析引发的思考［J］．会计研究，2002（11）：28－31．

［49］陆蓉，潘宏．上市公司为何隐瞒利好的业绩？——基于市值管理的业绩不预告动机研究［J］．上海财经大学学报，2012（5）：78－86．

［50］陆正飞，叶康涛．中国资本市场的公司财务研究：回顾与评论（下）［J］．财会通讯，2004（11）：10－14．

［51］罗玫，宋云玲．中国股市的业绩预告可信吗？［J］．金融研究，2012（9）：168－180．

［52］吕福新．"浙商"从企业主到企业家的转型研究［J］．管理世界，2007（2）：129－133．

［53］潘红波，夏新平，余明桂．政府干预，政治关联与地方国有企业并购［J］．经济研究，2008（4）：41－52．

［54］潘红波，余明桂．支持之手，掠夺之手与异地并购［J］．经济研究，2011（9）：108－120．

［55］潘宏．投资者有限关注对上市公司业绩预告决策的影响研究［J］．投资研究，2012（11）：142－151．

［56］潘瑾，陈宏民．上市公司关联并购的绩效与风险的实证研究［J］．财经科学，2005（1）：88－94．

［57］钱争彦，童娜琼．后金融危机时代信息披露的资本成本效应［Z］．北京大学工作论文，2012．

［58］瞿旭，漆婉霞，瞿颖，陈阳．管理者盈利预测，过度自信与市场效应［J］．投资研究，2013（1）：89－103．

［59］权小锋，吴世农．媒体关注的治理效应及其治理机制研究［J］．财贸经济，2012（5）：59－67．

［60］沈冬梅，刘静．政府干预对国有上市公司并购绩效影响的研究［J］．现代商业，2011（7）：212－214．

［61］沈红波，杨玉龙，潘飞．民营上市公司的政治关联，证券违规与盈余质量［J］．金融研究，2014（1）：194－206．

［62］沈洪涛，冯杰．舆论监督，政府监管与企业环境信息披露［J］．会计研究，2012（2）：72－78＋97．

[63] 宋璐，陈金贤．我国上市公司年报业绩预告对股价影响的实证研究［J］．商业研究，2004（19）：127－131.

[64] 宋希亮，张秋生，初宜红．我国上市公司换股并购绩效的实证研究［J］．中国工业经济，2008（7）：111－120.

[65] 宋献中，周昌仕．股权结构，大股东变更与收购公司竞争优势——来自中国上市公司的经验证据［J］．财经科学，2007（5）：32－40.

[66] 宋云玲，罗玫．中小板公司的业绩预告质量问题［J］．会计研究，2017（6）：24－30＋96.

[67] 宋云玲，李志文，纪新伟．从业绩预告违规看中国证券监管的处罚效果［J］．金融研究，2011（6）：136－149.

[68] 宋云玲，罗玫．业绩预告对中国股市有效性的影响——基于应计异象的实证检验［J］．清华大学学报（自然科学版），2010（12）：1963－1967.

[69] 唐建新，陈冬．地区投资者保护，企业性质与异地并购的协同效应［J］．管理世界，2010（8）：102－116.

[70] 童丽静，姜佳．内部控制与业绩预告信息可靠性关系研究——基于我国上市公司的实证分析［J］．中国物价，2016（11）：40－43.

[71] 王会娟，张然，张鹏．分析师为什么选择性的发布现金流预测？——基于信息需求理论的实证研究［J］．投资研究，2012（7）：27－40.

[72] 王俊秋，花贵如，姚美云．投资者情绪与管理层业绩预告策略［J］．财经研究，2013（10）：76－90.

[73] 王艳艳．管理层盈余预测与权益资本成本［J］．厦门大学学报（哲学社会科学版），2013（5）：114－123.

[74] 王玉涛，王彦超．业绩预告信息对分析师预测行为有影响吗［J］．金融研究，2012（6）：193－206.

[75] 王跃堂．我国证券市场资产重组绩效之比较分析［J］．财经研究，1999（7）：53－59.

[76] 王振山，杨柔佳，李玉兰．上市公司年度业绩预告的信息效应研究［J］．财经问题研究，2010（10）：50－58.

[77] 王震，王天然．全球石油行业竞争性并购溢价与价值不确定性研究［J］．中国石油大学学报（社会科学版），2013（5）：12－18.

[78] 吴文锋，吴冲锋，芮萌．中国上市公司高管的政府背景与税收优惠［J］．管理世界，2009（3）：134－142.

[79] 伍燕然，潘可，胡松明，江婕．行业分析师盈利预测偏差的新解释［J］．经济研究，2012（4）：149－160.

［80］谢志华，崔学刚．信息披露水平：市场推动与政府监管——基于中国上市公司数据的研究［J］．审计研究，2005（4）：39－45．

［81］熊彼特．经济发展理论（中译本）［M］．北京：商务印书馆，1990．

［82］徐洪波，于礼．管理层业绩预告信息披露时机选择研究——基于投资者有限关注的视角［J］．经济与管理，2014（2）：60－65．

［83］薛爽．预亏公告的信息含量［J］．中国会计与财务研究，2001（31）：17－176．

［84］杨朝军，单磊，曹晓华，傅继波．上市公司业绩预警制度研究［R］．上海证券交易所委托课题，2002．

［85］杨德明，林斌．业绩预告的市场反应研究［J］．经济管理，2006（16）：26－31．

［86］杨德明．预测信息披露与盈余管理［J］．中国管理科学，2005（2）：108－112．

［87］杨其静．财富，企业家才能与最优融资契约安排［J］．经济研究，2003（4）：41－50．

［88］杨书怀．上市公司年报业绩预告的信息含量分析——兼论《上市公司信息披露管理办法》的实施效果［J］．财贸研究，2010（5）：113－119．

［89］杨志海，赵立彬．融资约束，支付方式与并购绩效的关系研究［J］．证券市场导报，2012（5）：36－40．

［90］于忠泊，田高良，齐保垒，张皓．媒体关注的公司治理机制——基于盈余管理视角的考察［J］．管理世界，2011（9）：127－140．

［91］余明桂，潘红波．政治关系，制度环境与民营企业银行贷款［J］．管理世界，2008（8）：9－21＋39＋187．

［92］曾颖．资产注入：支付手段与市场反应［J］．证券市场导报，2007（10）：29－33．

［93］翟进步，贾宁，李丹．中国上市公司收购兼并的市场预期绩效实现了吗？［J］．金融研究，2010（5）：133－151．

［94］张晶，张永安．主并方股权结构与并购支付方式的选择［J］．金融理论与实践，2011（6）：7－11．

［95］张俊瑞，李婉丽，周瑾．中国证券市场并购行为绩效的实证分析［J］．南开管理评论，2002（6）：51－57．

［96］张龙平，王军只，张军．内部控制鉴证对会计盈余质量的影响研究——基于沪市A股公司的经验证据［J］．审计研究，2010（2）：83－90．

［97］张然，张鹏．中国上市公司自愿业绩预告动机研究［J］．中国会计评论，2011（1）：3－20．

［98］张娆，薛翰玉，赵健宏．管理层自利，外部监督与盈利预测偏差［J］．会计研

究，2017（1）：32－38＋95.

［99］张娆，杨楠楠. 管理层盈利预测准确性的判断标准探究［J］. 财务与会计，2016（19）：50－51.

［100］张维迎. 企业家与职业经理人：如何建立信任［J］. 北京大学学报（哲学社会科学版），2003（5）：29－39.

［101］张雯，张胜，李百兴. 政治关联，企业并购特征与并购绩效［J］. 南开管理评论，2013（2）：64－74.

［102］张新. 并购重组是否创造价值？——中国证券市场的理论与实证研究［J］. 经济研究，2003（6）：20－29＋93.

［103］张新铭. 业绩预告与上证50成分股的市场反应模式研究［J］. 会计之友（上旬刊），2010（8）：96－98.

［104］张馨艺，张海燕，夏冬林. 高管持股，择时披露与市场反应［J］. 会计研究，2012（6）：54－60＋93.

［105］张翼，林小驰. 公司治理结构与管理层盈利预测［J］. 中国会计评论，2005（2）：241－252.

［106］赵峰，高明华. 企业家能力，信息披露水平与审计师选择——基于CCEIBNU指数的实证研究［J］. 山西财经大学学报，2013（8）：105－114.

［107］赵息，刘佳音. 并购支付方式影响我国上市公司并购绩效的实证研究——基于事件研究法与财务报表分析法的比较研究［J］. 电子科技大学学报（社科版），2014（1）：51－56.

［108］赵宇龙. 会计盈余披露的信息含量——来自上海股市的经验证据［J］. 经济研究，1998（7）：42－50.

［109］郑建明，黄晓蓓，张新民. 管理层业绩预告违规与分析师监管［J］. 会计研究，2015（3）：50－56＋95.

［110］郑江淮. 企业家禀性，内生的贸易中介及其网络化——全球化竞争中万向集团企业家职能及其变迁的研究［J］. 经济研究，2003（2）：105－126.

［111］周冬华，赵玉洁. CEO权力，董事会稳定性与管理层业绩预告［J］. 当代财经，2013（10）：118－129.

［112］Aboody D，Kasznik R. CEO stock option awards and the timing of voluntary disclosures［J］. Journal of Accounting and Economics，2000，29（1）：73－100.

［113］Ajinkya B，Bhojraj S，Sengupta P. The association between outside directors，institutional investors and the properties of management earnings forecasts［J］. Journal of Accounting Research，2005，43（3）：343－376.

［114］Ajinkya B B，Gift M J. Corporate managers' earnings forecasts and symmetrical adjustments of market expectations [J]. Journal of Accounting Research, 1984, 22 (2): 425 – 444.

[115] Akerlof G. The market for "lemons": quality uncertainty and the market mechanism [J]. The Quarterly Journal of Economics, 1970, 84 (3): 488 – 500.

[116] Alshwer A A, Sibilkov V, Zaiats N. Financial constraints and the method of payment in mergers and acquisitions [R]. Working Paper, 2012.

[117] Altamuro J, Beatty A. How does internal control regulation affect financial reporting [J]. Journal of Accounting and Economics, 2010, 49 (2): 58 – 74.

[118] Altschuler D, Chen G, Zhou J. Anticipation of management forecasts and analysts private information search [J]. Review of Accounting Studies, 2015, 20 (2): 803 – 838.

[119] Andrade G, Mitchell M, Stafford E. New evidence and perspectives on mergers [J]. Journal of Economic Perspectives, 2001, 15 (2): 103 – 120.

[120] Ashbaugh-Skaife H, Collins D W, Kinney W R. The discovery and reporting of internal control deficiencies prior to SOX-mandated audits [J]. Journal of Accounting and Economics, 2007, 44 (1 – 2): 166 – 192.

[121] Ashbaugh-Skaife H, Collins D W, Kinney W R, LaFond R. The effect of SOX internal control deficiencies and their remediation on accrual quality [J]. Accounting Review, 2008, 83 (1): 217 – 250.

[122] Asquith P, Bruner R F, Mullins D W. The gains to bidding firms from merger [J]. Journal of Financial Economies, 1983, 11 (1 – 4): 121 – 139.

[123] Atiase R K, Supattarakul H L, Tse S. Market reaction to multiple contemporaneous earnings signals: earnings announcements and future earnings guidance [J]. Review of Accounting Studies, 2005, 10 (4): 497 – 525.

[124] Badertscher B, Shroff N, White H. Externalities of public firm presence: evidence from private firms' investment decisions [J]. Journal of Financial Economics, 2013, 109 (3): 682 – 706.

[125] Bae K H, Kang J K, Kim J M. Tunneling or value added? Evidence from mergers by Korean business groups [J]. The Journal of Finance, 2002, 57 (6): 2695 – 2740.

[126] Baginski S P, Hassell J M, Kimbrough M D. The effect of legal environment on voluntary disclosure: evidence from management earnings forecasts issued in U. S. and Canadian markets [J]. Accounting Review, 2002, 77 (1): 25 – 50.

[127] Baginski S P, Conrad E J, Hassell J M. The effects of management forecast precision on equity pricing and on the assessment of earnings uncertainty [J]. Accounting Review, 1993, 68 (4): 913 – 927.

[128] Baginski S P, Hassell J M. Determinants of management forecast precision [J]. Accounting Review, 1997, 72 (2): 303 – 312.

[129] Baginski S P, Hassell J M, Kimbrough M D. Why do managers explain their earnings forecasts? [J]. Journal of Accounting Research, 2004, 42 (1): 1 – 29.

[130] Baginski S P, Hassell J M, Wieland M M. Does management earnings forecast form matter? [R]. Working Paper, 2007.

[131] Bai C E, Lu J Y, Tao Z G. Property rights protection and access to bank loans: evidence from private enterprises in China [J]. Economics of Transition, 2006, 14 (4): 611 – 628.

[132] Baik B, Farber D B, Lee S. CEO ability and management earnings forecasts [J]. Contemporary Accounting Research, 2011, 28 (5): 1645 – 1668.

[133] Ball R, Jayaramanb S, Shivakumarc L. Audited financial reporting and voluntary disclosure as complements: a test of the confirmation hypothesis [J]. Journal of Accounting and Economics, 2012, 53 (1 – 2): 136 – 166.

[134] Bamber L S, Cheon Y S. Discretionary management earnings forecast disclosures: antecedents and outcomes associated with forecast venue and forecast specificity choices [J]. Journal of Accounting Research, 1998, 36 (2): 167 – 190.

[135] Bamber L S, Jiang J, Wang I Y. What's my style? The influence of top managers on voluntary corporate financial disclosure [J]. Accounting Review, 2010, 85 (4): 1131 – 1162.

[136] Barber B M, Odean T. All that glitters: the effect of attention and news on the buying behavior of individual and institutional investors [J]. Review of Financial Studies, 2008, 21 (2): 785 – 818.

[137] Ben-Amar W, Andre P. Separation of ownership from control and acquiring firm performance: the case of family ownership in Canada [J]. Journal of Business Finance & Accounting, 2006, 33 (3 – 4): 517 – 543.

[138] Bens D A, Goodman T H, Neamtiu M. Does investment-related pressure lead to misreporting? An analysis of reporting following M&A transactions [J]. Accounting Review, 2012, 87 (3): 839 – 865.

[139] Betton S, Eckbo B E, Thorbun K S. Merger negotiations and the toehold puzzle [J]. Journal of Finance Economics, 2009, 91 (2): 158 – 178.

[140] Betton S, Eckbo B E, Thorburn K S. Corporate finance: empirical corporate finance [M]. Elsevier/North-Holland, 2008: 291 – 430.

[141] Beyer A, Cohen D, Lys T Z, Walther B. The financial reporting environment: review of the recent literature [J]. Journal of Accounting and Economics, 2010, 50 (2 – 3): 296 – 343.

[142] Bharadwaj A, Shivdasani A. Valuation effects of bank financing in acquisitions [J]. Journal of Financial Economics, 2003, 67 (1): 113 – 148.

[143] Biddle G, Hilary G, Verdi R. How does financial reporting quality relate to investment efficiency? [J]. Journal of Accounting and Economics, 2009, 48 (2): 112 – 131.

[144] Bigelli M, Mengoli S. Sub-optimal acquisition decisions under a majority shareholder system [J]. Journal of Management and Governance, 2004, 8 (4): 373 – 405.

[145] Botosan C, Plumlee M. A re-examination of disclosure level and the expected cost of equity capital [J]. Journal of Accounting Research, 2002, 40 (1): 21 – 40.

[146] Botsari A, Meeks G. Do acquirers manage earnings prior to share for share bid? [J]. Journal of Business Finance and Accounting, 2008, 35 (5 – 6): 633 – 670.

[147] Bradley M, Desai A, Kim E H. Synergistic gains from corporate acquisitions and their division between the stockholders of target and acquiring firms [J]. Journal of Financial Economics, 1988, 21 (1): 3 – 40.

[148] Brennan N. Voluntary disclosure of profit forecasts by target companies in takeover bids [J]. Journal of Business Finance and Accounting, 1999, 26 (7/8): 883 – 917.

[149] Bris A, Cabolis C. The value of investor protection: firm evidence from cross-border mergers [J]. Review of Financial Studies, 2008, 21 (2): 605 – 648.

[150] Brockman P, Khurana I, Martin X. Voluntary disclosures around share repurchase [J]. Journal of Financial Economics, 2008, 89 (1): 175 – 191.

[151] Brockman P, Martin X, Puckett A. Voluntary disclosures and the exercise of CEO stock options [J]. Journal of Corporate Finance, 2010, 16 (1): 120 – 136.

[152] Brown L D, Caylor M L. A temporal analysis of quarterly earnings thresholds: propensities and valuation consequences [J]. Accounting Review, 2005, 80 (2): 423 – 440.

[153] Bushman R M, Piotroski J D, Smith A J. What determines corporate transparency? [J]. Journal of Accounting Research, 2004, 42 (2): 207 – 252.

[154] Call A C, Chen S, Miao B, Tong Y H. Short-term earnings guidance and accrual-based earnings management [J]. Review of Accounting Studies, 2014, 19 (2): 955 – 987.

[155] Celikyurt U, Sevilir M, Shivdasani A. Going public to acquire? The acquisition motive in IPOs [J]. Journal of Financial Economics, 2010, 96 (3): 345 – 363.

[156] Chan L, Chen T, Janakiraman S N, Radhakrishnan S. Reexamining the relation between audit and non-audit fees: dealing with weak Instruments in two-stage least squares estimation [R]. Working Paper, 2010.

[157] Chang S. Takeovers of privately held targets, methods of payment, and bidder returns [J]. Journal of Finance, 1998, 53 (2): 773 – 784.

［158］ Chen S. Why do managers fail to meet their own forecasts? ［R］. Working Paper, 2004.

［159］ Cheng Q, Luo T, Yue H. Managerial incentives and management forecast precision ［J］. Accounting Review, 2013, 88 （5）: 1575 – 1602.

［160］ Cheng M, Subramanyam K R, Zhang Y. Earnings guidance and managerial myopia ［R］. Working Paper, 2005.

［161］ Cheng Q, Lo K. Insider trading and voluntary disclosures ［J］. Journal of Accounting Research, 2006, 44 （5）: 815 – 848.

［162］ Choi J H, Ziebart D A. Management earnings forecasts and the market's reaction to predicted bias in the forecast ［J］. Asia – Pacific Journal of Accounting and Economics, 2004, 11 （2）: 167 – 192.

［163］ Choi J, Myers L A, Zang Y, Ziebart D A. The roles that forecast surprise and forecast error play in determining management forecast precision ［J］. Accounting Horizons, 2010, 24 （2）: 165 – 188.

［164］ Choi J, Myers L A, Zang Y, Ziebart D A. Do management EPS forecasts allow returns to reflect future earnings? Implications for the continuation of management's quarterly earnings guidance ［J］. Review of Accounting Studies, 2011, 16 （1）: 143 – 182.

［165］ Choi C J. Lee S H. Kim J B. A note on countertrade: contractual uncertainty and transaction governance in emerging economies ［J］. Journal of International Business Studies, 1999, 30 （1）: 189 – 201.

［166］ Chung K H, Jo H. The impact of security analysts' monitoring and marketing functions on the market value of firms ［J］. Journal of Financial and Quantitative Analysis, 1996, 31 （4）: 493 – 512.

［167］ Clement M, Frankel R, Miller J. Confirming management earnings forecasts, earnings uncertainty, and stock returns ［J］. Journal of Accounting Research, 2003, 41 （4）: 653 – 679.

［168］ Coase R H. The nature of the firm ［J］. Economica, New Series, 1937, 4 （16）: 386 – 405.

［169］ Coller M, Yohn T. Management forecasts and information asymmetry: an examination of bid-ask spreads ［J］. Journal of Accounting Research, 1997, 35 （2）: 181 – 191.

［170］ Cotter J, Tuna I, Wysocki P. Expectations management and beatable targets: how do analysts react to public earnings guidance? ［J］. Contemporary Accounting Research, 2006, 23 （3）: 593 – 624.

［171］ DeAngelo L. Equity valuation and corporate control ［J］. Accounting Review, 1990, 65 （1）: 93 – 112.

[172] DeAngelo L. Managerial competition, information costs, and corporate governance: the use of accounting performance measures in proxy contests [J]. Journal of Accounting and Economics, 1988, 10 (1): 3 – 37.

[173] Demerjian P R, Lev B, Lewis M F, McVay S E. Managerial ability and earnings quality [J]. Accounting Review, 2013, 88 (2): 463 – 498.

[174] Diamond D, Verrecchia R. Disclosure, liquidity, and the cost of capital [J]. The Journal of Finance, 1991, 46 (4): 1325 – 1359.

[175] Doyle J T, Weili G, Mcvay S. Accruals quality and internal control over financial reporting [J]. Accounting Review, 2007, 82 (5): 1141 – 1170.

[176] Du N, Budescu D V, Shelly M K, Omer T C. The appeal of vague financial forecasts [J]. Organizational Behavior and Human Decision Processes, 2011, 114 (2): 179 – 189.

[177] Durnev A, Mangen C. Corporate investments: learning from restatements [J]. Journal of Accounting Research, 2009, 47 (3): 679 – 720.

[178] Dutta S, Gigler F. The effect of earnings forecasts on earnings management [J]. Journal of Accounting Research, 2002, 40 (3): 631 – 655.

[179] Dyck A, Zingales L. Private benefits of control: an international comparison [J]. Journal of Finance, 2004, 59 (2): 537 – 600.

[180] Dyck A, Morse A, Zingales L. Who Blows the Whistle on Corporate Frauds? [J]. Journal of Finance, 2010, 65 (6): 2133 – 2255.

[181] Dyck A, Volchkova N, Zingales L. The corporate governance role of the media: evidence from Russia [J]. Journal of Finance, 2008, 63 (3): 1093 – 1135.

[182] Eckbo B E. Bidding strategies and takeover premiums: a review [J]. Journal of Corporate Finance, 2009, 15 (1): 149 – 178.

[183] Eckbo B E, Thorburn K S. Gains to bidder firms revisited: domestic and foreign acquisitions in Canada [J]. Journal of Financial and Quantitative Analysis, 2000, 35 (1): 1 – 25.

[184] Erickson M, Wang S. Earnings management by acquiring firms in stock for stock mergers [J]. Journal of Accounting and Economics, 1999, 27 (2): 149 – 176.

[185] Ettredge M, Huang Y, Zhang W N. Restatement disclosures and management earnings forecasts [J]. Accounting Horizons, 2013, 27 (2): 347 – 369.

[186] Faccio M, Masulis R W. The choice of payment method in European mergers and acquisitions [J]. Journal of Finance, 2005, 60 (3): 1345 – 1388.

[187] Faccio M, Stolin D. Expropriation vs. proportional sharing in corporate acquisitions

[J]. Journal of Business, 2006, 79 (3): 1413 - 1444.

[188] Fan, J P H, Wong, T J. Corporate ownership structure and the informativeness of accounting earnings in East Asia [J]. Journal of Accounting and Economics, 2002, 33 (3): 401 - 425.

[189] Field L, Lowry M, Shu S. Does disclosure deter or trigger litigation? [J]. Journal of Accounting and Economics, 2005, 39 (3): 487 - 507.

[190] Fishman M. A theory of pre-emptive takeover bidding [J]. The Rand Journal of Economics, 1988, 19 (1): 88 - 101.

[191] Frank J, Harris R, Titman S. The postmerger share-price performance of acquiring firms [J]. Journal of Financial Economics, 1991, 29 (1): 81 - 96.

[192] Frankel R, McNichols M, Wilson G P. Discretionary disclosure and external financing [J]. Accounting Review, 1995, 70 (1): 135 - 150.

[193] Friedman E, Johnson S, Mitton T. Propping and tunneling [J]. Journal of Comparative Economics, 2003, 31 (4): 732 - 750.

[194] Fuller K, Netter J, Stegemoller M. What do returns to acquiring firms tell us? Evidence from firms that make many acquisitions [J]. The Journal of Finance, 2002, 57 (4): 1763 - 1793.

[195] Ghosh A, Ruland W. Managerial ownership, the method of payment for acquisitions, and executive job retention [J]. The Journal of Finance, 1998, 53 (2): 785 - 798.

[196] Glaeser E L, Shleifer A. The rise of the regulatory state [J]. Journal of Economic Literature, 2003, 41 (2): 401 - 425.

[197] Goh B W, Li D. Internal controls and conditional conservatism [J]. Accounting Review, 2011, 86 (3): 975 - 1005.

[198] Goodman T H, Neamtiu M, Shroff N, White H D. Management forecast quality and capital investment decisions [J]. Accounting Review, 2014, 89 (1): 331 - 365.

[199] Graham J, Harvey C R, Rajgopal S. The economic implications of corporate financial reporting [J]. Journal of Accounting and Economics, 2005, 40 (1 - 3): 3 - 73.

[200] Guthrie D. Between markets and politics: organizational responses to reform in China [J]. American Journal of Sociology, 1997, 102 (5): 1258 - 1304.

[201] Han J, Tan H T. Investors' reactions to management earnings guidance: the joint effect of investment position, news valence, and guidance form [J]. Journal of Accounting Research, 2010, 48 (1): 81 - 104.

[202] Han J. A literature synthesis of experimental studies on management earnings guidance [J]. Journal of Accounting Literature, 2013, 31 (1): 49 - 70.

[203] Harford J. What drives merger waves? [J]. Journal of Financial Economies, 2005, 77 (3): 529 – 560.

[204] Hassell J, Jennings R, Lasser D. Management earnings forecasts: their usefulness as a source of firm-specific information to security analysts [J]. The Journal of Financial Research, 1988, 11 (4): 303 – 320.

[205] Hassell J, Jennings R. Relative forecast accuracy and the timing of earnings forecast announcements [J]. Accounting Review, 1986, 61 (1): 58 – 76.

[206] Hayn C. The information content of losses [J]. Journal of Accounting and Economics, 1995, 20 (2): 125 – 153.

[207] He L, Thornton D B. The impact of disclosures of internal control weaknesses and remediations on investors' perceptions of earnings quality [J]. Accounting Perspectives, 2013, 12 (2): 101 – 139.

[208] Healy P M, Palepu K G. Information asymmetry, corporate disclosure, and the capital markets: a review of the empirical disclosure literature [J]. Journal of Accounting and Economics, 2001, 31 (1 – 3): 405 – 440.

[209] Heckman J. Sample selection bias as a specification error [J]. Econometrica, 1979, 47 (1): 153 – 161.

[210] Heflin F, Subramanyam K R, Zhang Y. Regulation FD and the financial information environment: fairly evidence [J]. Accounting Review, 2003, 78 (1): 1 – 37.

[211] Hemmer T, Labro E. On the optimal relation between the properties of managerial and financial reporting systems [J]. Journal of Accounting Research, 2008, 46 (5): 1209 – 1240.

[212] Hermanson H M. An analysis of the demand for reporting on internal control [J]. Accounting Horizons, 2000, 14 (3): 325 – 341.

[213] Hirst D E, Koonce L, Miller J. The joint effect of management's prior forecast accuracy and the form of its financial forecasts on investor judgment [J]. Journal of Accounting Research, 1999, 37 (s): 101 – 124.

[214] Hirst D E, Koonce L, Venkataraman S. Management earnings forecasts: a review and framework [J]. Accounting Horizons, 2008, 22 (3): 315 – 338.

[215] Holmen M, Knopf J D. Minority shareholder protections and the private benefits of control for Swedish mergers [J]. Journal of Financial & Quantitative Analysis, 2004, 39 (1): 167 – 191.

[216] Hribar P, Yang H. CEO overconfidence, management earnings forecasts, and earnings management [R]. Working Paper, 2006.

［217］Huang X, Li X, Tse S, Tucker J. The Effect sofa mixed approach toward management earnings forecasts: evidence from China ［J］. Journal of Business Finance & Accounting, 2018, 45 （3 – 4）: 319 – 351

［218］Hughes J S, Pae S. Voluntary disclosure of precision information ［J］. Journal of Accounting and Economics, 2004, 37 （2）: 261 – 289.

［219］Hutton A P, Stocken P C. Prior forecasting accuracy and investor reaction to management earnings forecasts ［R］. Working Paper, 2009.

［220］Hutton A P, Miller G S, Skinner D J. The role of supplementary statements with management earnings forecasts ［J］. Journal of Accounting Research, 2003, 41 （5）: 867 – 890.

［221］Hutton A P, Stocken P C. Effect of reputation on the credibility of management forecasts ［R］. Working Paper, 2007.

［222］Jaggi B. A note on the information content of corporate annual earnings forecasts ［J］. Accounting Review, 1978, 53 （4）: 961 – 967.

［223］Jarrell G A, Brickley J A, Netter J M. The market for corporate control: the empirical evidence since 1980 ［J］. Journal of Economic Perspectives, 1988, 2 （1）: 49 – 68.

［224］Jennings R. Unsystematic security price movements, management earnings forecasts, and revisions in consensus analyst earnings forecasts ［J］. Journal of Accounting Research, 1987, 25 （1）: 90 – 110.

［225］Jensen M C. Agency costs of free cash flow, corporate finance, and takeovers ［J］. American Economic Review, 1986, 76 （2）: 323 – 329.

［226］Jensen M, Meckling W. Theory of the firm: managerial behavior, agency costs and ownership structure ［J］. Journal of Financial Economics, 1976, 3 （4）: 305 – 360.

［227］Jensen M, Murphy K. CEO incentives: it's not how much you pay, but how ［J］. Journal of Applied Corporate Finance, 1990, 3 （3）: 36 – 49.

［228］Jensen M C, Ruback R S. The market for corporate control ［J］. Journal of Financial Economics, 1983, 11 （1）: 5 – 50.

［229］Jo H, Kim Y. Disclosure frequency and earnings management ［J］. Journal of Financial Economics, 2007, 84 （4）: 561 – 590.

［230］Joe J R, Louis H, Robinson D. Managers' and investors' responses to media exposure of board ineffectiveness ［J］. Journal of financial and Quantitative Analysis, 2009, 44 （3）: 579 – 605.

［231］Johnson S, La Porta R, Lopez-De-Silanes F, Shleifer A. Tunneling ［J］. American Economic Review, 2000, 90 （1）: 22 – 27.

［232］ Jung W, Kwon Y. Disclosure when the market is unsure of information endowment of managers ［J］. Journal of Accounting Research, 1988, 26 （1）: 146 – 153.

［233］ Karamanou R, Vafeas N. The association between corporate boards, audit commit-tees, and management earnings forecasts: An empirical analysis ［J］. Journal of Accounting Re-search, 2005, 43 （4）: 453 – 473.

［234］ Kasznik R, Lev B. To warn or not to warn: management disclosures in the face of an earnings surprise ［J］. Accounting Review, 1995, 70 （1）: 113 – 134.

［235］ Kasznik R. On the association between voluntary disclosure and earnings management ［J］. Journal of Accounting Research, 1999, 37 （1）: 57 – 81.

［236］ Khanna T, PalePu K. Is group affiliation profitable in emerging markets? An analysis of diversified Indian business groups ［J］. Journal of Finance, 2002, 55 （4）: 867 – 891.

［237］ Kim O, Verrecchia R E. Market reaction to anticipated announcements ［J］. Journal of Financial Economics, 1991, 30 （2）: 273 – 309.

［238］ Kimbrough M D, Louis H. Voluntary disclosure to influence investor reaction to mer-ger announcements: an examination of conference calls ［J］. Accounting Review, 2011, 86 （2）: 637 – 667.

［239］ King R R. Reputation formation for reliable reporting: an experimental investigation ［J］. Accounting Review, 1996, 71 （3）: 375 – 396.

［240］ King R, Pownall G, Waymire G. Expectations adjustments via timely management forecasts: review, synthesis, and suggestions for future research ［J］. Journal of Accounting Lit-erature, 1990, 9 （1）: 113 – 144.

［241］ Knyazeva D. Corporate governance, analyst following, and firm behavior ［Z］. Working paper, 2007

［242］ Koch A. Financial distress and the credibility of management earnings forecasts ［Z］. Working Paper, 2002.

［243］ Kothari S P, Shu S, Wysock P D. Do managers withhold bad news? ［J］. Journal of Accounting Research, 2009, 47 （1）: 241 – 276.

［244］ Kothari S P, Leone A J, Wasley C E. Performance matched discretionary accrual measures ［J］. Journal of Accounting and Economics, 2005, 39 （1）: 163 – 197.

［245］ Lang L H P, Stulz R M, Walkling R A. A test of the free cash flow hypothesis: the case of bidder returns ［J］. Journal of Financial Economics, 1991, 29 （2）: 315 – 335.

［246］ Lang L H, Stulz R M, Walkling R A. Managerial performance, Tobin's q, and the gains from successful tender offers ［J］. Journal of Financial Economics, 1989, 24 （1）: 137 – 154.

［247］Lang M H, Lundholm R J. Voluntary disclosure and equity offerings: reducing information asymmetry or hyping the stock? ［J］. Contemporary Accounting Research, 2000 (4), 17: 623 - 662.

［248］Leary M R, Kowalski R M. Impression management: a literature review and two-component model ［J］. Psychological Bulletin, 1990, 107 (1): 34 - 47.

［249］Lee S, Matsunaga S R, Park C W. Management forecast accuracy and CEO turnover ［J］. Accounting Review, 2012, 87 (6): 2095 - 2122.

［250］Lennox C S, Park C W. The informativeness of earnings and management's issuance of earnings forecasts ［J］. Journal of Accounting and Economics, 2006, 42 (3): 439 - 458.

［251］Leone A, Rock S. Empirical tests of budget ratcheting and its effect on managers' discretionary accrual choices ［J］. Journal of Accounting & Economics, 2002, 33 (1): 43 - 67.

［252］Leuz C, Verrecchia R. The economic consequences of increased disclosure ［J］. Journal of Accounting Research, 2000, 38 (1): 91 - 124.

［253］Lev B, Penman S H. Voluntary forecast disclosure, nondisclosure and stock prices ［J］. Journal of Accounting Research, 1990, 28 (1): 49 - 76.

［254］Li Y H, Zhang L D. Short selling pressure, stock price behavior and management forecast precision: evidence from a natural experiment ［J］. Journal of Accounting Research, 2015, 53 (1): 79 - 117.

［255］Libby R, Rennekamp K. Self-serving attribution bias, overconfidence, and the issuance of management forecasts ［J］. Journal of Accounting Research, 2012, 50 (1): 197 - 231.

［256］Libby R, Tan H T. Analysts' reactions to warnings of negative earnings surprises ［J］. Journal of Accounting Research, 1999, 37 (2): 415 - 435.

［257］Louis H. Earnings management and the market performance of acquiring firms ［J］, Journal of Financial Economics, 2004, 74 (1): 121 - 148.

［258］Marquardt C, Wiedman C. Voluntary disclosure, information asymmetry, and insider selling through secondary equity offerings ［J］. Contemporary Accounting Research, 1998, 15 (4): 505 - 537.

［259］Martynova M, Renneboog L. What determines the financing decision in corporate takeovers: cost of capital, agency problems, or the means of payment? ［J］. Journal of Corporate Finance, 2009, 15 (3): 290 - 315.

［260］Matsumoto D. Management's incentives to avoid negative earnings surprises ［J］. Accounting Review, 2002, 77 (3): 483 - 514.

［261］McNichols M, Stubben S. Does earnings management affect firms' investment decisions? ［J］. Accounting Review, 2008, 83 (6): 1571 - 1603.

[262] Mcnichols M. Evidence of informational asymmetries from management earnings fore-casts and stock returns [J]. Accounting Review, 1989, 64 (1): 1 - 27.

[263] Merton R C. A simple-model of capital-market equilibrium with incomplete informa-tion [J]. Journal of Finance, 1987, 42 (3): 483 - 510.

[264] Miller G, Piotroski J. The role of disclosure for high book-to-market firms [R]. Working Paper, 2000.

[265] Miller G S. The press as a watchdog for accounting fraud [J]. Journal of Accounting Research, 2006, 44 (5): 1001 - 1033.

[266] Moeller S B, Schlingemann F P, Stulz R M. Wealth destruction on a massive scale? A study of acquiring firm returns in the recent merger wave [J]. Journal of Finance, 2005, 60 (2): 757 - 782.

[267] Moeller S B, Schlingemann F P, Stulz R M. Firm size and the gains from acquisi-tions [J]. Journal of Financial Economics, 2004, 73 (2): 201 - 228.

[268] Moore W, Rimland E, Ritch H, Rouner J. On the acquisition fast-track to growth and value [J]. Mergers and Acquisitions, 1998, 32 (4): 10 - 17.

[269] Morck R, Schleifer A, Vishny R. Corporate takeovers: causes and consequences [M]. Chicago, Illinois: University of Chicago Press, 1988.

[270] Morck R, Shleifer A, Vishny R. Do managerial objectives drive bad acquisitions? [J]. Journal of Finance, 1990, 45 (1): 31 - 48.

[271] Moyer R C, Chatfield R E, Sisneros P M. Security analyst monitoring activity: Agen-cy costs and information demands [J]. Journal of Financial and Quantitative Analysis, 1989, 24 (4): 503 - 512.

[272] Myers S, Majluf N. Corporate financing and investment decisions when firms have in-formation that investors do not have [J]. Journal of Financial Economics, 1984, 13 (2): 187 - 221.

[273] Nagar V, Nanda D, Wysocki P. Discretionary disclosure and stock-based incentives [J]. Journal of Accounting and Economics, 2003, 34 (1 - 3): 283 - 309.

[274] Ng J, Tuna I, Verdi R. Management forecast credibility and underreaction to news [J]. Review of Accounting Studies, 2013, 18 (4): 956 - 986.

[275] Noe C. Voluntary disclosures and insider transactions [J]. Journal of Accounting and Economics, 1999, 27 (3): 305 - 326.

[276] Officer M S, Poulsen A B, Stegemoller M. Target-firm information asymmetry and acquirer returns [J]. Review of Finance Studies, 2009, 13 (3): 467 - 493.

[277] Officer M S. The price of corporate liquidity: acquisition discounts for unlisted targets

[J]. Journal of Financial Economics, 2007, 83 (3): 571 – 598.

[278] Palepu K. Predicting takeover targets: a methodological and empirical analysis [J]. Journal of Accounting and Economics, 1986, 8 (1): 3 – 36.

[279] Patell J M. Corporate forecasts of earnings per share and stock price behavior: empirical tests [J]. Journal of Accounting Research, 1976, 14 (2): 246 – 276.

[280] Penman S H. An empirical investigation of the voluntary disclosure of corporate-earnings forecasts [J]. Journal of Accounting Research, 1980, 18 (1): 132 – 160.

[281] Pistor K, Xu C. Law enforcement under incomplete law: theory and evidence from financial market regulation [Z]. Columbia Law and Economic, Working Paper, 2002.

[282] Pownall G, Wasley C, Waymire G. The stock price effects of alternative types of management earnings forecasts [J]. Accounting Review, 1993, 68 (4): 896 – 912.

[283] Rajan R G, Zingales L. The great reversals: the politics of financial development in the twentieth century [J]. Journal of Financial Economics, 2003, 69 (1): 5 – 50.

[284] Rau R P, Vermaelen T. Glamour value and the post-acquisition performance of acquiring firms? [J]. Journal of Financial Economics, 1998, 49 (2): 223 – 253.

[285] Rogers J L, Van Buskirk A. Shareholder litigation and changes in disclosure behavior [J]. Journal of Accounting and Economics, 2009, 47 (1 – 2): 136 – 156.

[286] Rogers J L, Stocken P C. Credibility of management forecasts [J]. Accounting Review, 2005, 80 (4): 1233 – 1260.

[287] Rohdes-Kropf M, Robinson D, Viswanathan S. Valuation waves and merger activity: the empirical evidence [J]. Journal of Financial Economics, 2005, 77 (3): 561 – 603.

[288] Ross S. Financial regulation: regulation of American business and industry [M]. New York: McGraw-Hill, 1979: 177 – 216.

[289] Ross S. The determination of financial structure: the incentive-signalling approach [J]. Bell Journal of Economics, 1977, 8 (1): 23 – 40.

[290] Ruland W, Tung S, George N E. Factors associated with the disclosure of managers' forecasts [J]. Accounting Review, 1990, 65 (3): 710 – 721.

[291] Schwert G. Markup pricing in mergers and acquisitions [J]. Journal of Financial Economics, 1996, 41 (2): 153 – 192.

[292] Shleifer A, Vishny R. Stock market driven acquisitions [J]. Journal of Financial Economics, 2003, 70 (3): 295 – 312.

[293] Shleifer A, Vishny R. Management entrenchment: the case of manager-specific investments [J]. Journal of Financial Economics, 1989, 25 (1): 123 – 139.

[294] Shroff N, Verdi R S, Yu G. Information environment and the investment decisions of

multinational corporations [J]. Accounting Review, 2014, 89 (2): 759 – 790.

[295] Simon H A. Applying information technology to organization design [J]. Public Administration Review, 1973, 33 (3): 268 – 278.

[296] Skinner D J. Earnings disclosures and stockholder lawsuits [J]. Journal of Accounting and Economics, 1997, 23 (3): 249 – 282.

[297] Skinner D J. Why firms voluntarily disclose bad news [J]. Journal of Accounting Research, 1994, 32 (1): 38 – 60.

[298] Smit H T J, Van Den Berg W A, Maesseneire W D. Acquisitions as a real options bidding game [R]. Working Paper, 2006.

[299] Soffer L C, Thiagarajan S R, Walther B R. Earnings preannouncement strategies [J]. Review of Accounting Studies, 2000, 5 (1): 5 – 26.

[300] Spence M. Job market signaling [J]. Quarterly Journal of Economics, 1973, 87 (3): 355 – 374.

[301] Subramanyam K R. Uncertain precision and price reactions to information [J]. Accounting Review, 1996, 71 (2): 207 – 219.

[302] Tan H, Libby R, Hunton J. Analysts' reaction to earnings preannouncement strategies [J]. Journal of Accounting Research, 2002, 40 (1): 223 – 246.

[303] Tetlock P C. All the news that's fit to reprint: do investors react to stale information? [J]. Review of Financial Studies, 2011, 24 (5): 1481 – 1512.

[304] Travlos N G. Corporate takeover bids, methods of payment, and bidding firms' stock returns [J]. The Journal of Finance, 1987, 42 (4): 943 – 963.

[305] Trueman B. Why do managers voluntarily release earnings forecasts? [J]. Journal of Accounting and Economics, 1986, 8 (1): 53 – 72.

[306] Verrecchia R E. Discretionary disclosure [J]. Journal of Accounting and Economics, 1983, 5 (3): 365 – 380.

[307] Verrecchia R E. Essays on disclosure [J]. Journal of Accounting and Economics, 2001, 32 (1): 97 – 180.

[308] Wang I. Private earnings guidance and its implications for disclosure regulation [J]. Accounting Review, 2007, 82 (5): 1299 – 1332.

[309] Warner J, Watts R, Wruck K. Stock prices and top management changes [J]. Journal of Financial Economics, 1988, 20 (1 – 2): 461 – 493.

[310] Waymire G. Additional evidence on the accuracy of analyst forecasts before and after voluntary management earnings forecasts [J]. Accounting Review, 1986, 61 (1): 129 – 142.

[311] Waymire G. Additional evidence on the information content of management earnings

forecasts [J]. Journal of Accounting Research, 1984, 22 (2): 703 – 718.

[312] Weisbach M. Outside directors and CEO turnover [J]. Journal of Financial Economics, 1988, 20 (1 – 2): 431 – 461.

[313] Williams P A. The relation between a prior earnings forecast by management and analyst response to a current management forecast [J]. Accounting Review, 1996, 71 (1): 103 – 115.

[314] Yang H. Capital market consequences of managers' voluntary disclosure styles [J]. Journal of Accounting and Economics, 2012, 53 (1 – 2): 167 – 184.

[315] Yu F. Analyst coverage and earnings management [J]. Journal of Financial Economics, 2008, 88 (2): 245 – 271.

[316] Zhang G. Private information production, public disclosure, and the cost of capital: theory and implications [J]. Contemporary Accounting Research, 2001, 18 (2): 363 – 384.

[317] Zhang P. What really determines the payment methods in M&A deal [R]. Working Paper, 2003.